受浙江大学文科高水平学术著作出版基金资助

"十三五"国家重点出版物出版规划

国家出版基金项目
NATIONAL PUBLICATION FOUNDATION

大国大转型
中国经济转型与创新发展丛书
中国（海南）改革发展研究院组织编著

中国道路

现代化与世界意义

THE
CHINESE
PATH:
MODERNIZATION
AND
WORLD
SIGNIFICANCE

周　文 ◎ 著

ZHEJIANG UNIVERSITY PRESS
浙江大学出版社

图书在版编目（CIP）数据

中国道路：现代化与世界意义 / 周文著. —杭州：
浙江大学出版社，2021.6
（大国大转型：中国经济转型与创新发展研究丛书 /
迟福林主编）
ISBN 978-7-308-21345-5

Ⅰ.①中… Ⅱ.①周… Ⅲ.①中国特色社会主义—社
会主义建设模式—研究 Ⅳ.①D616

中国版本图书馆 CIP 数据核字（2021）第 085245 号

中国道路:现代化与世界意义

周　文　著

总 编 辑	袁亚春	
策　　划	张　琛　吴伟伟　陈佩钰	
责任编辑	陈思佳　陈佩钰	
责任校对	汪　潇	
封面设计	雷建军	
出版发行	浙江大学出版社	
	（杭州市天目山路 148 号　邮政编码 310007）	
	（网址:http://www.zjupress.com）	
排　　版	杭州青翊图文设计有限公司	
印　　刷	浙江省邮电印刷股份有限公司	
开　　本	710mm×1000mm　1/16	
印　　张	17.75	
字　　数	230 千	
版 印 次	2021 年 6 月第 1 版　2021 年 6 月第 1 次印刷	
书　　号	ISBN 978-7-308-21345-5	
定　　价	88.00 元	

总　序

"十四五"：以高水平开放形成改革发展新布局

迟福林

当今世界正处于百年未有之大变局。经过40多年的改革开放，中国与世界的关系发生历史性变化。作为新型开放大国，中国如何看世界、如何与世界融合发展？处于调整变化的世界，如何看中国、如何共建开放型经济体系？这是国内外普遍关注的重大问题。作为经济转型大国，我国既迎来重要的战略机遇，也面临着前所未有的挑战。"十四五"时期，我国经济正处于转型变革的关键时期，经济转型升级仍有较大空间，并蕴藏着巨大的增长潜力，我国仍处于重要战略机遇期。

在这个大背景下，推进高水平开放成为牵动和影响"十四五"改革发展的关键因素。面对百年未有之大变局，中国以高水平开放推动形成改革发展新布局，不仅对自身中长期发展有着重大影响，而且将给世界经济增长和经济全球化进程带来重大利好。未来5～10年，中国以更高水平的开放引导国内全面深化改革将成为突出亮点。

以制度型开放形成深化市场化改革的新动力。 在内外环境明显变化的背景下，开放成为牵动和影响全局的关键因素，开放与改革直接融合、开放引导改革、开放是最大改革的时代特征十分突出。

"十四五"时期,适应经济全球化大趋势和我国全方位开放新要求,需要把握住推进高水平开放的重要机遇,以制度型开放加快市场化改革,并在国内国际基本经贸规则的对接融合中优化制度性、结构性安排。由此产生全面深化改革的新动力,推进深层次的体制机制变革,建立高标准的市场经济体制,进一步提升我国经济的国际竞争力。

以高水平开放促进经济转型升级。"过去40年中国经济发展是在开放条件下取得的,未来中国经济实现高质量发展也必须在更加开放条件下进行。"从经济转型升级蕴藏着的内需潜力看,未来5年,我国保持6%左右的经济增长率仍有条件、有可能。有效释放巨大的内需潜力,关键是推动扩大开放与经济转型升级直接融合,并且在这个融合中不断激发市场活力和增长潜力。由此,不仅将为我国高质量发展奠定重要基础,而且将对全球经济增长产生重要影响。

以高水平开放为主线布局"十四五"。无论内外部的发展环境如何变化,"十四五"时期,只要我们把握主动、扩大开放,坚持"开放的大门越开越大",坚持在开放中完善自身体制机制,就能在适应经济全球化新形势中有效应对各类风险挑战,就能化"危"为"机",实现由大国向强国的转变。这就需要适应全球经贸规则由"边境上开放"向"边境后开放"大趋势,优化制度性、结构性安排,促进高水平开放,对标国际规则,建立并完善以公开市场、公平竞争为主要标志的开放型经济体系。由此,不仅将推动我国逐步由全球经贸规则制定的参与国向主导国转变,而且将在维护经济全球化大局、反对单边主义与贸易保护主义中赢得更大主动。

2015年,中国(海南)改革发展研究院与浙江大学出版社联合策划出版"大国大转型——中国经济转型与创新发展丛书",在社会各界中产生了积极反响,也通过国际出版合作"走出去"进一步提升了国际影响力。今年,在新的形势和背景下,在丛书第一辑的基础上,又集结各位专家的研究力量,围绕"十四五"以及更长时期内我国经济转型面临的重大问题继续深入研究分析,提出政策思路和解决之道。

在原有基础上,丛书第二辑吸纳了各个领域一批知名专家学者,使得丛书的选题视角进一步丰富提升。作为丛书编委会主任,对丛书出版付出艰辛努力的学术顾问、编委会成员、各位作者,对浙江大学出版社的编辑团队表示衷心的感谢!

本套丛书涵盖多个领域,仅代表作者本人的学术研究观点。丛书不追求学术观点的一致性,欢迎读者朋友批评指正!

2019 年 11 月

目　录

导　论　疫情大考彰显道路自信

　　一场没有硝烟的遭遇战不期而至,突如其来的疫情,猝不及防地成为中国共产党和中国人民集体应对的一场"大考"。防控工作取得的成效震撼世界,也彰显了中国共产党领导和中国特色社会主义制度的显著优势。这是制度之优,更是中国道路无比正确性的世界检阅。在疫情面前,中国交出了世所罕见、令人敬佩的满意答卷,全方位展示了国家治理的中国答卷。

庚子鼠年春节,一场没有硝烟的遭遇战不期而至,突如其来的疫情,猝不及防地成为中国共产党和中国人民集体应对的一场"大考"。这次新冠肺炎疫情,是新中国成立以来在中国发生的传播速度最快、感染范围最广、防控难度最大的一次重大突发公共卫生事件。这是一次危机,也是一次"大考"。

　　这次疫情发生后,国际社会高度关注:中国怎么应对,应对效果如何?

　　实践证明,党中央对疫情形势的判断是准确的,各项工作部署是及时的,采取的举措是有力有效的。防控工作取得的成效,再次彰显了中国共产党领导和中国特色社会主义制度的显著优势。这是制度之优,更是国家治理能力的展示。在疫情面前,中国交出了世所罕见、令人敬佩的满意答卷,全方位彰显了中国国家治理的世界形象。

　　"中国速度"何以如此之快?"中国力量"何以源源不断?此时此刻,全世界都在叩问,世界上很多人都在思考这个问题。

一、枪炮、钢铁与病菌

　　关于不同民族发展水平的差距,以往的解释简单化:社会制度、武器装备、科学技术、流行病、语言文字，等等。

贾雷德·戴蒙德在《枪炮、病菌与钢铁：人类社会的命运》中颇具开创性地谈到欧洲殖民者赖以征服新大陆的三大秘密武器。他把不同文明的征服过程的原因，归结为三个词语，那就是枪炮、病菌与钢铁。他认为不同民族之间相互作用的过程，就是通过征服、流行病和灭绝种族的大屠杀来形成现代世界。①

对于枪炮，中国人有着深刻的了解，因为中国的近代史就是由西方列强的坚船利炮打开的。事实上，枪炮的背后，有钢铁这类工业文明的代表支撑着，所以钢铁也是征服别人的一个利器。

新中国刚成立时，我们曾过度迷信：工业化、现代化的首要条件是钢铁。为早日实现中国的现代化，各地各业保驾护航"钢铁元帅升大帐"。当时工业上钢铁生产指标越提越高。街头巷尾墙头标语都是："以钢为纲，赶美超英""倾家荡产，大炼钢铁""让钢铁元帅升帐"……赶英超美，主要是钢铁产量的赶超。

前两个词语容易被世人理解，而病菌，可能容易被很多人忽视。戴蒙德深刻地剖析病菌对人类历史的影响："过去战争中的胜利者并不总是那些拥有最优秀的将军和最精良的武器的军队，而常常不过是那些携带有可以传染给敌人的最可怕病菌的军队。"②戴蒙德认为，美洲印第安人的大规模死亡，并不是因为欧洲人用枪炮屠杀了他们，而是欧洲人带去的病菌几乎灭绝了他们。欧洲人来到美洲之前，美洲地区居住着大约500万名印第安人，其中有将近90％在16世纪的几十年时间里死去。对此，麦克尼尔在《瘟疫与人》里进一步地证实了这一点。③这颠覆了历史教科书的说法，

---

① 戴蒙德：《枪炮、病菌与钢铁：人类社会的命运》，谢延光译，上海：上海人民出版社，2014年，第49页。

② 戴蒙德：《枪炮、病菌与钢铁：人类社会的命运》，谢延光译，上海：上海人民出版社，2014年，第193页。

③ 麦克尼尔：《瘟疫与人》，余新忠、毕会成译，北京：中信出版集团，2018年，第166页。

不是哥伦布的勇敢、西方的枪炮征服了新大陆,而恰恰是病菌给新大陆带来了毁灭性打击。

应该说,在所有灾害类型中,瘟疫对文明发展的影响是深刻而长远的,与气候灾害相比,可以说是有过之而无不及。

最典型的事例就是发生于 14 世纪中后期的黑死病。西方学者认为它已成为"中世纪中期与晚期的分水岭",并"标志中世纪的结束"。黑死病对中世纪欧洲社会的经济、政治、文化、宗教、科技等方面造成了剧烈的冲击,产生了巨大的影响。有许多学者把黑死病看作欧洲社会转型和发展的一个契机。经历了黑死病后,欧洲文明走上了另外一条不同的、更加光明的道路,原来看起来非常艰难的社会转型因为黑死病而突然变得顺利了。黑死病不仅推进了科学技术的发展,也促使天主教会的专制地位被打破,对文艺复兴、宗教改革乃至启蒙运动产生了重要影响,从而改变了欧洲文明发展的方向。

历史反复证明,大灾、大疫、大战对任何一个国家来说都是"大考"。而恰恰在这方面,中国已多次显示了制度的优越性。中华民族在历史上经历过很多磨难,但从来没有被压垮过,而是愈挫愈勇,不断在磨难中成长,从磨难中奋起。

二、中国力量

在很多人眼里,这场疫情让更多的人深谙中华民族能历经辉煌到衰落,又再次从衰落走向伟大复兴,中华文明连绵不绝,靠的就是上下同心、众志成城,靠的就是国家的统一调度、自上而下的动员能力。

自疫情发生以来,中国政府高度重视,始终坚持把人民群众生命安全和身体健康放在第一位,充分发挥制度优势,举全国之力,团结一心,采取了最全面、最严格、最彻底的防控举措,展示出中国强大的动员能力和综合实力。在这场没有硝烟的战"疫"中,中国共产党带领中国人民书写出的"中国故事"、发出的"中国声音"令世界动容。

世界卫生组织总干事谭德塞站在人类福祸的高度,盛赞中方行动速度之快、规模之大,世所罕见,展现出了中国速度、中国规模、中国效率。

疫情发生以来,我们举全国之力急驰支援湖北、支援武汉,调派330多支医疗队、4万多名医护人员驰援疫区,19个省(区、市)对口定点支援,10天迅速建成火神山、雷神山等集中收治医院和方舱医院。中国向世界展示出了强大的动员能力、组织能力和协调能力,让世界看到了中国人民的凝聚力。这种凝聚力来自出色的领导力。可以说,没有以习近平同志为核心的党中央的坚强领导,没有各级党组织力量的发挥,这样的奇迹是不可能出现的。

在整个防控防治疫情过程中,可以看到,大到一个城市,小到一个村、一个小区,中国人的组织能力、执行能力和老百姓的觉悟都非常值得称道。

在这样广袤的国土上,14亿超大规模的人口,能有这样高效的组织应对效率,也只有在中国共产党领导下,只有在社会主义的中国才能实现。就连世界卫生组织总干事谭德塞在发布会上都说道:"我一生中从未见过这样的动员。"①对一个国家来说,什么才是最值得夸耀和最让世界瞩目的,就是这个国家强大高效的执政能力,是执政者的高效迅速的反应能力。

过去西方对中国有三大忧虑:一是人口大国发展,会带来资源、能源的挑战;二是社会主义中国发展,所带来的不同意识形态、社会制度、发展模式必然对西方形成挑战;三是国强必霸的西方逻辑。因为资本主义制度从本质上讲是一种掠夺关系,以强凌弱,国际国内都是如此。所以按西方逻辑,中国发展必然会独霸世界。而对于西方国家来说,它们希望的是永远将中国作为西方"薅羊毛"的地方,不希望中国强大。

西方的担心总有西方的理由,但是它们没有看到:中国人是最勤奋的,

---

① 《国际社会点赞中国动员能力》,《解放军报》2020年3月11日。

中国市场是最大的,中国政府是最有力量的。

外力既无法延缓中国的发展速度,也无法影响中国的发展进程。18—20 世纪,西方凭借种种机缘巧合赢得了人类历史中前所未有的强大地位。但是,回头看,西方的成功也带来了灾难性后果,它导致西方国家的民众习惯于安逸的生活,并且缺少对自身文化断层的认识。

西方一直不承认自身的问题,认为遏制中国就能保持自己的优势。毛主席曾说,"封锁吧,封锁十年八年,中国的一切问题都解决了"①。西方对中国的围堵一直在持续,但是中国的发展却也一直没有停滞,反而是不断在加速。中国是世界上最大的国家之一,拥有最多的人口,以及绵延不断的文明史。中华民族是一个有着坚忍的毅力和巨大韧性的民族。所以中国有着极其强大的凝聚力,以及强大无比的国力,而且地大物博,经济更是世界第二。这么庞大的力量,又有着世界工厂的地位和完整的产业链,这是任何力量都不可能围堵成功的,即使西方那也不可能,这是最核心的。

西方看到中国在疫情防控的人民战争、总体战、阻击战中,展示出的统一领导、统一指挥、统一行动的战略布局以及涌现出的同心同德、同舟共济的深厚情怀,开始醒悟了。

在这次疫情面前,西方清楚地看到,中国政府和人民的团结,中国政府一声令下,整个中国 14 亿多人一夜之间就待在家里,而且政府让怎么干就怎么干,调动能力、配合能力简直到了极致。

连世界卫生组织和很多国家都发出感叹,这样的动员闻所未闻,一辈子也没见过……因此,西方彻底明白,为何中国是西方无法撼动的。原因只有一点,那就是"14 亿多人的团结"。别说 14 亿多人了,就是几千万人的国家,如果能团结一致,那也是不可撼动的,更何况中国那是 14 亿多人的团结。上下同欲者胜,同舟共济者赢。14 亿多人对政府的信任、对国家

---

① 《毛泽东选集》第四卷,北京:人民出版社,1991 年,第 1496 页。

的支持、为国家的牺牲,这才是世界上最强大的力量。

中华文明能成为绵延不断的文明,就是因为中华民族越是在极端苦难中,越是会日益强大、日益发展。有14亿多人支持政府,听从调动,万众一心,众志成城,没有什么艰难困苦不可能克服。有了这种团结,没有什么奇迹不可能创造。

士不可以不弘毅,任重而道远。罗素在谈到中华文明为什么历史悠久时说:"到目前为止,我只找到一个答案。那就是,中华民族是全世界最有耐心的民族,别的民族心里想的是几十年,而中国能想几百年。中华民族不可摧,能够继续等下去,也等得起。"①

三、中国何以能

这场疫情大考,中国答卷让世界惊叹,更让世界瞩目。中国在短时间内完成一项项看似不可能完成的任务,处处彰显出中国非凡的全民动员能力,展示出中国强大的国家能力。在中国,有最能凝聚全国力量和最有办法把人力、财力、物力切实有效地集中运用到疫情防控工作上的制度体系与社会环境——在党中央统一指挥、统一协调、统一调度下,坚定信心、同舟共济、科学防治、精准施策,"全国一盘棋"释放出无穷无尽的战斗力。中国政府高效的治理能力令人肃然起敬。国际社会普遍认为中国采取的坚决有力的防控措施展现出强大的"领导能力、应对能力、组织动员能力、贯彻执行能力",生动诠释了什么是"中国力量"。这就是国家能力。

所谓国家能力,就是国家将自己的意志变为行动、化为现实的能力。每个国家都有自己的意志,即想办成的事,但是要把意志变为行动、化为现实绝非易事。

---

① 罗素:《中国问题》,田瑞雪译,北京:中国画报出版社,2019年,第294页。

　　霍布斯看得很透彻:"在没有一个共同权力使大家慑服的时候,人们便处在所谓的战争状态之下。这种战争是每个人对每个人的战争。""在这种状况下,产业是无法存在的,因为其成果不稳定……"①他的意思很明白:一个有效国家是经济发展与社会进步的必要条件。孟德斯鸠也表达过同样的意思,国家如果治理得不好,在彼岸世界就难以幸福。②

　　在工业革命(18世纪下半叶—19世纪)之前,欧洲发生了五件大事:军事革命(16—17世纪)、财政-军事国家的出现(17—18世纪)、大规模殖民主义(16—19世纪)、大规模奴隶贸易(16—19世纪)、税收增长(17—20世纪)。这五件大事都反映出国家能力的变化,而国家能力的增强更可能与工业革命的出现息息相关。

　　在欧洲出现近现代国家(具有一定的强制能力与汲取能力的国家)之前,世界各个地区的状况都差不多:经济长期停滞,几乎没有什么增长。欧洲近现代国家开始出现以后(1500年以后),情况发生了变化,经济增长开始提速。起初的增长提速并不明显。不过,西欧那些国家的基础性能力提高后,它们的经济增速就逐渐加快了。二战以后是欧洲资本主义发展的黄金时期。而中国在整个19世纪与20世纪上半叶,人均GDP的增速很慢,甚至是负数。

　　流行的观点认为,亚当·斯密只强调市场这只"看不见的手",而强烈反对国家干预。其实,这是对他极大的误读。如果认真仔细阅读他的著作就会发现,斯密最关注的是秩序、好政府与个人自由安全。在他看来,罗马帝国崩溃后,欧洲之所以经济停滞,是因为暴力盛行。野蛮民族对原居民的掠夺和迫害,中断了城乡间的贸易。罗马帝国时期很富裕的欧洲,变得极贫乏、极野蛮。即使最坚定的斯密学派也不得不承认,英国和欧洲其他国家在19世纪的经济关系同万能的自由经济毫无关系。

---

① 霍布斯:《利维坦》,黎思复等译,北京:商务印书馆,1985年,第95页。
② 孟德斯鸠:《论法的精神》(上册),许明龙译,北京:商务印书馆,2012年,第152页。

换句话说，有效国家才是斯密的政治经济学的基本前提，而并非自由放任。因为只有在有效国家的保障下，市场才能运作；没有有效国家，市场主体根本无法正常运作。

更具体地说，英国工业革命的时点恰好与中西军事大分流的时点吻合。这绝不是巧合，而是因为战争与强权造就了更加强大的现代国家，而具强大国家能力的现代国家为经济发展奠定了基础。所以，蒂利说，战争制造国家，国家强化战争。

国家能力具体如何影响经济发展？从欧洲的历史看，其作用表现在对内、对外两方面。对内，国家能力可以为当时的"改革开放"保驾护航，以创造一个霍布斯、斯密期盼的和平内部环境，更好地发展自身产业。对外，国家能力可以用来做两件事情：一是掠夺海外资源，其方式是殖民主义与奴隶贸易；二是打开海外市场。

反观近代中国，按照荷兰经济史学家皮尔·弗里斯的解释，近代中国衰落的原因更可能是中了市场的"魔咒"，而不是西方流行的说辞——门户不开放，闭关锁国。加州学派的彭慕兰、戈德斯通和弗兰克也坚持认为，清代中国经济即使不比英国更为资本主义化，至少也同英国处于同一水平。但是，与西方不同的是，清代政府更倾向于对市场实行自由放任政策。18世纪的中国缺乏财政支持，没有国家银行，缺少稳定的国家贷款，生产更趋于分散，很少见到生产者的联合。因此，无政府主义和混乱无序才是近代中国的真正威胁。[①]

同样，回首过往，西方的衰落更可能是源于自己的理论，即新自由主义理论，这个理论太过于推崇万能的市场化。这套理论本来是准备误导更多发展中国家的发展，结果西方却"搬起石头砸自己的脚"。而恰恰在这方面，中国一直保持高度警惕，坚持用中国理论，走好自己的道路。这个理

---

① 弗里斯：《从北京回望曼彻斯特》，苗婧译，杭州：浙江大学出版社，2009年，第43页。

论就是强调核心力量,强调党的集中统一领导,更好发挥政府作用,始终坚持市场与政府关系的有机结合和辩证法。由此,中国发展不断突出重围,道路越走越宽广。正如罗马大学东方学院院长、意大利著名汉学家费德里科·马西尼所说,在这场战"疫"中,中国及时采取有效措施,行动迅速有力,让我们看到了中国政府的坚定决心和卓越能力。①因此,疫情"大考"只是中国道路成功的一个缩影。

四、中国经济不会因为疫情"雨打风吹去"

2020 年 2 月起,中国疫情防控防治形势积极向好,各地开始有序复工复产,在党中央的统一领导下,抓生产、稳就业、促发展,在坚决打赢疫情防控阻击战的同时,也打响了经济保卫战。新冠肺炎疫情不可避免会对经济社会造成较大冲击。越是在这个时候,越要用全面、辩证、长远的眼光看待中国发展,越要增强信心、坚定信心。新冠肺炎疫情发生以来,无损中国经济发展巨大潜力,相反,中国经济展现出的韧劲与活力令世界印象深刻。总体上看,疫情的冲击和影响不可低估,但这种冲击和影响是短期的、总体可控的,不会阻断和改变中国经济长期向好的态势。

中国有党的集中统一领导,制度优势是中国经济对抗风险、行稳致远的"压舱石"。疫情发生以来,在以习近平同志为核心的党中央的坚强领导下,中国政府采取了一系列果断措施,出台多项新举措,努力把疫情影响控制在最小范围和最短期限,为恢复经济社会秩序、保持经济平稳运行提供了有力保障。

从 10 天内建成火神山、雷神山两座医院,到全国各地医护人员驰援湖北,再到多方联动缓解口罩等医疗物资供应紧张,中国"集中力量办大事"

---

① 《中国树立了世界防疫的典范》,《人民日报》2020 年 2 月 25 日。

的制度优势令世界惊叹。这种强大的组织动员能力和高效的执行能力决定了中国经济具有强大的自我修复能力。疫情汹汹,各地企业普遍延迟开工,地方政府纷纷出台政策,千方百计纾解企业困难,制定符合地区实际情况的惠企利民政策。阶段性减免企业社保费、医保费,实施企业缓缴住房公积金政策,人民银行等引导金融机构支持实体经济……一系列举措稳定了市场,更稳定了人心。

2020年2月起,中国开始实施差异化的县城防控和恢复经济社会秩序的措施。除疫情防控重点地区外,各地按照低风险、中风险、高风险进行分区分级,开展差异化精准防控,为复工复产按下了"快进键"。石油石化、通信、电网、交通运输等行业开工率目前已超过95%,有的甚至达到了100%。同时,有关方面有序推动重大项目开工建设,加大新投资项目开工力度,积极推进在建项目。中国经济发展的"快车"已经做好了再出发的准备。

中国应对举措系统有力,丰富的政策工具支撑中国经济释放出更大发展潜力。社会主义市场经济的优势在于当经济面临冲击和挑战时,不会无所作为,政府必将加强宏观调控。疫情发生以来,中国已明确启动和推出一系列逆周期调节政策,下一步正在将财政政策、货币政策、产业政策、就业政策等有机结合,推出一系列"组合拳",上下联动形成更大合力,以足够的力度和恰当的节奏"对冲"疫情影响。

财政部出台社保费用减免政策,加大失业保险稳岗返还力度,扩大贴息资金规模。地方政府发展经济动力充足,救助企业积极性较高,纾困举措更加多样化。创造更加良好的货币金融环境,包括:中国人民银行下调逆回购利率和MLF(中期借贷便利)利率,设立8000亿元疫情防控专项再贷款;增加中长期贷款和信用贷款;支持疫区企业通过绿色通道发行债券融资;为医药卫生类股权私募基金、创业投资基金备案开辟绿色通道;提供到期贷款放宽限期、无还本续贷、线上智能金融服务、加大收费减免力度等举措,支持中小微企业应对疫情和复工复产等。

中国有信心、有能力尽快实现国内经济的回暖和全球供应链的恢复,从而为稳定全球经济做出新的贡献。有理由相信,疫情过后,中国经济将释放出更大的发展潜力。

中国拥有完备的产业体系和国民经济体系,中国经济有强大的韧性和回旋空间支撑其积极向好。应对新冠肺炎疫情,既是一场抗疫阻击战,也是一场经济保卫战。随着战"疫"进入关键阶段,中国再开"经济发展"新战线。中国"两条线作战",为经济稳定发展提供了有力支撑,释放了正面预期。

中国不仅是"世界工厂""世界市场",还是世界研发基地和创投中心,在全球供应链、产业链和价值链中均占有重要地位。一方面,中国经济在全球经济中举足轻重。从贡献率看,2019 年中国经济总量已达 100 万亿元,对世界经济增长贡献率达到 30%,中国成为持续推动世界经济增长的重要引擎。从依存度看,2007—2017 年,全球经济对中国依存度从 0.7 上升到 1.2,而中国经济对全球依存度则从 0.9 下降到 0.6,世界经济更需要中国。另一方面,中国是世界产业链的重要环节。联合国 500 多种工业产品分类目录中,中国产量位居世界第一的品类超过 40%。中国拥有结构最健全的供应链集群、数量最庞大的产业工人、服务最完善的销售及物流体系,是全球产业链不可或缺的重要环节。因此,作为世界第二大经济体,中国的经济体量、经济地位以及全球影响力都不容忽视。

中国经济有充足的动力,数字经济有望支撑中国继续领跑全球经济。在这场阻击新冠肺炎疫情的战役中,中国经济在短期内无疑会承受一定压力和影响,但数字经济的良好发展基础在很大程度上"对冲"了疫情的负面影响。从目前来看,中国力量的一个重要来源就是数字经济的快速发展。中国信息通信研究院测算数据显示,2019 年中国数字经济规模达 35 万亿元,占 GDP 比重达 35.4%,数字经济实际上已成为中国经济增长的新引擎,中国经济正在由"工业化和信息化融合"升级为"数字经济和实体经济融合"。①

换言之,中国经济已经基本实现了新旧动能的有序转换,中国经济发展的新动能更多地取决于数字经济的稳定增长。现在中国零售业多达35.3%的业务都是在网上完成的;移动互联网渗透率很高,且仍在不断上升;中国的移动支付系统是世界上最先进的。中国所有城市均已实现全光网覆盖,固定宽带人口普及率达32.4%,首次超过经济合作与发展组织国家平均水平;4G用户达12.7亿人,处于全球首位。中国在全球5G标准必要专利中的占比达34.0%,居全球首位。5G已覆盖智能交通、智慧医疗、文化传播等十余个领域,形成了上百个创新应用场景。

数字经济的稳定发展,形成了战"疫"成功的强大后盾。一方面,疫情强化了数字经济的用户基础。疫情期间,中国8.6亿名网民行为被重塑,网上购物、网上订餐、网上娱乐等成为被动选择,这一现象有望助推中国加速建设数字经济强国。另一方面,疫情创造了数字经济新业态、新模式。历史之鉴,"黑天鹅"背后往往蕴藏着巨大机会,疫情带来的更可能是一种"创造性破坏",预示着更多的创新动力和发展契机。

中国经济有强大的实力去对抗风险。现在的中国经济是一片"大海",狂风骤雨只能掀翻小池塘,不能掀翻整片大海。在十多年前的"非典"疫情中,中国以实际行动和卓有成效的应对方案有效化解了来势汹汹的疫情,既控制了疫情,又实现了经济增长,粉碎了当时各种关于中国经济增速下滑的预测"谣言"。

今日中国经济实力较十多年前已有大幅提升,应对疫情有更加充足的底气和实力。2003年,中国暴发SARS(严重急性呼吸综合征)时,GDP总量是1.7万亿美元,世界排名第六,约占世界经济总量的4%;而2019年中

---

① 中国信息通信研究院:《中国数字经济发展白皮书(2020年)》,重庆光电信息研究院,2020年7月10日(2021年3月10日),http://www.cqoei.com/xwdt/news/2020—7/23_182.shtml。

国的 GDP 是 14.4 万亿美元,稳居世界第二,占世界比重超过 16％。中国拥有 14 亿多人口的市场、9 亿多劳动力、4 亿多中等收入群体、近 2 亿受过高等教育和拥有专业技能的人才资源,有着超大规模市场优势、庞大消费群体、巨大内需潜力,而这些都是中国经济恢复和振兴的有利条件。

拥有这些优势,疫情后的中国经济必然不会被任何困难所吓倒。"不畏浮云遮望眼",若只看到中国经济眼下承压,而不去关注它正为未来积蓄能量,无疑有失偏颇。抵抗疫情虽有困难、有麻烦,但中国人历来就有攻坚克难的传统。中国经济的长期发展趋势并不会因为一次疫情而改变,支撑中国经济长期向好发展的基本要素还在,中国经济的韧性、潜力和空间也都还在。风雨过后,阳光更灿烂。

五、疫情大考给世界的启示:推动构建人类命运共同体

中国的快速发展令人目眩、让人着迷、引人思考,这一世界级的现象具有多重意义——它意味着剥削全人类、主导全球秩序长达五百多年的西方的衰落,意味着后殖民时代南方国家的整体发展,更意味着一个自鸦片战争以来蛰伏已久的伟大文明的苏醒。

(一)警惕西方意识形态偏见

西方不希望看到一个发展的中国,而是希望"历史的终结"。西方无法正确对待中国的发展,一直认为这是一个偶然的历史事件,不断预言着中国会出现倒退或崩溃。西方社会唱衰中国的论调从未间断。唱衰也好,捧杀也罢,中国经济都将按照自己的方式发展下去,并且愈加行稳致远。西方预言的破产,是西方偏见的必然结果。西方要做的不应是"唱衰中国",而应是与中国携手发展、实现共赢。

一场突如其来的病毒性传染病疫情,又让那些敌视中国的西方势力看

到了希望。现在一些西方大国不断借疫情污名化中国,发表种种险恶言论来贬低、攻击中国。一些国家甚至按捺不住幸灾乐祸的心情,公然声称疫情之下"中国所失可能是自己所得",企图再次唱衰中国经济。"司马昭之心,路人皆知",种种险恶用心一再暴露出西方某些人士的傲慢、偏见与无知。要看到西方的巅峰时代早已过去,西方应摒弃笃信自身文明优越的潜意识,放弃对中国的偏见。在新冠肺炎疫情蔓延的严峻时刻,把"锅"甩给某个国家,以戴着"有色眼镜"的恶毒目光来打量乃至发表仇视言论,不仅无益于解决任何问题,还会恶化不同国家及地区间人民的关系,起到比病毒更坏的作用。

曼海姆在《意识形态与乌托邦》中说:"在历史发展的任何阶段到处都有人对他们的对手表示怀疑和不信任,这可以被看作是意识形态这个概念的直接前身","如果一种思想与产生这种思想的现状不符,这种思想就是乌托邦"。①现在来看,西方意识形态不但变成了乌托邦,而且正在演变成新的"病毒"——意识形态偏见的"政治病毒"。②过去,西方意识形态偏见的"人造病毒"主要攻击目标是中国发展模式、中国道路以及中华民族伟大复兴的中国梦。现在,西方意识形态偏见的"政治病毒"则是借疫情将中国经济前景"妖魔化"。时间和事实将证明,由意识形态偏见和双重标准带来的"政治病毒"危害更大,消灭起来也更加困难。看待中国经济,西方不但要擦亮眼睛,更要不时给那些错误认识"消消毒"。

在人类的所有幻想中,政治幻想是最危险的。世界兴起的"中国热"正是中国经验得到认可的最佳体现,向东方看齐正成为世界主流方向,因此意识形态偏见是经济发展的大敌。实践证明,中国不是独善其身的"专车",而是世界发展的"顺风车",更是人类进步的"快车"。不可否认,疫情肯定会给中国经济和社会带来一定影响。正因为如此,中国经济发展需要

---

① 曼海姆:《意识形态与乌托邦》,李步楼等译,北京:商务印书馆,2019年,第89页。
② 曼海姆:《意识形态与乌托邦》,李步楼等译,北京:商务印书馆,2019年,第234页。

与西方展开尽可能广泛的合作,"各美其美,美美与共"。综合 2021 年上半年的全球经济运行情况来看,中国全面恢复生产的步伐可能会比西方普遍预料得要更快。如果西方任由意识形态偏见像病毒一样流行,长期扭曲对中国的全面正确认识,更可能威胁和危及的是西方自身的经济安全,而这种威胁是无法借助口罩或护目镜来消除的。

(二)警惕逆全球化逆潮流

当前经济已成为全球化经济,当今世界是一个利益共同体。在任何灾难面前,没有人可以成为局外人。无论是公共卫生事件冲击,还是产业链停摆,一荣俱荣,一损俱损,任何国家都不可能独善其身。2019 年以来,全球经济已显露出疲软态势,新冠肺炎疫情的出现更是令全球经济雪上加霜。在这场抗击疫情的战斗中,中国与国际社会积极合作,用"中国行动"和"中国节奏"践行着全球化的使命与担当,有力地促进了全球经济的恢复和发展。此次疫情让整个世界真正认识到,中国经济的发展离不开世界,世界经济的稳定更加离不开中国。随着疫情拐点的到来和中国各行各业有序推进复工,世界将会看到疫情后中国经济有序快速增长,中国依旧是世界经济增长的"引擎"。

事实上,在全球经济紧密相连的时代,抗击疫情早已不是某一个国家的事情。在全球经济面临疫情冲击的关键时刻,今天的世界造不出西方所期盼的"挪亚方舟",各国唯有携手共进、紧密合作才能取得抗击疫情的最终胜利。中国在此次疫情中的表现,得到国际社会的认可;抗击疫情的"中国经验"更是让西方看到中国力量和治理全球化问题的希望所在。正因如此,一度盛行的"逆全球化"呼声暂时性"失语"。

回望近些年充满不确定性的世界,"黑天鹅"形成的原因很大程度上在于经济发展的包容性不足,不同国家、不同阶层、不同群体难以尽享经济全球化的好处。经济全球化遭遇"回头浪",逆全球化、去全球化的讨论甚嚣尘上;贸易战与逆全球化主义,让世界经济前景更加不明朗。人们担心,新冠肺炎疫情的暴发与全球性蔓延会让全球经济面临更大挑战。大疫如大考,互信互助才是解题之道。在抗击疫情时,全球展现的彼此团结与互帮互助,让更多人看到了全球一体化治理的曙光。因此,疫情后各国携手并进,持续推进全球化朝正确方向发展,成为当今的重要课题。

从当前形势来看,疫情引发全球性经济危机的可能性并不大,但是另一种形式的全球性经济危机的发生概率却不低,那就是贸易战。刚刚有所缓和的贸易战,会不会在疫情带来的经济压力下重新抬头,无疑是当前最值得警惕的事情。历史已经证明,发动贸易战争,不仅无助于本国经济,反而会加速全球经济危机。早在八十多年前,美国就曾实施贸易保护主义,其《关税法》引发他国报复,上演了一场全球贸易大战,全球贸易额大幅萎缩,最终加速了美国乃至全球的经济衰退,引发了历史上最著名的大萧条。

当前这场全球蔓延的新冠肺炎疫情,对人类智慧也是一个考验。如今的美国政府似乎正在重复历史错误。贸易保护主义的"病毒"正在折磨着美国,并且传播到了其他主要经济体。一旦贸易保护主义蔓延并渗透全球,比起新冠病毒,可能更加无药可救。为此,世界"免疫系统"必须战胜它,以恢复开放贸易和重获商业健康。只有全球携手合作,才是解决这场危机的真正出路。

在这场疫情大考中,国际社会看到众志成城、共克时艰的中国,看到顽强不屈、逆境奋进的中国,看到迅速出击、蹄疾步稳的中国,看到担当有为、守护世界的中国。这是以行动诠释构建人类命运共同体的庄严承诺,这是以行动践行阻止疫情蔓延的大国担当!

过去几年全球化和国际化进程中,各国过于侧重经贸的分工协作以及政治力量的抗衡,却忽略病毒也随全球化而散播及肆虐,以至今天尝到苦果。吸取了这次的教训,人类社会今后的进程,必须更重视平衡与共生的智慧。

　　一些西方有识之士已很好地提出了建议:应该正视中国。对于世界其他地区而言,中国已经成了重要的一部分;中国正在担当起符合其地位的责任,正在书写自己命运的篇章,也在协同书写世界命运的篇章。我们必须承认,中国会用不同的方式思考、行动。因为中国人民在构建自己的社会时,也在无意识中形成了与西方不一样的价值观。

　　这个不同于西方的价值观就是,中国人民不仅希望自己发展好,也希望各国都发展好。依照西方价值观,西方人很难理解:中国,一个正日益走近世界舞台中央的大国,既不侵占领土,也不对他国进行政治军事的介入,这样的大国是怎样在国际上立足的,又会如何越来越稳定?事实上按照中国人的价值观,即使在将来,中国也不会立志于成为帝国,更不会遵循"霸道"和"王道",而是行大道,奉天下为公。对此,早在 18 世纪中期,孟德斯鸠在《法的精神》中已给出过答案,他说,一般地说,所有国家都有一个相同的目标,那就是保存自己。不过,每一个国家各自还有一个特殊的目标——罗马的目标是扩张,斯巴达的目标是战争,中国的目标是安定。

　　中国已不是过去的中国,西方也不再是过去的西方。西方要想对中国有更多了解,就要用变化的眼光看待中国发展,因为世界正在经历一场巨变。在全球化浪潮中,再没有任何事情是天经地义和不可改变的。换句话说,要用全新的眼光看待中国。

　　现在世界已进入 21 世纪,新世纪有一个公式,就是学会分享。早年,天主教教会在世俗化运动中看到自己不可能永远统治世界,因而感到无可奈何。西方要解决好自己的世纪难题,就要从现在起,从今天起,学会分享。因为全球分享已现端倪。

　　这场疫情也为我们敲响了警钟,它告诉我们:人类与传染病的斗争是永无止境的,这场"战争"还将继续下去。中国的探索与实践,已经越来越清晰地带给世界重要启示,这就是抗击疫情离不开命运共同体意识。病毒无国界。人类是命运息息相关的共同体。与疫情较量,谁也不可能成为局外人，人类唯一的出路在于守望相助、共克时艰。

这场战"疫"再次提醒人们，要真正构建一个全球命运共同体，仍然任重而道远。在这个伟大进程中，中国从未缺席，中国一直在奋力前行。当今世界，各国经济联系密切、利益交融，共同利益是人类命运共同体意识产生的土壤。世界好，中国会更好；中国好，世界也会更好。即使现在中国人民正在进行一场没有硝烟的战争，但中国还是一如既往地为世界和平、发展和繁荣做出重要贡献。从某种意义上说，这将是此次疫情带给世界的最大启示，必将有助于推动构建人类命运共同体。

西方主导全球化五百多年的历史已证明："西方标榜的共同利益不过是一个修饰性的比喻而已，失去共同目的和共同的利益，我们就失去了共同的准则、共同的思想和世界概念，世界已分裂成为无数原子式的个体和集团的碎片。"[①]在"碎片化"的新格局下，如何做好全球产业链分工及自身的"防御""愈合"，需要长期不断探索。当下解决现实中全球增长动能不足、全球经济治理滞后、全球发展失衡的深层问题，不可能依靠割裂早已形成的全球技术链、产业链和价值链。唯有各国之间开展更加深入务实的合作，维护和扩大共同利益，才能让经济全球化的成果惠及各国人民。

21世纪以来，新兴市场国家和发展中国家对全球经济增长的贡献率稳居高位，2016年已达到80%，它们日益拥有推动经济全球化发展的能力。发达国家应该乐见这些国家融入经济全球化大潮，并让它们发挥建设性作用。面对疫情"大考"，各国应当坚定信心、协商合作，保证全球供应链安全，构建顺畅贸易通道，同时防止各种以邻为壑的保护主义发生，共同推动全球经济平稳向前发展。

---

① 曼海姆：《意识形态与乌托邦》，李步楼等译，北京：商务印书馆，2019年，第16页。

第一章　中国发展成就与中国奇迹

中国今天的发展成就影响世界,中国奇迹让全世界关注。新中国成立七十多年、中国改革开放四十多年来创造的中国奇迹向世界宣告,基于自身独特性和伟大创造而成功的中国道路的无比正确性、科学性和先进性。现在,中国特色社会主义进入新时代。新时代,是承前启后、继往开来,在新的历史条件下继续夺取中国特色社会主义伟大胜利的时代,是决胜全面建成小康社会进而全面建设社会主义现代化强国的时代。

新中国成立七十多年、中国改革开放四十多年来创造的中国奇迹向世界宣告，基于自身独特性和伟大创造而成功的中国道路的无比正确性、科学性和先进性。正如英国经济学者琳达·岳说，中国总是选择自己独特的道路，这样的选择是明智的，因为没有一个固定的经济发展模式可以适用于每一个国家。但是，希望中国在经济上的发展能够同时伴随着其他方面的发展，希望中国几千年在国际舞台上闪闪发光的那些方面能够再一次焕发出夺目的光芒。这样的发展道路必将成就一个真正的发展传奇，这个传奇不仅会改变中国人民的生活，也会改变我们生活的整个世界。①中国在未来的发展中，不能受制于西方中心论，要坚持走中国特色社会主义道路，维护与坚持民族自尊和民族自信，要通过深化供给侧结构性改革，不断推进现代化经济体系建设。

一、今天世界为什么越来越向东看

　　美国的帕金斯早就说过，如果10多亿人口的中国在20世纪末或者以

---

① 岳：《中国的增长》，鲁冬旭译，北京：中信出版社，2015年，第5页。

后的短时间内变成工业国,这将意义重大。18 世纪后期工业革命从英国开始,扩展到欧洲的其他地区和北美,用了大约一百五十年时间,使这些地区 7 亿左右人口提高了生活水平,约占世界人口总数的 17%。如果中国转向工业化的努力能成功,那么生活在新工业化国家的人口就比 20 世纪50 年代增加了 10 多亿。这样,只经过四十多年时间的努力,中国就有了转变:从大多数人生活在贫穷的农业国转变到 12 亿多的世界人口生活在相对繁荣的工业化都市的社会中。①

今天,中国所面临的问题跟世界上其他地方的人所面临的问题是一样的,即如何才能找到经济合理行为与生活品质之间的和谐。

中国今天的发展成就影响世界,改变中国,中国奇迹让全世界关注。正如史景迁说:"一个国家之所以伟大,条件之一就是既能够吸引别人的注意力,又能够持续保有这种吸引力。当西方刚刚接触中国时,中国就明显地表现出这种能力;几个世纪来,流行风潮的无常,政治情势的改变,也许曾使中国的光彩暂且蒙尘,但是中国的吸引力却从未完全消失过。"②整体地看,中华民族伟大复兴最为集中地体现在经济发展的伟大成就上。新中国成立之初,国内流行的口号是"学习苏联,参考欧美",还有一个口号是:"苏联的今天就是我们的明天,苏联就是我们学习的榜样。"从 20 世纪 50年代到现在,中国终于实现了从学习到超越的历史性飞跃。2018 年 5 月 7日,俄罗斯总统普京在莫斯科克里姆林宫举行盛大的总统就职典礼,正式开启自己的第四个总统任期。在此之前的总统竞选中,普京提出的口号是"让俄罗斯人民再次伟大",其策略就是"向东看"。一百多年前,俄罗斯帝国的崛起是以欧洲为中心。今天普京力图让俄罗斯人民再次伟大,其重心开始向东转移,这是一个极富历史意义的变化,而这个变化预示着中国的

---

① 帕金斯:《走向 21 世纪:中国经济的现状、问题和前景》,陈志标译,南京:江苏人民出版社,1992 年,第 204 页。

② 史景迁:《大汗之国:西方眼中的中国》,阮叔梅译,桂林:广西师范大学出版社,2013 年,第 7 页。

影响将越来越大。

(一)中国综合国力越来越强,"家底"更殷实

2019 年,中国 GDP 接近 100 万亿元,回望历史,挣下如此丰厚的"家底",着实不易。[①]

1952 年中国的 GDP 仅为 679 亿元,1978 年也只有 3679 亿元。1986 年,中国 GDP 突破 1 万亿元,从新中国成立时的百废待兴到迈上 1 万亿元台阶,花了 37 年;从 1 万亿元到 2000 年突破 10 万亿元大关,花了 14 年;从 10 万亿元到 2019 年近百万亿元,只用了 19 年。

新中国成立七十多年来,从"一穷二白"成长为一个体量近百万亿元的经济体。这不仅意味着中国经济总量不断扩大,而且表明中国经济发展的质量在稳步提升,人民生活在持续改善;不仅为 2020 年实现全面小康打下坚实基础,而且为全人类的发展进步事业做出了应有的贡献,具有重要的标志性意义。

根据世界银行数据,2018 年人均 GDP 在 1 万美元以上的经济体人口规模近 15 亿。随着总人口达 14 亿的中国步入人均 GDP 达 1 万美元的行列,中国给世界最大的贡献是相当于让世界人均 GDP 超过 1 万美元的人口翻了一番,这是人类历史上中国对世界最为伟大的贡献。现在中国 GDP 占世界的比重超过 16%,中国经济增长对世界经济增长的贡献率达到 30%左右。中国成为世界经济发展动力最足的"火车头",中国人均 GDP 稳居世界上中等收入国家行列,人文发展指数也进一步上升。

现在中国每年 GDP 的增量是 2 万多亿美元,超过了某些在世界 GDP 总量排名前十位的国家。2019 年,GDP 排名第八位的意大利,GDP 总量是 1.9 万亿美元,排名第九位的巴西是 1.7 万亿美元,排名第十位的加拿

---

① 宁吉喆:《2019 年中国 GDP 近百万亿元,增长 6.1%》,《人民日报》2020 年 1 月 18 日。

大是 1.6 万亿美元。也就是说中国每年 GDP 的增量相当于意大利整个国家一年的 GDP。从 2008 年开始,中国每两年的 GDP 增量都要大于印度的整体经济总量。中国经济每 16 周就能创造出一个希腊的经济规模,每 25 周就能创造出一个以色列的经济规模。

澳大利亚前总理陆克文将中国的发展形容为英国工业革命和信息革命同时在中国如火如荼地进行,并将三百年的时间压缩为三十年。"当美国民众抱怨道路建设和维护花费了太长时间时,政府往往会回答,罗马不是一天建成的。显然,人们忘了将这句话告诉中国人。到 2005 年,这个国家每两周就可以建造出一个与今天罗马面积相当的城市。"[①]"2011 年至 2013 年,中国生产和使用的水泥超过了美国在整个 20 世纪的产量与使用量。2011 年,一家中国公司只用了十五天就建成了一座 30 层的摩天大楼。三年后,另一家公司用十九天建造了一座 57 层的摩天大楼。事实上,中国仅用了十五年时间就建成了相当于整个欧洲住房存量的房屋。"[②]中国对世界经济发展的贡献有目共睹,中国经济发展伟大成就改变中国,也震撼世界,这正是世界关注中国发展动向的原因。

(二)罗素愿景在中国得到了全面实现

现在,相比世界上其他国家,中国的港口、高速公路、高铁等基础设施建设遥遥领先。经过四十多年的发展,中国交通运输取得了举世瞩目的成就:高速公路总里程世界第一,高速铁路运营总里程世界第一,港口吞吐量世界第一,航空运量世界第二……众多重要的交通运输装备正在成为中国制造的名片。

从生活质量上看,2020 年全国高等教育毛入学率达到 50% 以上,比 2012 年提高 12.7 个百分点,超过中高收入国家平均水平。中国的人均预

---

① 艾利森:《注定一战》,陈定定、傅强译,上海:上海人民出版社,2019 年,第 27 页。
② 艾利森:《注定一战》,陈定定、傅强译,上海:上海人民出版社,2019 年,第 27 页。

期寿命达到 77 岁,高于世界平均水平 5 岁。日本的人均寿命为 83 岁,位居世界第一。2018 年 1 月份公布的数据显示,上海的人均寿命在 2019 年已经达到了 84 岁,人均寿命的提高反映了中国居民生活水平和质量的极大提高。

根据泰晤士高等教育(Times Higher Education)发布的 2017—2018 年度世界大学排行榜,在亚洲的排行中,中国有 61 家大学进入前一百名。排行榜的标题就是:中国高校崛起,全面碾压日本。中国众多大学位居世界大学排行榜前列,这一现象在过去是不可想象的,也是近代中国几代人的梦想。近代以来,洋务运动开始后,中国向欧美和日本学习,派出了大量的留学生,日本成为中国留学的主要目的地。而今天这种局面已经发生历史性大翻转,中国已经成为亚洲最大的留学生目的国。这些巨大变化来源于中国经济发展的伟大成就,特别是过去五年来中国的经济成就和历史性变革。

大约一百年前,罗素在《中国问题》中谈到,中国将在全球发挥应有作用,将在人类急需之时带去一个崭新的希望。带着这种希望,我愿看到"少年中国"鼓舞人心,启迪众人。这种希望有望变成现实。正因为有望变成现实,中国更应挺立前列,得到每一个热爱人类之人的敬重。[1]今天回头来看,当年罗素的愿景正在中国得到全面实现。

二、中国发展成就与中国奇迹

党的十九大报告这样阐述中国过去五年的历史成就:"十八大以来的五年,是党和国家发展进程中极不平凡的五年。"它对中国的发展环境是这样表述的:"世界经济复苏乏力、局部冲突和动荡频发、全球性问题

---

[1] 罗素:《中国问题》,田瑞雪译,北京:中国画报出版社,2019 年,第 295 页。

加剧的外部环境"。中国成为世界经济低迷时期的重要发展引擎，成为世界经济发展稳定的示范。成就巨大，又极不平凡。这是一个历史性大飞跃。

（一）十八大以来中国经济发展成就巨大

党的十九大的报告明确指出，中国这"五年来的成就是全方位的、开创性的，五年来的变革是深层次的、根本性的"。党的十九大报告提出，五年来中国解决了多年没有解决的难题，办成了多年想办而没有办成的大事，实现了国际地位、经济发展水平前所未有的提升。中国的发展面貌出现了前所未有的变化，使得中华民族以崭新的姿态屹立于世界的东方。这里可以举两个国家的例子，以便更加清晰地看到这一点。

先看南非。南非是一个经济非常发达的国家，被称为非洲大陆的一颗明珠或者彩虹之国，也是非洲诞生以来，出现的唯一一个发达国家。南非曾经是整个非洲中经济社会发展水平排名第一的国家。南非的开普敦大学完成了世界上第一例心脏移植手术。南非的金融业很发达，金矿开采技术也很先进。当时南非总统曼德拉是唯一的一个既受西方认同又受中国认可的总统。那南非的整个社会治理水平应该很好。事实上，南非后来向西方学习并简单化移植西方的治理体系，各种社会问题、发展问题、民生问题、安全问题等"丛生交织"，困扰着南非，今天的南非仍然面临发展的诸多问题。

再来看看蒙古国和中国内蒙古自治区。20世纪50年代，蒙古国的人均经济量一度超过中国，但现在却越来越糟糕，甚至还远不如中国的内蒙古自治区。按照世界银行发布的数据，蒙古国2018年的GDP为130亿美元。而中国的内蒙古自治区，2018年的GDP达1.7万亿元，从新中国成立之初到2018年，内蒙古自治区的GDP增长了2500倍。2018年，中国内蒙古自治区的GDP是蒙古国的近19倍，蒙古国的GDP只有中国内蒙古自治区的 5%。[①]。

从经济发展来看,党的十八大以来城乡居民收入增速超过经济增速,城镇新增就业年均 1300 万人以上,民生和就业状况得到了极大改善。中国有超过 1 亿的贫困人口稳定脱贫,特别是精准脱贫政策帮助最后将近 4000 万的"锅底贫困人口"实现脱贫,攻克贫困最后的"堡垒",啃下脱贫攻坚最硬的"骨头"。党的十九大报告提出:"从现在到 2020 年,是全面建成小康社会的决胜期。"从党的十九大到二十大,既要全面建成小康社会,实现第一个百年奋斗目标,又要乘势而上开启全面建设社会主义现代化国家新征程,向第二个百年奋斗目标进军。所以党的十九大报告里这样阐述:"从十九大到二十大,是'两个一百年'奋斗目标的历史交汇期。"这个交汇,一方面是决胜全面建成小康社会,另一方面也开启了新的现代化征程。[②]

对于建成全面小康社会,党的十九大报告里使用了"决胜"一词。"决胜"就是没有犹豫,没有讨价还价的余地,这表明了党和政府的决心。到 2020 年中国实现全面建成小康社会,这意味着人类历史上几千年来与贫困做斗争这样一个伟大的目标,在中国能够得以真正、彻底地实现。世界上其他国家或国际组织无力也从未实现过这样的目标。以世界银行和国际货币基金组织为例,世界银行和国际货币基金组织成立时的口号就是要消除发展中国家的贫困问题,解决世界上发展不平等的问题。然而,近八十年来,这两大世界组织都没有实现当初的目标。

(二)中国发展成就震撼世界

今天国家之间的发展,不是越来越平等,而是越来越两极化,甚至是极端化。富国停滞不再发展,穷国状况更加恶化。因此,中国在减贫成就上

[①]　国家统计局编:《中国统计年鉴》,北京:中国统计出版社,2019 年,第 3—9 页。

[②]　王政淇、白宇:《撸起袖子加油干——十九大代表谈决胜全面建成小康社会》,中国共产党新闻网,2017 年 10 月 25 日(2021 年 3 月 13 日),http://cpc.people.com.cn/19th/n1/2017/1025/c414305-29606874.html。

对人类社会发展的伟大贡献不但是卓越的，更是开创性的。如果没有中国为消除贫困所做出的贡献，世界呈现出来的趋势不是在减贫，而是在增贫。这也解释了为什么"一带一路"倡议提出的构建人类命运共同体，能够得到全世界的认同。2017年2月10日，联合国社会发展委员会第55届会议协商一致通过"非洲发展新伙伴关系的社会层面"决议，将推进"一带一路"建设等便利区域互联互通的举措和"构建人类命运共同体"理念首次写入联合国决议中。2018年达沃斯世界经济论坛的主题就是"在分化的世界中打造共同命运"，而"人类命运共同体"是习近平主席在2016年达沃斯论坛报告的主题。这一次把"人类命运共同体"作为达沃斯论坛的主题，表明了全世界对中国提出的构建人类命运共同体的认同。

与此相比较，再回头看，2017年以来美国的经济表现良好，特朗普总统上台以后，经济增长超过前任总统在任时，应该说实现了当初的竞选承诺。2017年，美国的GDP达到了19万亿美元。但是，中国对美国的赶超基本上是可以确定的。根据测算，自2015年起，中国每年以6.9%或6.0%的增长水平，赶上或超过美国大致需要十五年的时间，也就是说到2030年，中国基本上可以确定赶上或超过美国。党的十九大报告对中国的这一发展趋势提出一个基本的判断："经过长期努力，中国特色社会主义进入了新时代，这是中国发展新的历史方位。"这个结论很重要，今后各个行业各个部门的发展都必须要结合这样一个新的历史方位，要契合新时代这一大历史背景来规划、思考、定位实际工作，所有行业的工作都必须与中国特色社会主义新时代对接。

2019年，在全球经济增长放缓、跨国投资低迷的条件下，中国吸收外资实现逆势增长：中国吸收外资达到1381.4亿美元，比上年增长2.4%，再创历史新高，稳居发展中国家首位、全球第二位。从对外贸易来看，中国已经是120多个国家和地区的主要贸易伙伴，在全球经济治理和多双边经贸合作中发挥的作用越来越重要。中国连续十一年成为全球第二大进口市场,进口额占世界进口总额的 10％以上,贡献全球进口增量的六分之一。1980 年,中国的对外贸易总额不到 400 亿美元。到 2019 年,进出口总额达到 31.5 万亿元,相当于 4.4 万亿美元,增长了 100 多倍,对外贸易快速发展促进了中国经济与世界经济融合。[①]

中国特色社会主义进入新时代,意味着近代以来久经磨难的中华民族迎来了从站起来、富起来再到强起来的伟大飞跃,意味着科学社会主义在 21 世纪的中国展现出强大的生机和活力,中国特色社会主义伟大旗帜在世界高高举起。中国不单是社会主义,而且是中国特色社会主义;中国不单是中国特色社会主义,还始终不渝地坚持改革开放。这三个因素成就了中国奇迹,助推了中华民族的伟大复兴。

(三)中国成就为世界带来新变化

中国的成就为世界带来哪些新的变化? 中国的发展成就是西方理论没办法解释的,所以被称为"中国发展之谜"。过去对世界发展状况的判断和解释都是以西方为中心的,这一点在地理名词"近东"与"远东"上面得到了很好的反映:中国是远东,俄罗斯是近东。所谓的"东"即以欧洲为中心,离欧洲近的叫"近东",离欧洲远的叫"远东"。这就是典型的西方中心论。从地理空间到价值评判,西方国家习惯于从自身角度出发来判断对和错。

例如,西方国家常常强调"普世价值",指责中国不尊重、不接受"普世价值",但"普世价值"本身就是一个错误概念。西方国家把本国的价值观简单化地等同于"普世价值",向世界推销西方的价值观的实质是一种"强制阐释"。对此,中国提出"社会主义核心价值观",以培养担当民族复兴大任的时代新人为着眼点,强化教育引导、实践养成、制度保障,发挥社会主

---

① 《商务部外贸司负责人谈 2019 年全年中国对外贸易情况》,中华人民共和国商务部,2020 年 11 月 15 日(2021 年 3 月 13 日),http://www.mofcom.gov.cn/article/aesjjd202001/20200102930414.shtml。

义核心价值观对国民教育、精神文明创建、精神文化产品创作生产传播的引领作用，把社会主义核心价值观融入社会发展各方面，转化为人们的情感认同和行为习惯。可以说，西方国家所谓的"普世价值"并不是真正的"普世"，那只是西方的价值观。

2015 年，笔者在肯尼亚内罗毕大学进行学术交流，发现其教员对中国的"一带一路"倡议存在偏见，他们认为"一带一路"对非洲存在资源掠夺的威胁，中非之间的贸易往来不平等。经询问后发现，内罗毕大学的教员主要从英国、法国、美国的大学获得博士学位，受西方意识形态的影响严重，价值观出现了明显的偏差。由此，笔者建议"一带一路"建设要建立丝路联盟，为"一带一路"沿线国家培养硕士研究生和博士研究生。这些毕业生十年、二十年后将成为他们国家的精英，这将有利于消除西方国家对非洲的意识形态控制。现在，中国的孔子学院有一些成功的经验，有可借鉴之处，但孔子学院培养的对象是普通民众，教授的内容仅限于基础的中文知识，而当务之急是要进行高水平的人才培养，为"一带一路"沿线国家的博士研究生和硕士研究生培养提供支持。

三、中国特色社会主义进入新时代

近代以来，中国人民面临争取民族独立和人民解放、实现国家繁荣富强和人民共同富裕、实现社会主义现代化和中华民族伟大复兴的三大历史任务。

（一）三次历史性伟大飞跃

直面三大任务，中国共产党带领全国人民，经过近百年的艰苦斗争，实现了中华民族站起来、富起来、强起来的三次历史性伟大飞跃。

1."站起来"：从 1921 年建立中国共产党到 1949 年新中国成立

在这个历史时期,中国共产党团结带领全国各族人民,历经艰苦卓绝的革命斗争,推翻了帝国主义、封建主义和官僚资本主义三座大山,建立了中华人民共和国,自豪而庄严地向世界宣布"中国人民站起来了"。新中国开启了中华民族伟大复兴的历史新纪元,因此"站起来"是对伟大的中国革命取得的民族独立和人民解放历史成就的精辟概括。

2."富起来":从 1949 年新中国成立到 2012 年党的十八大召开

在这个历史时期,中国共产党团结带领全国各族人民,探索在贫穷落后的经济社会发展基础上建设社会主义并持续走向繁荣富强。"富起来"又分为两个阶段:第一个阶段是从 1949 年 10 月中华人民共和国成立至 1978 年 12 月党的十一届三中全会召开,第二个阶段是从党的十一届三中全会至 2012 年 11 月党的十八大召开。

改革开放前,以毛泽东为核心的党的第一代中央领导集体带领全国各族人民,在新民主主义革命成果的基础上,进行了社会主义改造,确立了社会主义基本制度,为中国的发展奠定了根本政治前提和制度基础;艰辛探索社会主义道路,为开创中国特色社会主义提供了宝贵经验,取得了独创性的理论成果,也为下一阶段的发展奠定了产业和物质基础。

改革开放后,在邓小平"贫穷不是社会主义"思想指导下,中国共产党团结带领全国各族人民坚定不移走中国特色社会主义道路,坚持以经济建设为中心,坚持改革开放,实现了国家综合实力快速提升,把中国建设成为全球第二大经济体。"富起来"是对新中国成立以来,特别是改革开放以来实现国家繁荣富强和人民共同富裕的伟大历史成就的高度评价。

改革开放是中国实现"富起来"必不可少的重要历程。2013 年 1 月 5 日,习近平同志在新进中央委员会的委员、候补委员学习贯彻党的十八大精神研讨班开班式上发表重要讲话,对改革开放前后两个历史时期关系做出以下判断:"不能用改革开放后的历史时期否定改革开放前的历史时期,也不能用改革开放前的历史时期否定改革开放后的历史时期。改革开放前的社会主义实践探索为改革开放后的社会主义实践探索积累了条件,改革开放后的社会主义实践探索是对前一个时期的坚持、改革、发展。"①

3."强起来":2012 年 11 月党的十八大召开以来

党的十八大召开以来的五年,是党和国家发展进程中极不平凡的五年,正如党的十九大报告中所强调的,因为顺应实践要求和人民愿望,我们才能够"解决了许多长期想解决而没有解决的难题,办成了许多过去想办而没有办成的大事"。面对世界经济复苏乏力、局部冲突和动荡频发、全球性问题加剧的外部环境,面对中国经济发展进入新常态等一系列深刻变化,我们坚持稳中求进工作总基调,迎难而上,开拓进取,取得了改革开放和社会主义现代化建设的历史性成就。全党全国人民砥砺奋进,全面深化改革,跻身世界中等发达国家行列,并逐步走近世界舞台中央,更有质量的经济和更有质量的发展让中国阔步走在"强起来"道路上,迎来了中华民族伟大复兴的光明前景。

党的十八大以来,中国在世界经济、环境改善、政党领导等问题上,愈来愈发挥出世界性的主导作用。用习近平同志的"三个前所未有"来表述就是:"我们前所未有地靠近世界舞台中心,前所未有地接近实现中华民族伟大复兴的目标,前所未有地具有实现这个目标的能力和信心。"②党的十八大以来,中国共产党不断深化对共产党执政规律、社会主义建设规律、人类社会发展规律的认识,取得了重大理论创新成果,形成了习近平新时代中国特色社会主义思想,中国特色社会主义进入新时代。"强起来"既是中国特色社会主义的主要特征,也是中国发展新的历史方位。

(二)中国特色社会主义推动中国"富起来"

---

① 习近平:《论中国共产党历史》,北京:中央文献出版社,2021 年,第 4 页。
② 牛明明:《"三个前所未有"指明当前中国的方位》,中国军网,2014 年 4 月 10 日(2021 年 3 月 13 日),http://www.81.cn/jmywyl/2014—04/10/content_5850141.htm。

经过四十多年的改革开放，中国摆脱了积贫积弱的形象，实现了从低收入国家成为中等收入国家，应该说这主要得益于坚持将马克思主义基本原理与中国实际相结合，坚定不移地走好中国特色社会主义道路。无数事实证明了一个真理，只有社会主义才能救中国，只有改革开放才能发展中国、发展社会主义。

坚持发展才是解决一切问题的"金钥匙"。发展是人类永恒的主题，国家强盛、人民富裕，关键在发展。发展是硬道理，只有经济发展了，人民才能富裕，社会才能安定，这是中国特色社会主义发展实践反复验证的一条真理。中国经济的快速腾飞，最显著的一个优势体现在"加快发展"。从1949年到2012年党的十八大召开的这一段时间，中国之所以取得举世瞩目的辉煌成就，根本上是因为抓住了发展。

在中国特色社会主义现代化道路上，我们党对发展的主题从未动摇，以不断创新的伟大实践主动回应世界性的发展难题和普遍性的发展困境。相比于西方，改革开放四十多年来我们坚持走中国特色社会主义道路，实现了经济持续快速发展，7亿多人口摆脱贫困，人均GDP超过8800美元，实现了从贫穷落后到阔步走向繁荣富强的历史性跨越。实践充分证明，中国特色社会主义道路是一条行之有效的现代化道路，它不仅将在新时代继续领航中国全面建设社会主义现代化国家的新征程，也为发展中国家走向现代化提供了中国经验。

发展是硬道理，这是中国特色社会主义发展实践反复证明了的一条真理。在中国特色社会主义现代化道路上，中国对发展这条主线从未动摇，并不断以新的伟大实践主动回应世界性的发展难题和普遍性的发展困境。特别是党的十八大以来，以习近平同志为核心的党中央深刻洞悉国际国内形势的新变化，着力推动发展方式转变，明确提出创新、协调、绿色、开放、共享的新发展理念，极大地拓展了中国特色社会主义现代化的实现路径。现在，中国经济发展已由高速增长阶段转向高质量发展阶段，中国现代化建设也站到了一个更高的起点上。

统筹推进"五位一体"总体布局，协调推进"四个全面"战略布局。中国特色社会主义现代化是全方位的现代化。改革开放以来，我们党对中国特色社会主义现代化内涵的认识不断深化，党的十八大创造性提出"五位一体"总体布局，大大丰富了中国特色社会主义现代化的理论体系。党的十八大以来，我们党在积极推进"五位一体"总体布局中，又逐步形成了"四个全面"战略布局，确定了我们党新时代的治国理政新理念、新思想、新战略。统筹推进"五位一体"总体布局和协调推进"四个全面"战略布局，紧紧扣住了中国社会主要矛盾的变化，步步合拍中国现代化进程，促进形成了经济富裕、政治民主、文化繁荣、社会公平、生态良好的发展格局，全面开创了中国社会主义现代化事业的新局面。

把改革开放作为大踏步赶上时代的重要法宝。中国特色社会主义的伟大成功，一个重要原因就是四十多年来中国始终高举改革开放大旗，坚持改革开放这一当代中国发展进步的活力之源。通过改革开放，中国加快破除经济、政治、文化、社会和生态文明等领域的体制机制性障碍，极大地解放和发展了社会生产力，推动经济社会发展质量和人民生活水平不断提高。特别是通过改革开放实现了从计划经济向社会主义市场经济的历史性转变，并在改革中不断完善中国特色社会主义市场经济体制，既充分发挥市场经济的优势，又发挥了社会主义制度的优越性，使中国经济走出一条行稳致远的发展之路。

坚持独立自主的思想和原则。中国特色社会主义既是从改革开放四十多年的伟大实践中得来的，也是从中华人民共和国成立七十多年的持续探索中得来的。新中国成立伊始，由于没有建设社会主义的经验，我们选择了借鉴甚至照搬苏联模式，但这一模式的弊端很快就显露出来，我们党开始认识到在中国建设社会主义必须根据国情走自己的道路。此后，独立自主的思想和原则指引我们取得了巨大的建设成就，并使我们在改革开放新时期纷繁复杂的国际国内环境下,坚定改革的正确方向、立场和原则,不走改旗易帜的邪路。党的十八大以来,以习近平同志为核心的党中央在进行具有许多新的历史特点的伟大斗争中,进一步坚持与发展了独立自主的思想和原则,强调坚持独立自主的和平外交政策,中国的事情必须由中国人民自己做主张、自己来处理。可以说,没有坚持独立自主的原则,中国特色社会主义道路就不可能开辟出来并越走越宽广。

坚持党对一切工作的领导。党的领导是当代中国发展进步的根本保证,是中国特色社会主义现代化建设取得辉煌成就的最根本原因。坚持党对一切工作的领导,是被长期实践证明了的中国特色社会主义的最大政治优势,具体体现为"集中力量办大事"的制度,总揽全局、同向发力的效率,高度的组织、动员能力,长远的规划、统筹协调、决策和执行能力。正是有了中国共产党这个中国特色社会主义事业的坚强领导核心,才能够把全国各族人民紧密团结起来,形成万众一心、无坚不摧的磅礴力量。中国经济奇迹的背后,是在党的领导下逐步实现国家治理体系和治理能力的现代化,从而实现了对西方治理模式的超越。

坚持开放是当代中国发展进步的活力之源。开放带来进步,封闭必然落后。回顾从"站起来"到"富起来"的发展历程,中国特色社会主义的伟大成就要归功于中国始终坚持高举改革开放大旗,主动顺应经济全球化潮流,把改革开放作为大踏步赶上时代步伐的重要法宝。没有改革开放,就没有中国的今天,也就没有中国的明天。通过改革开放,我们不断深化和推进体制改革,加快破除经济、政治、社会、文化和生态等领域的体制机制性障碍,不断解放思想,激发劳动、知识、技术、管理、资本的活力,解放和发展了社会生产力,推动了从计划经济向市场经济的历史性转变,提升了经济社会发展质量,使人民生活水平不断迈上新台阶。

坚持建立完善中国特色社会主义市场经济体制。中国始终坚持社会主义市场经济的改革方向,保持战略定力,在改革中不断完善中国社会主义市场经济体制,在伟大实践中不断超越西方理论的认知。始终坚持"看不见的手"和"看得见的手"的有机结合,做到既充分发挥市场经济的优势,又有效克服市场失灵的风险,牢牢把握经济发展的大局,全面认识发展规律,适应经济发展新常态,完善宏观调控,走出一条行稳致远的发展之路。改革开放四十多年来,中国大型基建(如高速铁路、高速公路、西气东输、南水北调)、新能源推广、数字化的生态互联网建设等能够顺利展开,"天宫""蛟龙""天眼""悟空""墨子""大飞机"等重大科技成果能够上天入地下海,国家力量起着非常重要的作用。中国奇迹的背后是国家治理能力和治理体系的现代化,以及对西方的超越。

经过改革开放前的探索积累,到改革开放初期,中国经济总量大约排名世界第十位。又经过改革开放后的长足发展,中国经济排名迅速提升,2010 年超过日本成为世界第二大经济体。1978 年,中国 GDP 为 3679 亿元,人均 GDP 为 385 元;2012 年,中国 GDP 为 540367 亿元,人均 GDP 为 40007 元。1978 年,中国经济总量仅为美国的 6.5%;2012 年,中国经济总量为美国的 53.3%。

与国家日益富强同步的是人民生活的不断改善。1978—2019 年,中国城镇居民人均可支配收入从 343 元提高到 42359 元,农村居民人均纯收入从 134 元提高到 16021 元。城镇居民恩格尔系数从 57.5% 下降到 28.2%,农村居民恩格尔系数从 67.7% 下降到 30.0%,达到相对富裕标准。

同时,"富起来"让中国有了更强的底气和实力,也为实现中华民族伟大复兴的中国梦夯实了基础。正如党的十九大报告所指出的,经过多年努力,中国特色社会主义进入了新时代,这是中国发展新的历史方位。中国特色社会主义进入新时代,意味着近代以来久经磨难的中华民族迎来了从"站起来""富起来"到"强起来"的伟大飞跃,迎来了实现中华民族伟大复兴的光明前景。

(三)中国经济进入由"高速增长"转向"高质量发展"的新时代

新时代,是承前启后、继往开来,在新的历史条件下继续夺取中国特色社会主义伟大胜利的时代,是决胜全面建成小康社会进而全面建设社会主义现代化强国的时代,是全国各族人民团结奋斗、不断创造美好生活、逐步实现全体人民共同富裕的时代,是全体中华儿女勠力同心、奋力实现中华民族伟大复兴中国梦的时代,是中国日益走近世界舞台中央、不断为人类做出更大贡献的时代。

党的十八大以来,我们党着眼于全面建成小康社会、实现社会主义现代化和中华民族伟大复兴,以强烈的历史使命感和问题意识前瞻性谋划未来,统筹推进"五位一体"总体布局,协调推进"四个全面"发展战略,抓住改革发展稳定的关键,进一步确立了新形势下党和国家各项工作的顶层设计、战略方向,坚定走生产发展、生活富裕、生态良好的文明发展道路,为全球生态安全做出"中国贡献",充分体现了当代中国的全局视野和战略眼光。

作为世界第二大经济体,中国"形成了世界上人口最多的中等收入群体",2017年对世界经济增长的贡献率达到30%左右,成为世界经济增长的重要引擎。改革开放四十多年不断发展积累了物质基础,也为中国培育新动力、拓展新空间夯实了基础,有力地推动中国不断朝着更高质量、更有效率、更加公平、更可持续的方向前进,标志着中国经济进入由"高速增长"转向"高质量发展"的新时代。

新时代中国"强起来"有五大表现。

一是中国经济实现了从量变到质变,成为全球经济的主要贡献者。中国经济实力更强,后劲更足。2013—2019年,中国GDP年均增长6.6%,高于同期世界2.6%和发展中经济体4.0%的平均增长水平,在保持中高增长的同时保证了价格稳定,CPI年均上涨2.0%。国家统计局数据显示:

2019 年中国 GDP 按年平均汇率折算达到 14.4 万亿美元,稳居世界第二位;人均国内生产总值按年平均汇率折算达到 10276 美元,首次突破 1 万美元大关,长期稳居世界第二位。国际货币基金组织数据显示,近年来,中国对全球经济增长的贡献率约达 35%,持续成为推动世界经济增长的主要动力源,超过美国、欧元区和日本贡献率的总和,居世界第一位。2019 年,中国居民恩格尔系数为 28%,接近富足标准。

二是中国日益走近世界舞台中央,整体形象不断提升。党的十八大以来,中国的主场外交对中国提升国际形象起到了很好作用。2018 年 1 月 5 日,中国外文局对外传播研究中心联合调查机构发布《中国国家形象全球调查报告 2016—2017》。该报告显示:"中国在全球治理中的角色正日益被认可;中国的模式和道路正获得越来越多的点赞;中国正以既古老又日新月异的姿态,赢得越来越多海外公众的好感与探索意愿。"五年来,中国举办了亚信峰会、APEC(亚太经济合作组织)领导人会议、"9·3"阅兵、G20 杭州峰会、"一带一路"国际合作高峰论坛、厦门金砖会晤、博鳌亚洲论坛、中非论坛、中拉论坛、世界互联网大会、中国共产党与世界政党高层对话会等高规格活动。这些活动展示了中国经济实力,传达了中国理念,发出了中国声音,彰显了中国智慧。

三是中国共产党的治国理政走到了世界前列,成为各国政党学习的榜样。中国共产党的领导力、感召力来自党带领中国从富到强的艰辛历程和伟大成就,中国共产党是历史的选择、人民的选择。在百年奋斗史中,中国共产党既带领中国人民获得了民族独立和人民解放,实现了国家富强和人民富裕,又经受住了严酷的外部挑战,抵御了政治、军事、经济和意识形态的种种渗透干预。2017 年 11 月 30 日至 12 月 3 日,中国共产党在北京举办了全球政党大会——中国共产党与世界政党高层对话会。这是迄今为止世界上最大的党际交流平台,来自世界各国的 300 个政党和政治组织的领导人参与。此次大会的召开,进一步体现了党的十八大以后中国共产党强大的号召力与开放胸襟,向全世界展示了中国共产党的先进性。

四是发力导向世界健康发展,中国方案体现大国担当。党的十八大以来,中国在全球治理上颇有建树。"一带一路"倡议是中国向全球提供的公共产品,将造福沿线 60 多个国家。在气候问题上,中国积极推进《巴黎气候变化协定》。2017 年 11 月 1 日,中国气候传播项目中心在北京发布的《2017 年中国公众气候变化与气候传播认知状况调研报告》显示,中国公众的气候变化认知度保持高水平,94.0%受访者支持中国落实《巴黎协定》,96.8%的受访者支持中国政府开展应对气候变化国际合作。① 相较美国宣布退出《巴黎协定》,中国在减排上的表现要积极主动得多,尽显大国担当。2017 年 10 月 31 日,国家发改委发布的《中国应对气候变化的政策与行动 2017 年度报告》显示,中国在能源、农林业、工业、交通运输业和建筑业等领域绿色低碳改革取得一些成绩,为发展中国家应对气候变化提供支持。"为小岛屿国家、最不发达国家、非洲国家及其他发展中国家提供了实物及设备援助,对其参与气候变化国际谈判、政策规划、人员培训等方面提供大力支持,并启动在发展中国家开展 10 个低碳示范区、100 个减缓和适应气候变化项目及 1000 个应对气候变化培训名额的合作项目。"②

五是人民生活水平不断提升,形成了世界上人口最多的中等收入群体。党的十八大以来,中国创下减贫最好成绩。数据显示,中国贫困人口从 2012 年年底的 9899 万人减到 2019 年年底的 551 万人,贫困发生率由 10.2%降至 0.6%,连续七年每年减贫 1000 万人以上。2016 年中国有 28

---

① 中国气候传播项目中心:《2017 年中国公众气候变化与气候传播认知状况调研报告》,2017 年 11 月 1 日(2021 年 3 月 13 日),http://i. weather. com. cn/images/cn/index/dtpsc/2017/11/07/32734DC489728AA72583F 608386985C8. pdf。

② 方圆震:《〈中国应对气候变化的政策与行动 2017 年度报告〉发布——携手推动全球气候治理进程》,中国政府网,2017 年 11 月 6 日(2021 年 3 月 13 日),http://www. gov. cn/xinwen/2017－11/06/content_5237458. htm。

个贫困县脱贫摘帽,2017 年有 100 个左右贫困县脱贫摘帽,2020 年全面完成小康社会历史任务。

从 2014 年起,中国将每年 10 月 17 日设立为"扶贫日"。人民的生活水平不断提高,人均收入持续增长,城镇居民平均每百户拥有的汽车、摩托车、电视机、洗衣机等耐用品消费品数量不断增加。2017 年 1 月 7 日,中国社会科学院社会政法学部、国家治理研究智库发布的《中等收入群体的分布与扩大中等收入群体的战略选择》报告数据显示,中国约有 4.5 亿人口属于中等收入家庭,6.0 亿人口属于中等收入以上家庭。国家统计局综合司副司长毛盛勇提出,即使在保守测算的情况下,中国中等收入群体已超过 4 亿人,大致占全球中等收入群体的 30% 以上。这一数据与瑞士信贷研究中心发布的结果基本一致。

(四)坚定不移地走好中国特色社会主义道路

纵观新中国成立以来的历史,以毛泽东同志为核心的党的第一代中央领导集体带领全国各族人民确立了社会主义基本制度,为中国"富起来"夯实了政治基础和制度基础。以邓小平为核心的党的第二代领导集体带领全国各族人民开创了改革开放的伟大事业,成功地走出了一条建设有中国特色社会主义的新道路。邓小平之后,江泽民、胡锦涛"接棒"带领全党全国人民继承、发展,逐步实现中国"富起来"的目标。

党的十八大以来,以习近平同志为核心的党中央带领全国各族人民站到了新的历史起点上,努力实现从"富起来"走向"强起来"。坚持发展是执政兴国第一要务,坚持改革开放是当代中国社会进步的必由之路,坚持中国特色社会主义道路,用四十年的时间走完了西方发达国家几百年走过的历程,实现从一穷二白到建立现代工业体系和国民经济体系的跨越,实现从物资极度匮乏、产业百废待兴到成为世界经济增长引擎、全球制造基地的跨越,实现从贫穷落后到阔步走向繁荣富强的跨越。

历史总是以超出人们想象的大跨越和大步伐,对中国共产党领导中国人民走出的中国道路做出最生动的诠释。中国改革开放四十多年取得的发展成就,带给中国的是一场千年未有的大变局,带给世界的却是历史坐标的大翻转。中国特色社会主义将中国的现代化发展带入新的历史方位,使之站上新的起点。

从历史上看,从18世纪中叶工业革命开始,在两百多年历史中,那些成功迈入现代化门槛的国家和地区相对于中国来说体量都不算大。美国是人类迄今为止最大的现代化国家,它于18世纪末开始现代化,至20世纪中叶完成,那时它的人口才1.5亿左右,人均GDP在1万美元上下。中国有14亿多人口,现在又有着世界最大的中等收入群体。中国是在一个体量无比庞大、情况无比复杂的国家实现民族复兴,在人类社会发展史上,其复杂性、艰巨性前所未有,其伟大性和创造性前所未有,其冲击力和影响力也前所未有。

从现实看,美国以世界4.2%左右的人口消耗了全球资源的大约25%。按照这样的比例,如果追求同样的生活方式和生产方式,按照这样的道路实现现代化,那么把世界现有的全部资源都给中国也不够用。单纯从资源角度看,西方文明不是人类文明的未来,当然也不是广大发展中国家的未来。中国是一个发展中大国,独特的文化传统、独特的历史命运、独特的基本国情,注定了我们必然要走适合自己特点的发展道路。

"鞋子合不合脚,自己穿了才知道。"道路走得怎么样,最终要靠事实来说话。改革开放四十多年的成功实践证明,我们走在了正确的道路上,那就是中国特色社会主义之路。对于这条道路,我们必须时刻保持清醒,只要认准了、认定了,就坚定不移走下去。党的十九大擘画了未来二十多年的发展,那就是到2020年全面建成小康社会,到2035年基本实现现代化,到21世纪中叶建成现代化强国,实现中华民族伟大复兴的中国梦。基本实现现代化、建成现代化强国意味着什么呢?意味着人类社会发展史上将出现第一个以社会主义制度实现现代化的国家;意味着到那时,不仅中华民族将以更加昂扬的姿态屹立于世界民族之林,而且社会主义运动将迎来一个高潮,科学社会主义旗帜将高高飘扬。

中国的发展、中华民族的伟大复兴,不单是一个民族再现自己的辉煌,不单是满足14亿多人民群众对美好生活的需求,不单是影响全球的格局、拉动世界的经济,而且是一种"文明的发展",是一条道路和一种制度的成功,是一种完全不同于西方文明的生产方式、生活方式、价值理念的问世和被肯定、被追随,是中国理念、中国价值、中国主张的吸引力、影响力的不断增强。它向世人昭示的是,历史没有终结,也不可能被终结;现代化之路不是"单数",而是"复数"。中国共产党人带领中国人民走出了一条新的成功之路,它拓展了发展中国家走向现代化的途径,给世界上那些既希望加快发展又希望保持自身独立性的国家和民族提供了全新选择。这就是改革开放对社会主义的贡献,是中国共产党人对人类的贡献。正是在这个意义上,中华民族伟大复兴才成为人类社会发展史上的"大事件",必将对人类文明的走向产生重大影响。

四、不断开辟社会主义发展新境界

社会主义国家大多是在经济文化比较落后的基础上建立起来的,在初始起点上就不同于马克思主义经典作家设计。尽管可以在生产关系与社会制度上实现历史性跨越,但生产力发展水平普遍不高的事实成为社会主义建设过程中必须跨越的历史性门槛。因此,如何在生产力落后的国家建设社会主义,怎样建设社会主义,使社会主义的优越性得到充分发挥,就成为一个必须解答的历史之问。

(一)社会主义展现出全新气象

邓小平同志将中国的改革开放视为"第二次革命"。他指出："改革的性质同过去的革命一样，也是为了扫除发展社会生产力的障碍，使中国摆脱贫穷落后的状态。"①正是改革开放极大激活并发挥出社会主义的优越性：社会主义作为一种先进的社会形态，一旦被注入现代化新元素，必然带来社会生产力水平的显著提高；作为一种先进的社会制度，一旦聚焦于全力推进现代化建设，必然产生巨大成效，充分发挥出集中力量办大事的优势。中国的社会主义制度虽然是在生产力落后条件下建立起来的，但改革开放孕育并催生了中国特色社会主义，使社会主义发挥出巨大优越性。

中国特色社会主义是社会主义，不是别的什么主义。一个国家实行什么样的主义，关键要看这个主义能否解决这个国家面临的历史性问题。在中华民族积贫积弱、任人宰割的时期，各种主义和思潮都进行过尝试，资本主义道路没有走通，改良主义、自由主义、社会达尔文主义、无政府主义、实用主义、民粹主义、工团主义等"你方唱罢我登场"，但都没能解决中国的前途和命运问题。是马克思列宁主义、毛泽东思想引导中国人民走出了"漫漫长夜"、成立了新中国，是中国特色社会主义使中国快速发展起来了。从改革开放开始，特别是苏联解体、东欧剧变以后，唱衰中国的舆论在国际上不绝于耳，各式各样的"中国崩溃论"从来没有中断过。但是，中国非但没有崩溃，反而综合国力与日俱增，人民生活水平不断提高，"风景这边独好"。历史和现实都告诉我们，只有社会主义才能救中国，只有中国特色社会主义才能发展中国，这是历史的结论、人民的选择。

四十多年砥砺奋进，四十多年的改革开放让社会主义在中国焕发出强大的生机活力并不断开辟发展新境界，中国特色社会主义拓展了发展中国家走向现代化的途径，为解决人类问题贡献了中国智慧，提供了中国方案

---

① 《邓小平文选》第三卷，北京：人民出版社，1993年，第135页。

和中国力量。社会主义从诞生之日起，经历了从空想到科学、从理论到实践、从一国实践到多国发展的过程。筚路蓝缕，社会主义在世界范围内的发展充满了艰难曲折。西方总是囿于意识形态偏见，给社会主义贴上封闭僵化、贫穷落后的标签，甚至曾有人断言："社会主义是 20 世纪的产物，也必将终结于 20 世纪。"[①]中国四十多年改革开放所取得的伟大成就，有力驳斥了西方意识形态偏见，使社会主义在 21 世纪展现出全新气象。

（二）坚定不移地走好中国道路

道路决定命运。中国特色社会主义，是科学社会主义理论逻辑和中国社会发展历史逻辑的辩证统一，是根植于中国大地、反映中国人民意愿、适应中国和时代发展进步要求的科学社会主义，是全面建成小康社会、加快推进社会主义现代化、实现中华民族伟大复兴的必由之路。"中国模式"是中国人民在自己的奋斗实践中创造的中国特色社会主义道路。不走僵化封闭的老路，不走改旗易帜的邪路，坚持完善和发展中国特色社会主义制度，不断发挥和增强中国制度优势，是改革开放四十多年伟大实践的最大启示。正如习近平总书记所强调的："该改的、能改的我们坚决改，不该改的、不能改的坚决不改。"[②]正是沿着中国特色社会主义道路，近代以来久经磨难的中华民族实现了从站起来、富起来到强起来的历史性飞跃。随着改革开放持续深入推进，中国特色社会主义进入了新时代，科学社会主义在 21 世纪的中国一定会焕发出更强大的生机活力。

中国发展的伟大成就来自全面深化改革，来自全面扩大开放。正是基于四十多年伟大实践的成功经验，为实现"两个一百年"奋斗目标，凝心聚力，众志成城，改革开放再出发，在更高起点上踏上建设社会主义现代化国家新征程。改革不停顿，开放不止步。"将改革开放进行到底！"这是中国

---

① 福山：《历史的终结与最后的人》，陈高华译，桂林：广西师范大学出版社，2014 年，第 21 页。

② 习近平：《在庆祝改革开放 40 周年大会上的讲话》，北京：人民出版社，2018 年，第 28 页。

共产党总结过去、着眼当下、展望未来发出的时代强音。改革开放再出发，伟大的中国将在中国共产党的坚强有力的引领下，创造出一个又一个新的更加伟大的中国奇迹，把中国特色社会主义不断推向前进。

（三）不断开辟社会主义市场经济的新境界

四十多年来，我们解放思想、实事求是，大胆地试、勇敢地改，干出了一片新天地。从实行家庭联产承包、乡镇企业异军突起、取消农业税牧业税和特产税，到农村承包地"三权"分置、打赢脱贫攻坚战、实施乡村振兴战略，从"引进来"到"走出去"，从搞好国有大中小企业、发展个体私营经济到深化国资国企改革、发展混合所有制经济，从单一公有制到公有制为主体、多种所有制经济共同发展和坚持"两个毫不动摇"，从传统的计划经济体制到前无古人的社会主义市场经济体制，再到使市场在资源配置中起决定性作用和更好发挥政府作用，社会主义市场经济越来越充满生机和活力。

按照西方经济学的理论逻辑，市场经济只有一种模式、一套标准，即以私有制为基础的市场经济。事实上，市场经济的理想彼岸并不是西方市场经济，西方市场经济也不是市场经济的理想蓝图，更不是市场经济的标准模式。在今天的世界，没有所谓的标准"市场经济"的定义。从语义上讲，社会主义市场经济不是市场经济，犯了逻辑学的错误，就好像白马非马论，是典型的强盗逻辑。市场经济不只有一种模式，正是社会主义市场经济体制让中国实现了蓬勃发展，这是中国不同于西方的体制优势。

社会主义制度和市场经济的结合，是前无古人的伟大创新，许多问题还需探索，还需要不断深化改革。但是，并非什么"社会主义市场经济不是市场经济"，而是美国"不能容忍"中国的经济体制优势，因为社会主义市场经济体制优势让"美国优先"受到挑战。这才是问题的本来面目。中国改革开放四十多年的伟大实践，一方面破除对社会主义经济的僵化认知，使社会主义经济不断焕发生机和活力,另一方面又破除了市场经济等于资本主义的传统认知,为市场经济注入了更加丰富的内涵。

早在 1998 年,习近平同志在分析社会主义市场经济和马克思主义经济学的发展与完善时就已经提到,"建立社会主义市场经济体制是一场伟大的社会实践"①。中国改革开放四十多年的成功经验表明,社会主义市场经济既不同于传统计划经济体制,又不同于西方市场经济体制。不同于传统计划经济体制的地方在于社会主义经济引进了市场机制,发挥了价值规律作用,充分调动了生产者的积极性,增强了经济活力,提升了经济效率;不同于西方市场经济体制之处在于在经济实践中实现公有制与市场经济的有机结合,从而避免了完全市场化带来的弊端。社会主义市场经济不是简单对标西方市场经济,中国改革开放四十多年的伟大成功实践从来没有把西方市场经济当作理想模式,不能用西方市场经济模式作为尺度来度量中国的社会主义市场经济。

正是社会主义市场经济的成功实践,让西方之乱与中国之治形成鲜明对比。中国改革开放四十多年的成功经验表明,西方之乱就在于时过境迁,西方仍然固守和束缚于几百年前的发展路径,同时又对自身缺乏深刻反思,既不能处理好对内与对外的关系,又不能处理好市场与政府的关系,因而反受其乱。特别是 2008 年金融危机以来,西方市场经济制度受到广泛质疑,越来越多的国家对西方市场经济制度、发展模式开始动摇,西方标榜的资本主义市场经济制度优越性黯然失色。今天的西方世界,由于沉迷于自己的理念而无法自拔,并把这种理念当成衡量现实和实践的标准,从而丧失了解决问题和推进国家发展的能力。

中国改革开放四十多年的伟大成功实践再次说明,西方世界不能再陶醉在自己过去的辉煌历史中,应该是警醒的时候了,否则只能继续"迷失"

---

① 习近平:《社会主义市场经济和马克思主义经济学的发展与完善》,《经济学动态》1998 年第7 期。

下去。因此，中国改革开放四十多年伟大实践的成功既可以使西方反思自己的问题，也有助于推动西方国家自身的改革。

五、新时代中国发展总方略

改革开放以来，中国成功地开辟并阔步走在中国特色社会主义道路上，党和国家事业取得了辉煌成就，但如同习近平总书记所说的，事业越前进、越发展，新情况、新问题就会越多，面临的风险和挑战就会越多，面对的不可预料的事情就会越多。①这些问题与挑战包括发展中不平衡、不协调、不可持续的问题依然突出，城乡区域发展差距和居民收入分配差距依然较大，有法不依、执法不严、违法不究等问题依然存在，党风廉政建设和反腐败斗争形势依然严峻。面对这些问题和矛盾，如果应对不力，或者发生系统性风险、犯颠覆性错误，就会延误甚至中断社会主义现代化的进程。

习近平总书记在党的十九大报告中指出："我们党要团结带领人民有效应对重大挑战、抵御重大风险、克服重大阻力、解决重大矛盾，必须进行具有许多新的历史特点的伟大斗争，任何贪图享受、消极懈怠、回避矛盾的思想和行为都是错误的。"②哪里积聚着重大矛盾和突出问题，哪里就是"伟大斗争"的"主战场"。"纷繁世事多元应，击鼓催征稳驭舟。"进行"伟大斗争"不仅需要高超的政治定力，更需要深谋远虑的治国理政战略布局。正是基于"伟大斗争"的需要，我们党提出了统筹推进"五位一体"总体布局和协调推进"四个全面"战略布局。

（一）统筹推进"五位一体"总体布局和协调推进"四个全面"战略布局

---

① 习近平：《关于坚持和发展中国特色社会主义的几个问题》，《求是》2019年第7期。
② 习近平：《决胜全面建成小康社会夺取新时代中国特色社会主义伟大胜利》，北京：人民出版社，2017年，第15页。

改革开放以来，我们党对中国特色社会主义现代化内涵的认识不断深化，党的十八大创造性提出"五位一体"总体布局，大大丰富了中国特色社会主义现代化的理论体系。党的十八大以来，我们党在积极推进"五位一体"总体布局中，又逐步形成了"四个全面"战略布局，确定了我们党新时代的治国理政新理念新思想新战略。统筹推进"五位一体"总体布局和协调推进"四个全面"战略布局，紧紧扣住了中国社会主要矛盾的变化，步步合拍中国现代化进程，促进形成了经济富裕、政治民主、文化繁荣、社会公平、生态良好的发展格局，全面开创了中国社会主义现代化事业的新局面。

强调"四个全面"协调推进，这在我们党的历史上是第一次，标志着新一届中央领导集体治国理政方略更加完善，必将进一步推动党的理论与实践的大发展，迎来中华民族伟大复兴更加光明的前景。

"四个全面"，是习近平同志站在时代和全局的高度，在坚定中国自信、发展中国道路、优化中国模式、总结中国经验，以及带领人民推动改革开放和社会主义现代化建设的进程中提出来的，既是我们党把马克思主义基本原理同中国实际和时代特征相结合的重大理论创新成果，又是实践创新的巨大飞跃。协调推进"四个全面"，对于坚持和发展中国特色社会主义、实现中华民族伟大复兴有着深远而重大的意义。

(二)不断开拓治国理政的新境界

不断开拓治国理政的新境界，既是时代发展的要求，也是我们党领导水平和执政能力提升的标志。党的十八大以来，以习近平同志为核心的党中央直面当代中国和当今世界的重大课题，运用历史唯物主义和辩证唯物主义的科学世界观方法论，深刻把握治国理政的若干重大关系，科学统筹治党治国治军、内政外交国防、改革发展稳定，科学统筹国内国际两个大局，思考谋划治国理政一盘棋，先后提出全面建成小康社会、全面深化改革、全面推进依法治国、全面从严治党的重大任务和战略部署。"四个全面"廓清了治国理政的全貌,抓住了治国理政的关键,拎起了治国理政的总纲,集中体现了党治国理政的新思路、新方略。

确立中国由大向强发展的总方略。由大向强,不仅是量的积累,更是质的飞跃。如何实现这"关键一跃",是我们党治国理政的核心课题。由大向强可谓"树大招风",越是靠近世界舞台中心,越是接近实现民族复兴的目标,遇到的阻力和压力就越大。同时,中国改革发展进入攻坚期、深水区,要用几十年解决西方在几百年的现代化进程中遇到的问题,还要解决自身特有的突出矛盾问题。国内外安全风险叠加交织,面临"中等收入陷阱""西化分化陷阱"等,这些都对党治国理政提出了新的课题和更高要求。协调推进"四个全面",就能更好统筹国家安全和发展利益,坚持走中国特色社会主义道路与实现中国梦的统一,坚持全面建成小康社会与实现中华民族伟大复兴的统一,以全面深化改革来化解民族复兴和现代化进程中遇到的各种深层次矛盾问题,以全面推进依法治国来确保发展风险有序可控,以全面从严治党来强力巩固党的执政基础和群众基础。

开启接续打造"中国优势"的新篇章。无论是以中国特色社会主义的伟大成就继续推动世界社会主义的发展,还是以"中国奇迹"的升级版实现从赶上时代到引领时代,核心都在于完善"中国模式",打造和增创"中国优势"。"四个全面"是将实践特色、理论特色、民族特色、时代特色融入中国特色社会主义道路、理论体系、制度之中的大手笔,特别是明确把完善和发展中国特色社会主义制度、推进国家治理体系和治理能力现代化作为全面深化改革的总目标,这意味着中国模式的核心之一是国家治理现代化。推进"四个全面",中国特色社会主义制度必将更加成熟、更加定型。

指引改革开放和现代化建设迈上新台阶。协调推进"四个全面"战略布局,紧紧围绕实现第二个"一百年"奋斗目标和建成富强民主文明和谐的社会主义现代化国家展开:推进经济社会全面协调可持续发展,全面建成小康社会;围绕"五位一体"总布局,全面深化体制机制改革;着力维护社会公平正义,加快建设法治中国;围绕提高科学执政、民主执政、依法执政能力,全面从严治党……目的都在于推动改革开放和现代化建设迈上新台阶,促进人的全面发展和社会共同富裕。同时,破除城乡二元结构,建设农民幸福生活的美好家园;坚持走中国特色新型工业化、信息化、城镇化、农业现代化道路;把生态文明建设融入经济、政治、文化、社会建设各方面和全过程,协同推进新型工业化、城镇化、信息化、农业现代化和绿色化——这一系列战略举措,也紧紧围绕如期实现第二个"一百年"奋斗目标而展开。可以坚信,随着"四个全面"协调推进,随着一系列战略举措的全面实施,社会主义现代化强国将一步一步成为现实。

第二章　社会主义市场经济的成功实践探索

　　自改革开放以来,中国经济发展的实践不断超越西方模式,成功地走出了一条具有鲜明中国特色的社会主义经济发展道路。可以说,正是中国发展的路径成功摆脱了西方模式,推动中国经济的异军突起。社会主义市场经济成功实践的理论意义在于超越而不是复制西方经济学理论,是中国版的马克思主义政治经济学理论的重大发展。它立足于中国改革发展的成功实践,是市场经济理论的重大创新和发展,体现了"看得见的手"与"看不见的手"的有机结合。

怎样建设社会主义经济以及建设什么样的社会主义经济的问题，在以往的社会主义建设中没有解决得很好。马克思、恩格斯关于未来社会的原理很多是预测性的；列宁在俄国十月革命后不久就去世了，没来得及深入探索这个问题；苏联在这个问题上进行了探索，取得了一些实践经验，但也犯下了严重错误，没有解决好这个问题。

一、社会主义市场经济的认识深化与实践探索

新中国成立以后，我们党不断探索这个问题，曾经一度受苏联模式影响，认为社会主义经济只能是计划经济，社会主义经济应该纯而又纯，试图将一切市场交易活动都纳入国家的计划和规定范围，排斥市场，取缔交换，统得过多、过死，严重束缚了生产力的发展。改革开放后，中国不断突破计划经济的束缚，积极探索和构建市场经济体系，社会主义市场经济不断发展完善。正是社会主义市场经济体制的建立和完善，让改革开放四十多年不但取得了经济发展的奇迹，而且也实现了社会长期稳定的奇迹。

(一)马克思、恩格斯等经典作家对市场经济的认识

马克思、恩格斯等经典作家否定商品生产和商品交换,把计划经济和市场经济视为社会制度范畴。马克思在《哥达纲领批判》中指出,未来社会是"一个集体的、以生产资料公有为基础的社会","生产者不交换自己的产品,用在产品上的劳动,在这里也不表现为这些产品的价值"。①恩格斯认为"一旦社会占有了生产资料,商品生产就将被消除,而产品对生产者的统治也将随之消除"②,由此认为社会主义否定商品生产和商品交换,未来社会实现生产资料公有制。列宁认为:"没有一个使千百万人在产品的生产和分配中最严格遵守统一标准的有计划的国家组织,社会主义就无从设想。"③在他看来,计划经济和市场经济是两种对立、绝对排斥的经济制度。他把社会主义有计划按比例发展的规律性与资本主义发展的盲目性、自发性的无政府状态相对立,把计划经济和市场经济的优势、缺陷作为评价社会主义制度与资本主义制度优劣的标准。他指出:"只要还存在着市场经济,只要还保持着货币权力和资本力量,世界上任何法律也无力消灭不平等和剥削。只有实行巨大的社会化的计划经济制度,同时把所有的土地、工厂、工具的所有权交给工人阶级,才能消灭一切剥削。"④

新经济政策时期,列宁放弃"战时共产主义"政策,允许存在商品生产和商品交换。但是,列宁认为这只是一种"渐进主义的、审慎迂回的行动方式"⑤。此外,《苏联社会主义经济问题》一书并没有任何地方出现"商品经济"一词。商品生产、商品交换只是被允许在一定时期内和一定限度内存在。列宁对于社会主义和商品经济关系的认识没有发生根本性改变,他认

---

① 《马克思恩格斯选集》第三卷,北京:人民出版社,2012年,第303页。
② 《马克思恩格斯选集》第三卷,北京:人民出版社,2012年,第671页。
③ 《列宁选集》第三卷,北京:人民出版社,2012年,第525—526页。
④ 《列宁全集》第10卷,北京:人民出版社,1958年,第407页。
⑤ 《列宁选集》第四卷,北京:人民出版社,2012年,第610页。

为现阶段只是一种战略上的退却,这才使斯大林快速建立高度集中的计划经济体制成为可能。可以看出,如何更好建设和发展社会主义社会经济的问题,在以往的社会主义实践中都没有得到很好解决。马克思、恩格斯对于未来社会的设想更多是预测性的,没有进行真正社会主义国家的实践;列宁实施了"新经济政策"后不久就去世了,也没来得及深入探索这个问题;后来,以斯大林为首的苏联开始了高度集中的社会主义计划经济体制的探索,取得了一些成功的经验,但苏联模式僵化了,也没有解决好这个问题。

(二)新中国对社会主义市场经济的实践探索

受苏联模式的影响,新中国成立后,中国也迅速建立起高度集中的计划经济体制,国家试图将一切市场交易活动都纳入国家的计划和规定范围。由于计划经济封闭性、调拨性和独立性的固有特征,排斥市场调节,统得过多、过死,造成商品短缺,交易和管理成本极高,严重束缚了生产力的发展。改革开放前,曾有人提出诸如"三个主体三个补充""大计划、小自由""可以消灭资本主义,又搞资本主义""价值法则是一所大学校"等被誉为"新经济政策"的主张,但由于当时极左思想占了上风且没能从根本上转变,这些旨在允许社会主义商品生产和商品交换的有益探索在实践中被迫中断。改革开放后,我们党对市场经济的认识不断深入。

党的十一届三中全会提出要重视价值规律的作用,按经济规律办事。随后,在计划经济的主体框架内不断引入市场调节,发挥市场机制作用,逐步提出"以计划经济为主、市场调节为辅""计划与市场内在统一的体制""计划经济与市场调节相结合"的经济体制改革方案,对市场经济的内涵、外延及特征的认识不断深化。党的十四大明确提出建立社会主义市场经济体制,是我们党对计划与市场关系认识的一个新飞跃。相比原来使用的有计划的商品经济的概念,一方面,丰富了社会主义商品经济的内涵,明确生产要素也是商品,同样受由市场供求或市场竞争所决定的价值规律的调节。另一方面,坚持社会主义方向,正确区分了政府功能和市场功能,强调国家宏观调控和发挥市场作用相结合。

1992 年邓小平南方谈话和党的十四大以来,中国从传统计划经济体制向社会主义市场经济体制的转轨进入了崭新的加速阶段①,初步形成了以公有制为主体、多种所有制经济共同发展的经济格局,进一步探索公有制与市场经济结合的实现形式,生产资料市场、生产要素市场、消费品市场发展势头良好,价格双轨制逐步向市场单轨价过渡,个体私营等非公有制经济发展较快。党的十四届三中全会通过了《关于建立社会主义市场经济体制若干问题的决定》,从现代企业制度、分配制度、社会保障制度、市场体系、宏观调控体系等五个方面提出社会主义市场经济体制的具体内容,又进一步勾画出了改革的蓝图和基本框架。

此后,市场的资源配置作用不断增强。从党的十五大、十六大的"进一步及更大程度上发挥市场配置资源的基础性作用"到党的十七大的"从制度上更好发挥市场配置资源的基础性作用",强调"加快形成统一、开放、竞争、有序的现代市场体系"。2012 年党的十八大提出"更大程度更广范围"发挥市场配置资源的基础性作用,强调必须更加尊重市场规律,扩大市场的作用边界,更好发挥政府作用。中国市场经济体系趋向成熟,政府需彻底转变"创造市场"的角色,使市场起决定性作用。

因此,党的十八届三中全会重新定位政府与市场关系,创造性提出"市场在资源配置中起决定性作用和更好发挥政府作用"的新观点,进一步深化了对市场经济规律的认识,强调政府和市场这两只手都要用好。党的十九大报告指出要加快完善社会主义市场经济体制,进一步明确社会主义市场经济改革的方向和重点任务。党的十九届四中全会提出社会主义市场

---

① 张卓元:《从计划经济体制向社会主义市场经济体制的大跨越》,《经济研究》1998 年第 11 期。

经济体制是社会主义基本经济制度,把社会主义市场经济体制上升到"基本经济制度"的高度,标志着具有中国特色的社会主义市场经济道路的伟大成功,是我们党对政府与市场关系认识的重大突破。

二、社会主义市场经济的成功实践探索破解了西方主流经济学"魔咒"

西方主流经济学一直是市场经济的主流经济学理论。从古典经济学开始,西方经济学主流思想都是主张自由放任,尤其是萨伊的供给经济学让自由放任达到"登峰造极",认为供给会自动创造需求。

(一)萨伊经济学与凯恩斯经济学

应该说,萨伊与斯密一脉相承,而且把斯密的经济思想"发扬光大",重新阐述了斯密的学说,进一步把斯密学说系统化,同时也庸俗化。斯密提出市场无形之手的命题,而萨伊则更进一步论证了市场自动调节生产,社会生产使总需求等于总供给,经济永远不会出现生产过剩的危机。20世纪20年代末席卷世界的经济危机打破了"萨伊神话",从而促使人们重新思考经济学理论如何更好应对经济危机。其实,对萨伊经济学,马克思早就进行了彻底的批判,称之为"庸俗经济学"。

面对萨伊经济学带来的经济危机,凯恩斯指出,缺乏政府宏观调控的市场总是会出现"失灵",从而导致生产与需求的脱节,而生产过剩的根源在于有效需求不足。对此,凯恩斯倡导政府干预和需求管理思想。因此,二战后,面对持续席卷世界的经济危机,以美国为代表的西方国家普遍实行凯恩斯主义经济政策,刺激经济增长以应对经济危机。但是,凯恩斯主义经济政策对经济增长的刺激只是"昙花一现",并没有带来实质性效果,反而形成了经济的"滞胀"局面。事实上,凯恩斯主义在本质上是一种内生性的市场与需求扩张的理论,罗斯福新政的实质也只是在现有体制下的局部调整,而只要整体是资本主义经济制度在起决定性作用,就改变不了经济增长过程中的内在矛盾。因此,凯恩斯主义在一定程度上缓解了这种矛盾,但并没有从根本上消除矛盾,只是延长了危机爆发的周期与时间。对此,凯恩斯本人也承认其政策只能短期有效,而从长期来看是无效的。

20世纪80年代,为了摆脱实施凯恩斯主义经济政策带来的经济"滞胀"困境,美国里根政府再次将萨伊定律奉为圭臬,推行一系列以供给学派为理论基础的政策措施,诸如对国有企业实施私有化、解除政府对市场的调控和监管、大幅度减税等政策,企图带领美国走出"滞胀"困局。供给学派坚持"购买力永远等于生产力""供给会自动创造需求",强调经济危机的出现并不是由于有效需求不足,而恰恰是源于政府这只"看得见的手"的乱作为,从而主张市场自由放任的回归。经过几年的实践,供给学派的政策实际效果并不令人满意,相反还带来了更大的副作用,它使美国联邦财政连年出现巨额赤字,美国从此由世界上最大的债权国"沦落"为世界上最大的债务国。供给学派也随之名誉扫地。曼昆等经济学家甚至把美国供给学派称为"倒霉的""愚蠢的"经济学,而克鲁格曼则称之为"巫术经济学"。

(二)新自由主义经济学

20世纪70年代末、80年代初以"撒切尔主义"和"里根经济学"的名义将新自由主义推上了英美两国主流经济学的宝座,新自由主义再次"名声大噪",随着后来的"华盛顿共识"的出笼,西方国家企图用新自由主义理论发起改造全世界的"十字军远征",以达到"不战而胜"的目的。基于此,福山甚至宣称这将是"历史的终结"。

现在回头看,正是由于推崇新自由主义,拉美经历了"失去的十年",亚洲爆发金融危机,非洲经济增长率大幅下降,美国遭遇次贷危机,欧洲至今仍未完全摆脱债务危机的影响,俄罗斯更是对推行新自由主义有着"刻骨铭心"的教训和体会。时至今日,很多经历过那个时期的俄罗斯人仍对这种西式经济理论心有余悸。由此可以清晰地看出新自由主义给全世界带来的灾难性后果。

现在新自由主义在国际上已经名声扫地,但在国内,新自由主义思潮并未偃旗息鼓,还在企图占领理论阵地,甚至力图影响中国改革与发展。近年来,新自由主义在中国以各种说辞和概念出现,让人感到扑朔迷离甚至混乱不堪。新自由主义作为经济理论、社会思潮和政策主张的混合体,带有更大的理论欺骗性和社会影响力。我们要高度警惕新自由主义思潮可能带来的社会影响,而且更要特别注意防止新自由主义政策主张造成社会危害。

(三)社会主义市场经济是对西方主流经济学的超越

自改革开放以来,中国经济发展的实践不断超越西方经济学教科书中的教条,成功地走出了一条具有鲜明中国特色的社会主义经济发展道路。中国经济增长的奇迹让中国模式和中国道路引起世界关注。回溯整个历程,中国从计划经济向市场经济的转型,并没有遵循西方模式,更不是西方化,而是抵制"华盛顿共识"的"正统"经验,寻求适合本土的发展路径。可以说,正是中国发展的路径成功摆脱了西方经济学理论的教条,才推动中国经济的异军突起。中国经济发展的成功表明,中国道路注定要在全球尤其是发展中国家发挥强大的影响,由此也会改变未来经济发展理念。可以想象,相比较在西方金融危机中崩溃的盎格鲁-撒克逊模式,中国模式在更多的国家,特别是发展中国家更有市场也更具吸引力。

透视中国经济成功的秘诀,中国与西方最大的不同就在于国家的角色和作用,中国政府在整个改革开放的进程和经济发展中发挥着关键性作用。中国经济改革并不是简单的实行市场化,实质上是对西方经济学教科书中的政府与市场关系的重构。三百多年来,西方经济学总是囿于市场与政府的替代争论,从而始终无法消除经济发展中面临市场失灵或政府失灵的问题。而中国从改革开放伊始就清醒地意识到,处理好市场与政府的关系是经济改革的核心,经过不断调整,现在定位为市场在资源配置中起决定性作用和更好发挥政府作用的有机结合。正是这样的体制框架支撑了中国经济的奇迹和成功。所以,不是中国经济改革复制了西方经济理论,恰恰相反,是中国经济发展丰富了经济理论的内容,贡献了经济理论的中国智慧和中国价值。从另一个方面看,只要任何时候中国经济发展背离了中国国情而拥抱西方理论,滥用西方理论,中国经济必然出现大的波折和问题。

因此,社会主义市场经济成功实践的理论意义在于超越而不是复制西方经济学理论,是中国版的马克思主义政治经济学理论的重大发展,它立足于中国改革发展的成功实践,是市场经济理论的重大创新和发展,体现了"看得见的手"与"看不见的手"的有机结合。总体来看,改革开放四十多年,是社会主义市场经济在政府与市场关系上不断做出开创性探索的四十多年。正是市场与政府关系认识上的突破与理论演进,破解了经济发展的世界性难题,大大丰富和发展了马克思主义政治经济学,不断开辟当代中国马克思主义政治经济学新境界。实践发展永无止境,理论创新永不停歇。

立足新时代新方位,我们要继续在社会主义基本制度与市场经济的结合上下功夫,进一步处理好政府与市场的关系,努力使中国的经济体制更加符合现代化经济体系的要求,推动经济社会实现更高质量、更有效率、更加公平、更可持续的发展。在如何发挥市场作用和政府作用的问题上,要坚持辩证法、两点论,着力形成市场作用和政府作用有机统一、相互补充、相互协调、相互促进的格局,努力提高驾驭社会主义市场经济的能力和水平。既要"有效市场",又要"有为政府",把"看不见的手"和"看得见的手"的优势都发挥好,更好地体现社会主义市场经济体制的特色和优势。

如何更好地认识社会主义市场经济,深刻把握政府与市场的关系仍是当前理论和实践的重大课题。当前,中国经济发展已由高速增长阶段转向高质量发展阶段,需要深入研究社会主义市场经济体制下如何进一步处理好政府与市场关系、有效实施创新驱动发展战略、保护和弘扬企业家精神等事关经济高质量发展的重大理论课题。这将推动中国社会主义市场经济理论不断实现创新发展。

三、社会主义市场经济与资本主义市场经济

改革开放四十多年不但取得了经济发展的奇迹,而且也实现了社会长期稳定的奇迹。西方主流经济学无法完全解释中国经济增长之谜。与此相反,很多发展中国家因固守市场化、自由化和私有化的教条而深陷各种"发展陷阱"无法自拔,这说明中国道路的背后必然存在被主流经济理论所忽略的甚至是被错误认识的经济逻辑和发展理念。[①] 现在西方对中国的指责甚嚣尘上,认为社会主义市场经济不是真正的市场经济,甚至认为中国社会主义市场经济是国家资本主义。事实上,中国社会主义市场经济是对市场经济的丰富和发展,不能用资本主义市场经济的标准和尺度评判中国的市场经济,社会主义市场经济作为基本经济制度,更是对西方市场经济的扬弃。

(一)不能把社会主义市场经济简单等同于国家资本主义

西方给中国扣上"国家资本主义"的帽子,一些人甚至把中美两国的竞争上升为"市场资本主义和国家资本主义"两种经济模式的竞争。那么,究竟什么是"国家资本主义"? 列宁认为,国家资本主义是与国家政权相结

---

① 周文:《中国道路与中国经济学——来自中国改革开放 40 年的经验与总结》,《经济学家》2018年第 7 期。

合,由国家控制、支配的一种资本主义经济形态。[①]国家资本主义是列宁提出来用以描述资本主义发展阶段性特征的概念,表明资本主义发展过程中国家作用的不断增强,国家政权控制企业,并对资本主义经济发展实行监督和调节。国家资本主义与不同的国家政权相结合具有不同的性质。在资本主义国家,国家资本主义的出现主要是由于资本主义经济危机的产生和后发国家的经济赶超战略,其实现形式主要是建立大规模国有资本与强有力的经济干预和控制。加强政府的宏观调控有利于暂时改善生产的无政府状态、缓和劳资矛盾、刺激国内需求,然而,由于没有从根本上改变资本主义私有制的性质,其最终目的是维护资产阶级统治。

在社会主义国家,由于生产力水平低,经济文化相对落后,国家资本主义是发展生产力和建设社会主义的一种重要手段,是无产阶级专政条件下实现向社会主义过渡的桥梁。"国家资本主义就是社会主义的入口,是社会主义取得可靠的胜利的条件","带着很大的社会主义性质",是"一种服从无产阶级国家和为无产阶级国家服务的资本主义"。[②]其不可避免带有资本主义经济形态固有的弊端,但它有利于充分利用资本主义的资金、技术、和先进管理经验,解放和发展社会主义的生产力。

一方面,西方认为市场经济是资本主义的专利。计划不是社会主义,市场也不是资本主义。社会主义市场经济本质上仍是市场经济,而"国家资本主义"的本质是资本主义经济。在社会主义改造时期,中国曾利用国家资本主义发展生产力,随着社会主义制度的确立,国家资本主义也完成它的历史使命,退出历史舞台。西方国家给中国贴上"国家资本主义"的标签,无非是想将中国纳入资本主义范畴,曲解中国的根本制度。[③]正如列宁所强调的:"国家资本主义。经院式的理解? 不是。不

---

① 胡乐明、刘志明、张建刚:《国家资本主义与"中国模式"》,《经济研究》2009年第11期。
② 胡乐明、刘志明、张建刚:《国家资本主义与"中国模式"》,《经济研究》2009年第11期。
③ 杨承训:《马克思主义"国家资本主义"理论正本清源》,《经济纵横》2018年第11期。

是资本主义下有过的那一种,而是新的概念,因为是新的现象。国家等于工人阶级,它的先锋队,它凝结成的组织力量和文化力量。"①以私人资本为主的"国家资本主义"是为少数大资本家服务的,他们攫取绝大部分剩余价值。中国是社会主义制度国家,实行以公有制为主体的全民所有制或集体所有制以及按劳分配为主体、社会主义市场经济体制等基本经济制度,生产力的社会财富直接由全体劳动人民所共享。以"国家资本主义"抹黑中国,是故意混淆不同国家间国有经济的性质区别。

另一方面,西方歪曲社会主义市场经济是国家资本主义。西方所谓的"自由市场经济"是以垄断资本为主,中国的社会主义市场经济遵循市场经济一般规律和中国特色社会主义市场经济特殊规律的辩证统一,既强调发挥市场在资源配置中的决定性作用,又注重更好发挥政府作用。西方有意忽视中国的市场经济是坚持社会主义基本制度以及生产资料公有制的本质规定,把国有企业贴上"补贴、扭曲和垄断"的标签横加指责,其实质是为了遏制中国经济发展。国有企业与追求短期利润最大化的私营企业不同,其承担实现国家长远利益的特殊使命。

社会主义市场经济是具有中国特色的经济发展模式,不能把社会主义市场经济简单等同于国家资本主义。西方资本主义国家也有宏观调控和政府干预,其经济调控的力度和广度都有不断上升的趋势。无论是以美国和英国为首的"凯恩斯式"的国家资本主义、日本的"赶超式"的国家资本主义,还是德国的"莱茵式"国家资本主义、印度的"计划式"国家资本主义,都强调发挥政府的宏观调控作用,通过发展国有经济,利用财政政策、货币政策、收入分配政策、产业政策等对经济进行直接或者间接的干预。

二战后,是国家资本主义发展的黄金时期,直到 20 世纪 70 年代初,西方发达资本主义国家出现的"滞胀"现象,凯恩斯主义政策失效,国家资本

---

① 《列宁全集》第 43 卷,北京:人民出版社,1987 年,第 398 页。

主义遭到了质疑。到了90年代,又出现东欧剧变、苏联解体等重大事件,加之日本经济长期低迷,"新自由主义"卷土重来。然而2007年美国爆发了次贷危机和金融危机,政府实施一系列产业救助扶持政策,加强对经济的干预。美国等西方国家的经济政策频繁转换,为什么中国正常的市场经济体制改革却被称为国家资本主义泛滥呢?显然,美国政客的指责既不客观,也不公平。

(二)不能用资本主义市场经济标准评判社会主义市场经济

资本主义市场经济是随着商品经济的发展而产生的,是商品经济的高级阶段。在资本主义产生以前,商品经济已经有几千年的历史,然而都是规模和范围很小的简单商品生产,由于扩大的社会化大生产和资本主义雇佣劳动制度的出现,商品经济成为占统治地位的普遍社会形态,形成了资本主义市场经济或现代市场经济。因此,很容易就得出市场经济就是资本主义的结论。同时西方主流经济学界认为市场经济运行有三个必要条件:私有制、竞争和商品的自由交换以及"硬"预算约束。[①]那么,根据市场经济等于资本主义的标准,很多人认为中国不是真正的市场经济国家。市场经济是商品经济发展、社会分工、交往扩大的产物,世界上是没有"定于一尊"的市场经济标准模式的。

一方面,西方市场经济理论可以参考,但制度、技术等都是"内生"的,并不存在唯一标准的市场经济发展模式。西方市场经济模式经历了"完全国家干预商品经济模式"(15世纪至18世纪)、"自由市场经济模式"(18世纪至20世纪20年代)、"现代国家干预市场经济模式"(20世纪30年代至今)三个阶段。相应地,西方市场经济理论的演变经过了重商主义市场经济理论时期、传统的自由放任市场经济理论时期、现代市场经济理论时期,

---

① 伊萨克森、汉密尔顿、吉尔法松:《理解市场经济》,张胜纪、肖岩译,北京:商务印书馆,1996年,第83页。

是一个从强调政府的全面干预到政府扮演"守夜人"角色再到政府进行宏观调控的动态演进过程。

另一方面,东欧国家都先后探索过自己的市场经济模式,但是这些道路都没有成功,如计划模拟市场的"兰格模式"、南斯拉夫和匈牙利提出的"市场社会主义实验"假说、奥塔·希克的"第三条道路"模式等。由此西方认定西方的市场经济才是真正的市场经济,西方模式才是成功的道路。但是,西方模式的输入给发展中国家带来了惨痛的教训,"华盛顿共识"使拉美陷入的"中等收入陷阱"泥潭、俄罗斯"休克疗法"造成的动荡以及"拉美漩涡""东亚泡沫""西亚北非危机"等都是对西方模式赤裸裸的讽刺。中国道路既没有固守传统社会主义的教条,也没有简单遵循西方模式,而是坚持马克思主义基本原理与中国实践相结合,坚持走有中国特色的社会主义道路,由此创造性开拓出社会主义市场经济的新路,中国道路的伟大成功源于社会主义市场经济的伟大实践成功。

从现实经济的角度来看,西方也没有一成不变的市场经济模式,如果说在 19 世纪 30 年代之前,西方资本主义社会是以自由放任市场经济为主的话,那么 1929—1933 年的大危机之后,罗斯福新政开始,出现了诸如英美模式、德国模式、北欧模式、法国模式、东亚模式等多种市场经济模式,其中关于计划与市场、政府与市场的职能和范围也不断变动。从理论、逻辑推理层面,很难建成一般化的"普世"意义的市场经济模式,尤其是关于政府与市场边界的分析框架。当今世界,还没有哪一个模式和分析框架能够有效解释现实经济的运行。[①] 更应指出的是,中国经济保持多年的高速增长,政府尤其是地方政府在其中扮演了重要角色。中国经济发展获得巨大成功的一个关键因素,就是我们既发挥了市场经济的长处,又发挥了社会主义制度的优越性。因此中国应结合国情和现阶段的发展状况,构建有中

[①] 黄桂田:《正确处理政府与市场的关系,建立有中国特色社会主义市场经济体系》,《政治经济学评论》2018 年第 1 期。

国特色的社会主义市场经济体制。

首先,中国是一个发展中大国。尽管发展是社会主义市场经济的主题,但是中国还处于并将长期处于社会主义的初级阶段,经济发展水平落后,起点低、基础差,市场发育不够完善,不可能通过市场自发调节作用完成"经济赶超",不可能走资本主义工业化的老路。一方面,中国市场发育不完善,市场机制不健全,生产者和消费者的信息不能完全匹配,导致利益最大化的生产者行为和效用最大化的消费行为脱节,资源配置效率低。另一方面,各地经济发展水平差异较大,"二元经济结构"凸显。单纯依靠市场经济的自发调节功能,不能有效配置资源。

其次,中国是实行社会主义制度的国家。坚持公有制经济为主体、多种所有制共同发展的基本经济制度,决定了国家对国有经济必须有一定的计划性和宏观调控。一方面,坚持公有制经济的主体地位,有利于发挥制度优势,确保实现国家经济发展整体目标。以国有企业为主体的公有制经济,可以集中优势资源发展战略性和创新性行业,提供公共物品,大力发展天然气、电力等具有公共属性的行业,维护社会公平和正义。优化产业结构,协调经济,增强抗风险能力。另一方面,鼓励、支持、引导非公有制经济的发展大大增强了中国市场经济的动力和活力,方便了居民生活。此外,中国的经济体制改革实质上是由政府推动的,尤其在完善市场经济体系、保证市场经济有效运行方面发挥不可替代的作用。市场经济所强调的自主性、竞争性和开放性,释放了人们被长期压抑的利益诉求,实现了对人的有效激励;坚持社会主义的基本方向,减少市场经济运行的不确定性,弥补市场失灵的缺陷,保持经济社会平稳健康发展。①

最后,市场经济不是独立的经济形态,具有自然属性和社会属性,可以和不同的社会制度相结合。习近平明确指出:"建立在社会主义公有制基

---

① 乔榛:《"资本论"的逻辑与社会主义市场经济体制的选择》,《当代经济研究》2018年第3期。

础之上,就是社会主义市场经济,建立在资本主义私有制基础之上,就是资本主义市场经济。"①现在一些西方学者认为市场经济只能建立在资本主义私有制基础上,建立真正意义上的市场经济必须进行彻底的私有化改革,试图用资本主义市场经济的标准、尺度评判中国的市场经济,指责中国市场不是真正市场经济,本质上是把市场内生为资本主义私有制,把市场经济的社会属性直接等同于市场经济的自然属性,混淆了社会经济制度与经济运行体制之间的关系。

(三)社会主义市场经济是对西方市场经济的扬弃

社会主义市场经济是对西方市场经济的扬弃,需要明确社会主义市场经济的科学内涵。按照李炳炎的表述,其主要包含三层含义:一是现代市场经济;二是有宏观调控的市场经济;三是以社会主义公有制为主体的市场经济。这样三层含义的综合就是社会主义市场经济的本质规定性。资本主义市场经济中政府为什么不能更好发挥作用? 西方政府应对金融危机、债务危机时,不是不想发挥政府作用,而是受制于西方的政党制度,各方相互掣肘,政府往往做不了应该做而又想做的事情。②

西方经济经历了1929—1933年的经济大危机和20世纪70年代的经济"滞胀"以及2008年的全球性金融危机,经济自由主义和国家干预主义都无法消除资本主义市场经济的弊病,其内在矛盾越来越尖锐。其原因主要是私有制的羁绊,私有制神圣不可侵犯的原则是国家干预不彻底的症结所在。一方面,西方从来不去反思资本主义制度自身的问题,一味地维护生产资料私有制,"资本主义的真正限制是资本自身";另一方面,认为政府和市场是"二元"的,政府多一点,市场就少一点,非此即彼,导致出现"政府失灵"或"市场失灵"这一西方特色的经济问题。此外,从斯密的经济自由

---

① 习近平:《中国农村市场化建设研究》,北京:人民出版社,2001年,第30页。
② 逄锦聚:《加快完善社会主义市场经济体制》,《政治经济学评论》2018年第6期。

主义到凯恩斯国家干预主义,核心在于"现代国家,不管它的形式如何,本质上都是资本主义的机器,资本家的国家,理想的总资本家"①,不是代表整个社会的利益,国家干预也只是资本家的干预。资本主义的国家干预和计划手段只能暂时缓解矛盾,不能从根本上解决危机。

市场经济是一种交换关系,本质上是交换经济,在不同的社会条件下反映不同性质的社会经济关系。资本主义市场经济是私有制基础上资本和劳动之间的剥削与被剥削的关系。社会主义市场经济是公有制基础上的劳动者之间的平等互利关系。一方面,资本主义市场经济具有严重弊端,容易造成生产的盲目性、劳资对立、生产过剩、失业人口增加、经济过度虚拟化、生态危机以及世界市场扭曲等。刘国光曾明确指出:"市场调节具有自发性、盲目性、事后性等特点,它对于保证经济总量平衡,防止经济剧烈波动,对于合理调整重大经济结构,对于防止贫富悬殊、两极分化,以及对于生态环境和自然资源的保护等等,所有这些,市场调节或者是勉为其难的或者是无能为力的。"②另一方面,社会主义市场经济是建立在生产资料公有制基础上的,坚持公有制为主体、多种所有制经济共同发展的基本经济制度,通过现代企业制度改革、坚持"两个毫不动摇"等,把公有制和市场机制有效结合起来,增强政府的宏观调控能力,激活微观市场主体活力,避免两极分化,实现共同富裕。同时企业产权制度改革和市场价格制度改革,解决谁在竞争、怎样竞争的难题,构成市场经济内在竞争机制。③社会主义市场经济是对西方市场经济的扬弃和全面超越,我们注重更好发挥政府职能,利用市场机制的信息优势和高效率的资源配置,不断提供高质量的产品和服务,更好满足人民日益增长的美好生活需要。

①《马克思恩格斯选集》第三卷,北京:人民出版社,2012年,第666页。
② 刘国光:《关于社会主义市场经济理论的几个问题》,《经济研究》1992年第10期。
③ 刘伟:《坚持社会主义市场经济的改革方向》,《中国高校社会科学》2019年第2期。

（四）社会主义市场经济是政府与市场关系的有机融合

西方主流经济学无法解释当代资本主义出现的新问题,更无法回答中国经济增长奇迹的深层次动因。西方经济学认为政府与市场关系是二元对立、此消彼长和相互替代的,政府只是有限消极地发挥作用。[①]经过新中国成立七十多年、改革开放四十多年的社会主义伟大成功实践,中国走出了一条完全不同于西方市场经济的新路。习近平指出:"在社会主义条件下发展市场经济,是我们党的一个伟大创举。中国经济发展获得巨大成功的一个关键因素,就是我们既发挥了市场经济的长处,又发挥了社会主义制度的优越性。"[②]

中国在经济发展实践的过程中,充分发挥社会主义市场经济制度的优越性,探索出了一条以中国共产党总揽全局、协调各方,既让市场在资源配置中起决定性作用,同时又更好发挥政府作用的道路,形成了当代中国马克思主义政治经济学的"党、政府、市场"的稳定结构。这样一种被称为经济学的"三维谱系"的稳定结构,既可以有效发挥市场在微观领域资源配置的高效率,又可以保证政府在弥补市场失灵方面主动作为,从而超越西方主流经济学理论中政府被动发挥作用的框架,使政府可以主动维护市场的有效性,完善市场监管,开展有效市场建设,进而解决市场运行的自发性与盲目性所导致的宏观经济结构失衡和产业发展规划缺少长期性等问题。这是对西方主流经济学理论体系的超越和颠覆。[③]

应该注意的是,不能认为社会主义市场经济制度是社会主义与市场经济运行机制的简单拼接,不能一般地认为社会主义市场经济体制就是社会

[①]　周文:《中国经济学的创新发展与历史使命》,《人民日报》2019 年 6 月 24 日;周文:《新中国 70 年中国经济学的创新发展与新时代历史使命》,《中国高校社会科学》2019 年第 5 期。

[②]　中共中央文献研究室编:《习近平关于社会主义经济建设论述摘编》,北京:中央文献出版社,2017 年,第 64 页。

[③]　周文、冯文韬:《习近平新时代中国特色社会主义经济思想的时代价值与经济学理论贡献》,《财经智库》2019 年第 6 期。

主义基本制度与市场经济相结合,即"社会公平＋市场效率",这种表述当然是对的,但是并没有揭示出它的实质和深刻内涵。[①] 不能把社会主义市场经济和资本主义市场经济的区别简单解释为社会主义制度与资本主义制度的区别,市场经济作为一种运行机制与不同的社会制度相结合具有不同的实现形式,如:资本主义条件下企业"你死我活"的竞争与公有制企业既竞争又合作的关系统一;公有制企业按劳分配与私有制企业按要素分配的区别。作为社会制度的社会主义和作为资源配置机制的市场经济,可以有机结合起来,同时发挥两者的优势,产生新的制度、体制优势。[②]

总的来说,我们强调政府和市场的有机结合,更好地发挥政府作用,这是社会主义市场经济体制的根本特征。过去我们认为中国经济落后的原因是没有市场或者市场化不足,那么西方是高度成熟的市场经济体,近年来经济增长停滞、危机频发,又如何解释? 其实中国古代也有市场,甚至比西方市场化程度还要高,其落后的根源主要是政府治理能力弱,美国经济长期停滞、复苏乏力的原因也主要是政府作用没发挥好。

中国强调政府和市场的有机融合。市场经济本质上是交换的场所及交换关系的总和,"理论和实践都证明,市场配置资源是最有效率的形式。市场决定资源配置是市场经济的一般规律,市场经济本质上就是市场决定资源配置的经济"[③]。市场是有边界的,市场不能无限扩张,市场的调节作用并不是在所有领域都是有效的。由于市场和政府具有不同的职能,市场起决定性作用并不是起全部作用,"不能盲目绝对讲市场起决定性作用,而是既要使市场在配置资源中起决定性作用,又要更好发挥政府作用"[④]。但是,市场与政府有机融合是社会主义市场经济体制不断完美和发展的重

---

①　胡钧:《不断深化和完善对社会主义市场经济体制的认识》,《政治经济学评论》2010 年第 1 期。
②　胡家勇:《试论社会主义市场经济理论的创新和发展》,《经济研究》2016 年第 7 期。
③　《习近平谈治国理政》,北京:外文出版社,2014 年,第 77 页。
④　中共中央文献研究室编:《习近平关于社会主义经济建设论述摘编》,北京:中央文献出版社,2017 年,第 57—58 页。

大实践课题,也是重大理论课题,随着社会主义经济伟大实践不断发展,也需要我们在全面深化改革中不断探索、不断总结、不断创新。

四、社会主义市场经济与世界经济

改革开放是决定当代中国命运的关键抉择,它为社会主义市场经济的确立开启了现实的大门;建立社会主义市场经济体制,成为改革开放最为重要的核心内容,由此奏响了改革大业最激荡人心的恢宏乐章。社会主义市场经济不仅确定了改革开放的基本路径和走向,更造就了中国大地上波澜壮阔的时代巨变。

(一)市场经济是开放经济

对外开放不仅深刻改变中国,也深刻影响世界。改革开放四十多年来,中国持续扩大对外开放,主动拥抱世界,为改革创新提供了沃土。回溯既往,如果没有对外开放,很多改革实践就不可能"迈开步子",更不可能"跑步前行"。以开放促改革、促发展,是中国经济发展取得伟大成功的一条宝贵经验。中国从对外开放和经济全球化中获益,同时,又会通过积极参与经济全球化为世界经济做出更大的贡献。正如习近平所说,中国将"坚持对外开放基本国策,奉行互利共赢的开放战略,不断提升发展的内外联动性,在实现自身发展的同时更多惠及其他国家和人民"[1]。过去四十多年中国经济发展的成果是在开放条件下取得的,未来中国经济高质量发展也必须在更加开放的条件下实现。开放带来进步,封闭必然落后。中国坚持打开国门搞建设,实现了从封闭半封闭到全方位开放的伟大历史转折。社会主义市场经济是中国经济发展的正确方向,开放成为当代中国发展进

---

[1]　《习近平谈治国理政》第二卷,北京:外文出版社,2017年,第483页。

步的鲜明标识。中国不断扩大对外开放，不仅发展了自己，也造福了世界。

市场经济是开放经济，任何封闭的经济都不可能成为市场经济；市场经济的活力来自开放，而不是来自自我标榜。市场经济是交换经济，交换规模越大，经济总量才能越大。只有市场经济才能发展好中国经济，同时又能让中国经济更好地融入世界经济。社会主义市场经济只是表明中国的市场经济始终坚持社会主义的正确方向，并不表明社会主义市场经济与世界经济的相互隔离，恰恰相反，正是社会主义市场经济的形成与发展，开启了国内市场与国际市场有效接轨的进程，社会主义市场经济也正是因为日益融入世界经济，才取得了伟大成功。实践证明，市场力量与社会主义制度优越性的紧密结合，使中国逐步成为世界经济增长的重要动力。社会主义市场经济的纵深发展使中国作为世界经济发展"领头羊""助推器"的角色不断彰显。

（二）世界经济离不开中国

世界经济离不开中国。现在中国经济总量占世界经济的比重接近16%，中国对世界经济增长的贡献率接近30%。中国向高质量发展迈进，将给世界带来更高质量的机遇。麦肯锡全球研究院的研究报告认为，到2040年，中国和世界其他经济体彼此融合，有望创造22万亿至37万亿美元的经济价值，相当于全球经济总量的15%～26%。世界其他经济体和中国加强合作，将会创造出巨大的经济价值。中国不仅是"世界工厂""世界市场"，还是世界研发基地和创投中心，在全球供应链、产业链和价值链中均占有重要地位。一方面，中国经济在全球经济中举足轻重。从贡献率看，2019年中国经济总量已达100万亿元，对世界经济增长贡献率达到30%，中国成为持续推动世界经济增长的重要引擎。从依存度看，2007—2017年，全球经济对中国依存从0.7上升到1.2，而中国经济对全球依存度则从0.9下降到0.6，世界经济更需要中国。另一方面，中国产业是世界产业链的重要环节。联合国500多种工业产品分类目录中,中国产量位居世界第一的品类超过40%。中国拥有结构最健全的供应链集群、数量最庞大的产业工人、服务最完善的销售及物流体系,是全球产业链不可或缺的重要环节。

今天的经济已成为全球化经济,今天的世界是一个利益共同体。现在中国经济约占世界经济的六分之一,按中国经济增长6%来测算,中国每年为世界经济总增长贡献1%。这表明中国已是世界的中国,中国问题已成为世界问题,中国现象更是世界现象,所以无论中国发生了什么,对世界来说都至关重要,甚至将影响世界走向。2009年以来,全球经济已显露出了疲软的增长态势,社会主义市场经济的中国一直以来用"中国行动"和"中国节奏"践行着全球化的使命与担当,有力地促进了全球经济的恢复和增长,更让世界各国特别是发展中国家感受到经济全球化的优越性。中国社会主义市场经济的成功实践不断启迪世界各国,中国强有力地支撑着全球经济发展,世界经济向好发展,经济全球化趋势不可逆转。中国的强大并不是威胁,而是人类发展的福音。

(三)市场经济是交换经济

历史上的经济全球化,中国只是一个被动的卷入者。经济全球化起源于资产阶级殖民扩张和开拓世界市场时期。美苏冷战结束,两个平行的世界市场不复存在,加速了经济全球化和世界经济融为一体的进程。发达资本主义国家主导的经济全球化在促进生产力极大发展的同时,也带来分配不公、贫富悬殊等问题。尤其是2008年国际金融危机以来,世界经济长期停滞、复苏乏力,贸易保护主义和投资保护主义泛滥。

世界贸易组织的数据显示,1990—2008年全球贸易平均每年增长7.0%,2012—2016年平均每年仅增长2.1%。近年来,贸易投资保护主义、反全球化、逆全球化、单边主义、民粹主义的思潮泛起。特朗普当选美国总统、英国脱欧公投、美国先后退出 TPP（跨太平洋伙伴关系协定）和《巴黎协定》等多个国际协定与组织、意大利宪政公投失败等"黑天鹅"事件不断涌现。其根源在于：资本主义社会矛盾、阶级矛盾激化，发达国家制造业的转移使本国工人失业或收入降低；少数跨国垄断资本主义集团主导的经济全球化垄断了绝大部分的剩余价值，而占社会人口绝大部分的中产阶层和低收入阶层出现收入下降的趋势，贫富差距持续拉大。皮凯蒂指出："自 20 世纪 70 年代以来，收入不平等现象在发达国家显著增加，尤其是美国，其在 21 世纪头十年的集中度回到了 20 世纪的第二个十年。"[①]一方面，虚拟经济与实体经济脱节，产业空心化严重；另一方面，价值越来越不采取活劳动的形式导致资本与劳动分裂，结构性失业问题不断恶化，不可避免地加剧了收入分配两极化和工人阶级的相对贫困化。

观察近年充满不稳定性、不确定性的世界，"黑天鹅"形成的"温床"很大程度上是经济发展的包容性不足，不同国家、不同阶层、不同人群难以尽享经济全球化的好处。从政治经济学角度来看，西方主导的经济全球化是资本主义内部发展乏力从而寻求对外扩张及剥削的发展战略。对于当前资本主义世界经济危机和社会危机，西方国家错误地认为是经济全球化的后果，出现了诸如英国脱欧、美国贸易保护等逆全球化现象。逆全球化意味着去市场化，与资本主义逐利本性和市场经济开放性特征相背离，不是解决资本主义经济危机和社会危机的良策。[②]西方主导全球化的五百多年来，历史已证明"西方标榜的共同利益不过是一个修饰性的比喻而已，失去共同目的和共同的利益"，"就失去了共同的准则、共同的思想和世界概念，世界已分裂成为无数原子式的个体和集团的碎片"。[③]

面对当今世界发展的新格局新趋势，习近平总书记提出构建人类命运

---

① 皮凯蒂：《21 世纪资本论》，巴曙松译，北京：中信出版社，2014 年，第 16 页。
② 周文、方茜：《当代资本主义危机的政治经济学分析》，《经济学动态》2017 年第 6 期。
③ 曼海姆：《意识形态与乌托邦》，李步楼等译，北京：商务印书馆，2019 年，第 16 页。

共同体的思想,其内涵是"在追求本国利益时兼顾他国合理关切,在谋求本国发展中促进各国共同发展,建立更加平等均衡的新型全球发展伙伴关系,同舟共济,权责共担,增进人类共同利益"①。2017年2月,"人类命运共同体"的理念被写入联合国决议,这说明构建人类命运共同体已经成为世界各国的共识。中国致力于"建设持久和平、普遍安全、共同繁荣、开放包容、清洁美丽的世界"②。改革开放四十多年来,中国正是通过不断扩大对外开放融入世界,才取得了让世界为之震撼的中国奇迹,由此"开放已经成为当代中国的鲜明标识"。中国作为经济全球化的参与者,为世界贡献的不仅是发展的红利,而且是观念和理念的更新与发展。身处经济全球化时代的人类社会,整个人类已经成为一个不可分割的命运共同体,人类命运已经紧密联系在一起。人类命运共同体理念倡导人类共赢的价值观,这将使新型经济全球化建设更具普惠性和包容性,更富有活力和可持续性。

基于市场经济本质上是交换经济的概念定义,现在有必要澄清国内外对中国市场经济的几种典型错误观点及误读,进而更好地深刻把握市场经济与世界经济的关系。市场经济是开放的、融合的经济。市场经济在经济全球化中诞生,也伴随着经济全球化成长。离开了经济全球化,市场经济就成不了真正的市场经济。因此只有全面理解和深刻认识市场经济,环顾世界,才可以更清楚地看到谁才是真正的市场经济国家。

现在美国等西方国家自诩为真正的市场经济国家,在现实中却采取一系列逆全球化的措施。而反观中国却以更加开放自信的姿态面向世界,坚持走中国特色社会主义市场经济道路,不断让市场经济展现活力和生机,证明中国特色社会主义市场经济在本质上并不背离市场经济,而是对市场经济理论与实践的丰富和发展。正是遵循了市场经济的规律,中国特色社

---

① 中共中央文献研究室编:《十八大以来重要文献选编》(上),北京:中央文献出版社,2014年,第37页。

② 本书编写组编:《中国共产党第十九次全国代表大会文件汇编》,北京:人民出版社,2017年,第64页。

会主义经济才不断取得历史性的成功,不断实现历史性大跨越,从而丰富和发展了市场经济,不断让市场经济展示出活力和生机。今日中国所取得的举世瞩目的成功,更是社会主义市场经济的伟大成功。

从这个角度看,中国社会主义市场经济的世界意义,并不在于它提供了市场经济的"标准模板",而在于它代表了一种信念,那就是坚持从国情出发,走自己的道路,同时以世界眼光和开放心态积极吸收借鉴一切有益经验,走出了一条让世界瞩目的成功的社会主义市场经济道路。这不表明中国不是真正的市场经济,恰恰相反,某些西方国家逆全球化潮流的举措才违背了市场经济的本质特征。

五、"国家资本主义"说辞的真相与谬误

近年来,中国经济发展不断取得新的成就,"一带一路"倡议得到越来越多的认同,而某些西方国家在自由主义思想的指导下,对于危机后的经济调节严重滞后,经济竞争实力不断削弱,为转嫁本国危机,对中国等新兴经济体"国家资本主义"的无端指责再一次甚嚣尘上。2012年,英国《经济学家》杂志再次公开指责中国等一些新兴经济体搞国家资本主义,以至于严重威胁了西方的"自由资本主义"。"一些评论家更是直接地表示,中美的竞争从根本上来说就是两种经济模式的竞争:市场资本主义和国家资本主义的竞争。"①西方一些政客和学者始终罔顾中国学者不断重申的一个原则,即国家资本主义只是一种经济成分,其性质最终取决于社会制度性质。他们故意曲解"国家资本主义"概念,用他们的"标准"对新兴经济体的道路进行优劣判断,事实上,这已不单纯是"主义"之争,而是道路之争、制度之争、话语权之争了。

---

① 彭刚:《"国家资本主义"标签不能乱贴》,《人民论坛》2012年7月1日。

（一）西方市场经济的衰落

特别是近年来,随着中国在世界经济格局中地位的上升,以及中国提出的"一带一路"倡议和推动构建人类命运共同体正越来越得到世界各国认同,一些西方舆论对中国特色社会主义的质疑也不断出现,例如批评中国搞资本社会主义、新官僚资本主义、威权资本主义等,有的还给中国贴上"国家资本主义"的标签。将中国特色社会主义说成国家资本主义,其实质是要将中国纳入资本主义或国家威权主义的谱系,从而否定中国特色社会主义道路和制度,否定社会主义市场经济体制及其优越性。

1. 转嫁自由资本主义失败的矛盾

近年来,以英美为首的自由资本主义国家指责以中国为首的发展中国家的政府宏观调控破坏市场经济规则,否定发展中国家探索符合自身发展道路的行为,这显然是这些西方国家为了转嫁国内矛盾而有意为之的,企图掩盖自由资本主义失败的真相。当西方国家选取自由资本主义模式的时候,就将积累的决策权主要交给了它们认为的市场导向资本主义的主要参与者,即私人公司,然而私人公司或利益集团通常都是短视的——私人公司在资本的利诱下,必然会将产业转向有劳动力成本和资源优势的国家,而不会对产业发展进行长期投资。主流经济学家曾预测,产业转移导致的失业将会由新兴的高附加值产业所吸纳。然而,实际情况是智能化的高新产业显然无法吸纳因产业转移导致的庞大失业量,最终导致本国经济失去增长活力,所以美国等西方国家的经济衰退完全是本国政策的失误导致的,最根本的原因在于采取了完全依靠市场的私人决策的制度,而不是中国的国有企业,因"国家资本主义"的庇护"破坏"了市场规则。

实际上,中国国有企业在国家支持下,致力于经济的长远发展,有实力在新兴产业上加大研发、培训投入,以此增强本国制造业在尖端行业的竞争力,最终获得市场竞争优势。市场导向的资本主义是哈顿对英国 20 世纪经济衰退解释的核心,这也是波特对美国 20 世纪 80 年代经济绩效下降进行解释的一个关键性要素。美国指责中国"国家资本主义"的背后首要原因是,不愿承认自己资本主义的逐利性导致本国实体产业的空心化、经济金融化,致使其在世界制造业市场份额降低,最终导致经济失去增长动力。

2. 企图通过舆论迫使发展中国家接受"新自由主义"主张和改革

英美将自由资本主义模式鼓吹为"普世价值"在全球推而广之,企图让发展中国家采纳不适宜本国发展的模式,以遏制发展中国家发展,这是维护旧的霸权主义国际秩序的需要。自由主义者声称:"如果这些国家的政府已经接受了自由市场资本主义,美国在世界市场的份额就应当减少,全球效率与生产率就应该提高。"[①]然而事实是,20 世纪 90 年代几乎全球各国都接受了新自由主义的改革,美国在世界市场的份额先是上升的,这是因为全球化中不断"解放"的国家为美国带来新的市场以延缓其衰退进程。美国将"新自由主义"作为后发国家的"解放"思想,将发展中国家的市场视作资本新一轮扩张的市场,这也就为西方国家带来了新一阶段的"残喘"机会。然而全球市场是有限的,资本主义国家在资本逻辑的引导下必然无路可走,进而很容易引发经济危机。在没有新的市场被"解放"之时,资本主义经济也就陷入停滞,开始了"死亡"倒计时,于是美国市场份额开始在资本主义的衰退中减少。

事实上,在发达国家将新自由主义作为经济发展的良方带到后发国家之时,能实现经济腾飞的只有"亚洲四小龙"这样体量较小的经济体,更多的国家和地区在新自由主义的指导下却落入了"中等收入陷阱"。这些发展中经济体一方面为发达经济体提供廉价原材料,另一方面被发达经济体高附加值的产业剥削着。而新兴的发展中国家,如中国、巴西等都是国内

---

① 布雷默:《国家资本主义的蓬勃发展》,张文成译,《国外理论动态》2012 年第 5 期。

市场广阔的国家,尤其是中国现在成为世界工业制造中心,而且有能力实现产业升级,计划在2025年迈入制造强国行列。这不仅将使发达国家进一步减少世界市场份额,还使发达国家剥削发展中国家的能力相对减弱。因此,它们开始将矛头指向中国等发展中国家,对中国特色社会主义发展道路冠以破坏市场规则的"国家资本主义"之名,打击中国经济发展的道路自信。

西方国家知道新自由主义是大国经济发展的"毒药"而不是"良方",中国经济改革发展并没有遵循新自由主义的逻辑,却能"异军突起",取得奇迹般的成功。相反,遵循新自由主义理论的东欧国家和西方世界普遍遭遇经济发展的"滑铁卢"。[①]世界市场现状也如自由主义者所期望的那样:美国市场份额减少,全球生产率也提高了,为何他们还要指责新兴经济体是破坏市场规则的呢?实际上,他们企图通过舆论使中国接受新自由主义的改革,以将中国永远限制在发展中国家行列。这样他们的国家能占有中国广大的市场,再次延缓本国的衰退。但如果这种"伎俩"能奏效,最终的结果很可能是中国经济落入"中等收入陷阱",停滞不前,再次沦为世界资产阶级的剥削对象,而英美在短暂繁荣后,因其固有的不可克服的矛盾陷入经济停滞,经济危机继续周而复始地破坏市场经济,最终欧美国家也在危机中灭亡。

3.为实行贸易保护主义进行辩护

西方资本主义国家不愿承认自由资本主义制度的失败,有意识将发展中国家发展的问题扩大化、妖魔化,企图为制裁发展中国家寻找恰当理由。2012年凯雷集团的大卫·鲁宾斯坦就指责中国的国家资本主义威胁美国的市场资本主义。但是,其解决问题的方式是一面批评发展中国家的"国家资本主义",一面自己走向了国家资本主义,更确切地说应

---

① 周文:《中国道路与中国经济学》,《经济学家》2018年第3期。

该是经济政治化的"权贵资本主义"。2018年开始,美国对中国、墨西哥、欧盟加征关税,恶意打压中国民营企业等,这一系列破坏市场经济规则的贸易保护主义举措不断进行着。既然英美认为自由资本主义是经济发展的最佳模式,为何自己又走向了"国家资本主义"呢?这不是典型的"只许州官放火,不许百姓点灯"的霸权主义行为吗?所以,英美企图指责发展中国家为"国家资本主义",只不过是它们不得不走向贸易保护主义的幌子而已。

(二)"国家资本主义"的谬误

1.否认后发国家赶超过程中政府的重要作用

新自由主义者通过否定政府作用来指责"国家资本主义"是导致全球经济放缓的罪魁祸首。但纵观世界——不论是老牌发达国家还是后发国家,政府在经济发展中都起着至关重要的作用。在不同的历史阶段和不同的历史背景下,为应对资本主义经济危机,即使同一种模式的政府和市场关系,也是不断调整的。例如,以推崇自由市场著称的"盎格鲁-撒克逊模式"也经历过强调政府干预的凯恩斯主义时期。20世纪70年代"滞胀"危机使古典的自由主义重新抬头,但此时也有保守主义者认为英美经济的恶化,并不是因为管制太多,而是因为管制不足和管制不当,即缺乏(一定数量和种类的)产业政策,以及政府过度调节军工生产而导致的对民用品产业国际竞争力的扭曲。[①]

英、美等发达国家实行国家资本主义的根源在于,资本主义制度内在矛盾的作用导致社会两极分化,广大人民群众消费不足,而"凯恩斯式"以需求管理为主要手段的国家资本主义对缓解经济危机起着重要作用,但在物质生产力较为发达的今天,"凯恩斯式"国家资本主义必然无

---

① 科茨:《资本主义的模式》,耿修林等译,南京:江苏人民出版社,2001年,第227页。

力应对生产过剩的危机。日本也是在强政府干预的模式下,实现经济增长奇迹,然而只要资本主义还是资本主义,就无法避免其无序生产,资本的逐利性会使其流向利润率高的金融部门,资本最终避开管制造成房地产泡沫,20世纪90年代金融房地产"泡沫破灭"使日本经济停滞。尽管全球化带来"新自由主义"的改革,日本也并没有实现经济上的繁荣,而是陷入了长期停滞的状态,这也进一步说明"新自由主义"不是良药。总的来说,日本90年代经济的失败,归根结底是"国家资本主义"中"资本主义"制度的失败,而不是"国家"作用的失败。后发国家或地区中"赶超资本主义模式"也能说明政府的重要作用。面对严峻的外部世界挑战,这些国家和地区必须利用政治杠杆来改组行政机构,通过威权政治加速经济增长和推行强制性的工业化战略,比如韩国的成功之路。

尽管国家或政府干预在经济发展中起着重要作用,但绝不是说政治权力在经济落后的国家推行现代化的大变革中,可以无限制集中化与扩大化。滥用政治权力而忽视经济发展的客观规律,将导致官僚政治的巨大膨胀,给腐败行为大开方便之门,最终导致诸如泰国、菲律宾这些国家的失败。总而言之,政府在经济发展中是起着重要作用的,不能因为一些国家的失败就否定政府的作用。西方国家企图用"国家资本主义"来污蔑发展中国家的道路是行不通的。

2. 所有制问题不是判定市场经济的标准

近年来,一方面中国国有企业在"一带一路"建设中发挥着重要作用,而另一方面西方传统垄断企业国际竞争力不断减弱。西方国家将中国视为"国家资本主义",这种论调实际是将矛头对准中国国有企业,把中国国有企业的正常发展认为是政府"补贴和扭曲"的结果,还认为这样的"补贴和扭曲"破坏了竞争的公平性,从而导致经济低效,而新自由主义的私有化才是改革国有企业低效率的出路。"事实上,享有政府或公开或秘密的巨大支持的私人企业，在欧美发达国家比比皆是。"①欧美国家政府在经济危机时大量购买垄断企业股票的行为不也是市场扭曲的行为吗？日本崛起时诸如三菱、东芝和索尼等企业也是在与通商产业省的深度互动合作中走向强大的。既然资本主义经济体可以扶持大型垄断企业发展，为什么中国的扶持就一定会造成低效率呢？

首先，不论资本主义国家还是社会主义国家，在一些行业的确要引入国有资本以实现自然垄断的主导，以保障效率的实现，比如，在水、电力、煤气、热力供应等行业通过国家资本主义的垄断来保障这些日常生活必需品流转到千家万户去，以保持社会生活稳定和有序。②

其次，"作为公有制的具体体现，国有经济在整个国民经济中的基础地位与核心作用是不言而喻的。政府通过直接投资、要素分配、政策调控等方式调控国有企业的运行是生产资料公有制的具体实现方式，是人民利益得以保障的基本体现"③。

最后，如果真如外媒所说的，中国国有企业是低效率的，那么西方国家完全不必担心中国国有企业的竞争力，放任中国国有企业在低效率中倒闭就可以了。西方国家之所以"忌惮"中国国有企业的发展，不正是因为中国国有企业的发展也是遵循市场运行规律的吗？国有企业间的激烈竞争促使国有企业国际竞争力不断增强。

从新中国成立七十多年取得的伟大成就看，国有企业是中国社会主义现代化进程中的关键力量，尤其是在新中国成立初期，中国依靠国有企业"逐步建立了独立的比较完整的工业体系和国民经济体系"，"国防工业从无到有地逐步建设起来"，"维护了国家的安全和独立"。④1978 年以来，中国国有企业围绕经营机制、企业制度等方面不断深化改革，进一步推动了

---

① 余斌：《发达国家批判"国家资本主义"的实质》，《红旗文稿》2012 年第 9 期。
② 王浩：《"国家资本主义"再思考》，《国外理论动态》2013 年第 3 期。
③ 彭刚：《"国家资本主义"标签不能乱贴》，《人民论坛》2012 年 7 月 1 日。
④ 《关于建国以来党的若干历史问题的决议》，北京：中共党史出版社，2010 年，第 64 页。

公有制与市场经济的有机结合,在事关国家发展战略、重大科技攻关等方面发挥了不可替代的作用。

然而,美国凭借其世界霸主地位在全世界范围兜售"华盛顿共识",以"私有化、市场化、自由化"为主要内容的新自由主义思潮在全球范围内进一步扩张,在新自由主义的语境下国有企业始终处于市场经济的对立面。但是,坚持公有制为主体就意味着决不能搞私有化。①2016年,习近平总书记在全国国有企业改革座谈会上强调:"国有企业是壮大国家综合实力、保障人民共同利益的重要力量,必须理直气壮做强做优做大,不断增强活力、影响力、抗风险能力,实现国有资产保值增值。"②2018年9月27日习近平总书记调研东北时再次强调,"我们的国有企业要继续做强做优做大,那种不要国有企业、搞小国有企业的说法、论调都是错误的、片面的","任何怀疑、唱衰国有企业的思想和言论都是错误的"。③

从一定意义上说,中国改革开放的成功就在于多种所有制经济同时并存以及相互促进、共同发展。"理解中国市场经济条件下竞争公平性问题不能简单对标西方私有化企业占主流的客观环境,只有使公有制经济能够更好适应市场经济的发展要求,进一步支持民营企业发展。"④只有这样,才能真正激发各类市场主体活力。因此,深化经济体制改革只能改变社会主义所有制的实现形式,使之更有活力、更有效率、更加公平,更好地实现共同富裕、消灭贫富差距,而不能改变所有制本身。

国有企业是适应现代化大生产的制度形式,既存在于资本主义社会,也存在于社会主义社会。事实上,国有企业最早就出现在西方资本主义国家。第二次世界大战后,一些发达资本主义国家曾掀起规模较大的国有化

---

① 程恩富、何干强:《坚持公有制为主体、多种所有制经济共同发展的基本经济制度》,《海派经济学》2009年第1期。

② 习近平:《理直气壮做强做优做大国有企业》,《人民日报》2016年7月5日。

③ 秦宁:《人民网评:国企民企相得益彰,中国经济更有前景》,人民网,2018年9月28日(2021年3月15日),http://opinion.people.com.cn/n1/2018/0928/c1003-30318515.html。

④ 周文、包炜杰:《再论中国特色社会主义市场经济体制》,《经济学家》2019年第3期。

浪潮,建立了一大批国有企业,遍布国民经济的各个领域。即使在私有化高峰时期,西方国家仍然保留了相当规模的国有企业。在 2008 年国际金融危机爆发和深化的过程中,西方国家更是将大量企业国有化,以应对金融危机带来的经济萧条,可见西方国家的国有企业也具有一定程度调节资本主义基本矛盾的作用。

但是也要看到,社会制度不同,国有企业的性质和作用也不同。西方国家的国有企业本质上被政府背后的少数大资本家控制,最终还是为他们攫取利润服务的。在社会主义市场经济中,国有企业属于全民所有,是推进国家现代化、保障人民共同利益的重要力量,肩负着提供公共服务、发展重要前瞻性战略性产业、保护生态环境、支持科技进步、保障国家安全、促进分配公平、实现共同富裕等诸多重任,是具有社会主义性质的重要经济成分。

"醉翁之意不在酒",一些西方国家政要攻击中国国有企业的根本原因,是中国国有企业不断做优做强做大,能够更好地为中国的发展以及为中国全面建成社会主义现代化强国、实现中华民族伟大复兴提供可靠保障,而这是他们极不愿意看到的。

3. 竞争公平性决定于国际规则的遵守,而不是融入一种模式

将世界划分为自由资本主义与国家资本主义是把世界发展多样性归为简单化的错误行为。"资本主义模式的不稳定性,使得我们追求任何一种资本主义模式,都注定是不稳定的、不可靠的。"[①]因此,世界经济发展的重点在于不同类型的经济体共同遵守经济运行的规则,而不是自由主义者所认为的那样,先融入一种模式,再进行竞争才公平。西方调节学派的研究早已说明资本主义制度不只有一种表现模式,所以自由主义者所认为的资本主义最终会向某种最优模式趋同的观点显然是不成立的,历史当然不会朝着自由资本主义的方向终结。并且,不论资本主义采用何种模式,都

---

① 科茨:《资本主义的模式》,耿修林等译,南京:江苏人民出版社,2001 年,第 270 页。

仅是阶段性出现"黄金岁月"。

比如,日本从二战后到20世纪90年代,经济增长速度在发达资本主义国家中是最快的,美国经济在公认强大的日本经济反衬下显得更加颓废,日本曾一度被认为是资本主义经济奇迹,此时日本模式而不是新自由主义模式被认为是需要广泛效仿的对象。后发国家学习日本模式不成功,那为什么学习新自由主义模式就能成功呢? 沃尔夫就指出,无论什么时候,我们"采用一个具体的模式时,结果总是证明它处在失败的边缘"。实际上,不论是资本主义国家还是社会主义国家,都可以根据本国的具体的历史、文化等非正式制度因素划分为不同发展模式,西方国家应该正视不同国家的差异,尊重别国的制度选择,各国都应根据本国具体的主客观条件制定符合本国国情的发展政策。

世界经济正是各种不同模式的经济体共同遵循经济发展规则而不断繁荣发展的。近年来美国各种越过世界贸易组织协定而签订的双边贸易规则的贸易保护主义行为,才是阻碍世界经济发展的因素。美国以"国家资本主义"为由,不仅不顾本国企业安危,而且恶意篡改贸易规则,打击他国民营企业发展,这些不正是外媒笔下利用市场谋取政治化好处的"国家资本主义"行为吗? 所以西方更应该担心的是如何扭转少数发达国家不遵守国际规则的趋势,而不是转嫁危机,恶意指责别国的发展道路。

4. 发展中国家与发达国家不是对立和替代的,而是平行和互利共赢的

世界经济发展是动态的不是静态的,新兴经济体发展不挑战西方,而是丰富世界发展。克鲁格曼指出,世界发展不是一个零和博弈,一些国家的主要经济问题皆可归咎于世界市场竞争的失败,而不是发展中国家发展道路阻碍发达国家的经济发展。新兴经济体可以互商互量,共同制定国际标准,而不是必须按别人的游戏规则行事。世界各国应冲破"主义"之争的藩篱,在合作竞争中开创互利双赢的新局面。随着中国的发展,与之相伴的另一个话题也随同出现——"中国威胁论"。

中国用不到四十年的时间,完成了西方几百年的现代化历程,并且在全球处于金融海啸引发的经济低谷之际,引领世界经济增长,引起全球的关注。不管西方发达国家的心路历程如何,中国的发展,不但让西方更多反思过去的发展模式,而且更可能改变未来世界发展的理念。英国学者马丁·雅克曾预言,中国的发展会重新塑造现代的意涵与模式,不要期待中国会向西方模式靠拢,中国会成为带动世界秩序重组的重要力量。

现在,在对待中国的发展上,西方总是希望世界的中国变成"西方的中国",希望中国融入西方国家建构的主流价值观,或是被现存的国际社会规范与制度同化。事实上,中国的成功,正是在不断汲取西方国家经验的基础上,根据自己的国情坚持走自己的道路取得的。中国的发展源于同世界发展的联系,"中国的世界"与"世界的中国"不是两个相互排斥的命题,而是互为因果、相互促进的关系。

过去三百多年来,西方一直秉承西方中心论的世界观,引导着世界的发展潮流。中国及一大批新兴国家的发展,意味着西方主导世界的时代即将落幕,其心理上的失落与沮丧可以理解。但是,中国发展并不挑战现存的国际规则与秩序,而现存的西方主导的国际规则与秩序并没有充分考虑更多的非西方国家的发展,也没有兼顾发展中国家的利益与需要,才会导致各种矛盾和摩擦。现在西方国家正在进入一个西方无法主导和多元治理的世界,西方不再是现代化发展的唯一样本,更不是先进的"坐标",传统的西方熟悉的一元化发展格局正在消失,多元化发展格局正在形成。世界正面临百年未有之大变局,西方应该自我反思和内部改革,以正确和积极的心态理解中国与更多新兴国家的发展,而不是一味地指责、歪曲中国发展,甚至不惜损害全球经济利益,遏制中国发展。

(三)"国家资本主义"的真相与实质

"国家资本主义"是一个有着多重含义的概念,它在不同的历史时期有着不同的意义。如何处理国家与市场的关系是现代市场经济的核心命题，这对关系并不是恒定不变的，而是需要根据各国国情、发展阶段以及所处的国际环境进行调整的。发展经济学早就证明了这一点，并且对于自由主义的"守夜人国家"的定义给予了充分批评，更为全面地认识了国家在经济发展中的积极作用。

弗格森就说，根据西方各国政府支出的比例，"我们现在都是国家资本主义"。①在全球化的时代，每个国家都要寻找适合本国国情的发展道路，以美国为代表的资本主义模式也只是资本主义世界中的一种模式，还有"莱茵模式""福利国家模式""第三条道路""东亚模式"等其他不同的模式。

更重要的是，在全球化时代，每个国家发展道路的核心是自身的国情和发展阶段，应充分发挥本国的比较优势。中国等新兴经济体加入主要由西方国家制定规则的世界经济中来，通过对外开放获得了合理的发展空间。但是，以美国为代表的西方国家却滥用"国家资本主义"的概念，总是用自己的标准来评判其他国家的发展道路，并且带有强烈的意识形态偏见。这种乱贴标签，将意识形态和政治判断置于经济领域的做法，并非如其所说的那样是为了"平等竞争"，而是为了维护其已经取得的利益和地位，阻碍新兴国家的经济发展。

西方指责，中国所谓"国家资本主义"就是与国家政权相结合、由国家掌握和控制的一种资本主义经济，而不是"资本主义制度"。这种经济成分的性质和作用取决于国家的性质。这一经济形态资本主义国家可以运用，社会主义国家也可以运用。②在资本主义制度下的国家资本主义是国家垄断资本主义性质的，是为资产阶级垄断利益服务的，一旦国家垄断资本主义变成"有利于全体人民"的时候，它就"不再是资本主义垄断"了③，而是

① 秋石：《认清"国家资本主义"问题的真相》，《求是》2018 年第 17 期。
② 彭刚：《"国家资本主义"标签不能乱贴》，《人民论坛》2012 年 7 月 1 日。
③ 李思温：《国家资本主义同社会主义不能混淆》，《读书》1980 年第 6 期。

"社会主义的入口,是社会主义取得可靠的胜利的条件"①。而通过观察西方国家近年来为应对危机而逐渐转向"国家资本主义"发展的趋势,可以预判"不仅资本主义制度下的国家资本主义,而且无产阶级专政条件下的国家资本主义,都是通向社会主义的桥梁"②。近年来,一些西方国家逐渐走向新自由主义学者概念下的"国家资本主义",政策制定常常出于政治考量而非单纯的商业动机,即恶意对别国施加关税,发动贸易战,用国家力量打击一个其所提倡的私人企业的发展,这才是对国际经济规则的最大破坏,才会对经济竞争公平性造成最大危害。

纵观世界各国发展历史,可以看到政府干预是国家发展的一个必要条件,而当今西方各国陷入世界泥潭的现状证明了"新自由主义"也是国家衰弱的必要条件。在物质生产力有一定发展的今天,新自由主义无疑会导致生产的进一步过剩,而自由化带来的短暂的繁荣不过是过剩危机前的"回光返照"而已,这种饮鸩止渴的方式不能被作为"普世价值"来"解放"其他国家。相反,在这个相对过剩的时代,各国政府应该紧密合作,调节过剩的生产,通过提升产品质量满足各国人民个性化需求,以实现全球经济高质量发展。

资本主义不论何种模式都仅是阶段性的有效而已,资本主义制度中不可调和的矛盾使资本主义国家在不同时期采用不同模式应对经济危机,所以同一国家的同一模式在不同时期趋于一致不可行,同一时期不同国家的不同模式趋于一致更是不可能的。因此,新自由主义者企图通过话语权之争,将自己的发展模式作为衡量经济优劣的永恒"标准"的做法显然是站不住脚的。新自由主义者无视马克思主义学者对"国家资本主义"的定义,对"国家资本主义"概念进行恶意曲解,并企图将他们的"概念"作为标准来争夺世界话语权,以动摇新兴国家发展道路的信心,打击其发展。这种做法

---

① 《列宁选集》第三卷,北京:人民出版社,1995年,第536页。
② 胡乐明、刘志明、张建刚:《国家资本主义与"中国模式"》,《经济研究》2009年第11期。

符合其霸权主义者的利益，中国切不能轻信此类谣言，要坚定中国特色社会主义的道路自信、理论自信、制度自信和文化自信，继续遵守国际经济运行规则，倡导多边贸易发展机制，打击贸易保护主义，为经济全球化做出贡献。

总之，西方国家将中国等新兴发展中国家视作"国家资本主义"的行为，首先错在将中国特色社会主义道路曲解为"资本主义制度"。其次错在认为国家资本主义既无效率，也有悖于公平竞争原则，通过否定国家或政府干预的作用来污蔑新兴经济体对世界市场经济的贡献。最后错在企图通过舆论迫使发展中国家接受新自由主义模式改革，以维持其旧的霸权主义秩序。实践证明，中国特色社会主义制度植根中国大地，具有强大生命力和巨大优越性，过去、现在和未来都是持续推动拥有 14 亿多人口大国进步和发展、确保中华民族实现"两个一百年"奋斗目标进而实现伟大复兴的正确道路。进入新时代，应进一步深化对社会主义与市场经济结合的探索，推动社会主义制度更加定型和更加成熟。现在，中国道路正日益显示出对于全球经济发展的无比感召力、吸引力，中国道路应该可以为人类发展做出更多中国贡献，推动构建人类命运共同体，使世界朝着更加开放、包容、普惠、平衡、共赢的方向发展。

第三章　中国道路：本质特征与制度特征

> 对中国道路的全面阐释是理解新中国成立七十多年、改革开放四十多年成功经验的关键。因此应当从具体实践出发，以中国特色社会主义政治经济学的立场来阐释中国道路。坚持党对经济工作的集中统一领导是中国社会主义市场经济的本质特征，是中国特色社会主义制度的一大优势；坚持以人民为中心体现了社会主义发展的本质；坚持和完善社会主义基本经济制度是中国道路的重要制度特征；坚持改革开放是中国道路越走越宽的不竭动力。

中国是拥有悠久历史的文明古国，中华文明长期处于世界领先地位。一百多年前，西方的坚船利炮惊醒了封建王朝的天朝上国美梦，中国一步步沦为被西方列强宰割的半殖民地半封建社会。面对亡国灭种的危机，无数仁人志士奋发图强，探索救亡图存之道。洋务运动、戊戌变法、辛亥革命都以失败告终，历史与人民选择了中国共产党，中国共产党带领中国人民不懈努力，完成了民族独立、人民解放的百年梦想。

新中国的成立实现了民族独立、人民解放，中国共产党领导人民开始了建设新社会、探索新道路的历程。通过对农业、手工业、资本主义工商业和平地进行社会主义改造，确立了社会主义基本制度；重视探索社会主义建设规律，提出在把握规律的基础上"创造新的理论，写出新的著作"。社会主义基本制度的建立以及建设社会主义的探索，为后来开辟中国特色社会主义新道路奠定了重要基础。[①]党的十八大以来，以习近平同志为核心的党中央带领全党全国各族人民，统筹推进"五位一体"总体布局，协调推进"四个全面"战略布局，团结一心，与时俱进，顽强拼搏。中国特色社会主义进入新时代，开拓了中国道路的新境界。从中国道路的选择到中国道路

---

① 《复兴之路 富强之路 幸福之路——关于坚持和拓展中国特色社会主义道路的思考》，《人民日报》2012 年 5 月 9 日。

的探索,再到中国道路的开辟新境界和创新发展,中国道路的内容与内涵更加清晰丰富。

一、"华盛顿共识"与"北京共识"

20世纪60年代末期,拉美国家出现经济下滑、失业增加、通货膨胀、财政赤字等严重的经济问题,为解决经济矛盾向美国寻求解决方案。1989年,由美国国际经济研究所主持在华盛顿召开了一场围绕讨论80年代以来拉美国家经济调整与改革的研讨会。会后参与该场研讨会的美国著名经济学家约翰·威廉姆森撰写了一篇针对该会议的总结性文章,首次使用"华盛顿共识"这一概念,他将与会者就解决拉美经济问题达成的共识总结为十项政策,概括起来就是市场化、自由化与私有化。

随后,"华盛顿共识"作为美国自由资本主义范本在发展中国家及地区加以推广,而中国在改革开放后没有接受"华盛顿共识"作为指导思想而坚持走中国特色社会主义道路。随着苏联解体和东欧剧变,许多西方学者将对社会主义发展前途命运的关注转移到中国。20世纪90年代初,部分西方学者曾断言中国会重蹈苏联覆辙,随之出现"中国崩溃论""历史终结论"等。同时伴随"亚洲四小龙"等资本主义经济体的经济腾飞,美国自由资本主义模式被推崇,"华盛顿共识"在拉美国家及地区被推广并流行,但拉美地区非但没有获得经济高速发展,反而带来"失去的十年"。与此相反,中国经济非但没有出现如西方学者所预言的崩溃,而且保持连续二十多年的高速增长,西方社会开始担心中国发展会威胁世界的发展,出现"中国威胁论",同时西方学者开始研究中国发展的原因及对其他国家的影响。

2004年,美国学者拉莫发表了一篇题为"北京共识"的论文,文中对中国改革开放二十多年的经济成就进行了全面的梳理与分析,认为中国探索出一条适合本国国情的发展模式,并将该模式命名为"北京共识"。自此

"北京共识"开始正式出现在学术界以及媒体上并引起广泛讨论。

(一)"华盛顿共识"的经验事实

在"华盛顿共识"指导下的初始阶段,拉美地区出现过短暂的经济增长,但很快就出现较之改革前更为严重的经济危机和社会动荡。拉美地区市场经济发育水平低下,不同于发达资本主义国家的成熟市场经济,是一种不成熟、脆弱的市场经济。资本主义金融自由化意味着为大量国际游资打开大门,任由其在国内投机炒作、掠夺财富,同时促使国内资本外逃,重创民族产业,积累金融风险,最终引发金融危机。私有化和自由化使得拉美国家国有企业比重急剧下降直至国有企业几乎被售卖一空,国家逐步失去对经济的调控能力,甚至连矿产业、电力、电信等关系国计民生的产业最后都被私有资本或者外资等国际垄断资本控制。[①]

"华盛顿共识"指导下的私有化、自由化以及金融化导致拉美国家大量本国企业破产、人民失业,只令一小部分人群获益,绝大多数人民生活水平急剧下降,社会贫富差距进一步拉大。同时由于政府已经失去对经济的调控能力,因此即使国家经济危机重重,被弱化的政府也"无能为力"。20世纪90年代,拉美地区陆续爆发了墨西哥金融危机(1995年)、巴西经济危机(1999年)和阿根廷金融危机(2001年),至今拉美地区仍受困于"中等收入陷阱"不可自拔。

"华盛顿共识"提出后的十几年间,其影响不仅包括拉美地区,还覆盖东欧、亚洲等一些发展中国家和地区,在其影响下俄罗斯采用"休克疗法",东欧推进私有化,东南亚国家推行改革,这些过度的市场化和自由化同样没能改善当地人民的生活,反而引发剧烈社会动荡、经济衰退、金融危机等诸多严重问题。

---

① 沈云锁、陈先奎编:《中国模式论》,北京:人民出版社,2007年,第75页。

(二)"华盛顿共识"的本质

"华盛顿共识"本质上是国际垄断资本主义推行的全球一体化战略和美国主导的自由资本主义经济模式的全球化扩张。"华盛顿共识"的理论基础是西方主流经济学的新自由主义,其基本前提是"经济人假设",认为人是自私的,将历史的起点颠倒为历史的结果,这本质上是一种历史唯心主义,是非科学的。在"经济人假设"的基础上,私有化被视为永恒真理,生产资料私有制成为资本主义国家的基本经济制度,使得私有化成为一种顺理成章的"真理",其本质是为了维护资产阶级利益,协助资产阶级更多占有劳动人民创造的剩余价值。财富上的优势地位最终会体现为政治上的影响力,资产阶级的政治目的是反对社会主义。

另外,该理论强调市场是万能的,全面推行市场化、私有化和自由化,主张"小政府、大市场",主张国家作用全面退出经济领域而让市场充分发挥作用,政府仅仅将职能限定于社会保障、教育等社会领域。事实上,新自由主义本质上是帝国主义范式,代表国际垄断资本主义利益,服务于霸权主义国家和国际垄断资本主义扩张的需要,不可能真正解决发展中国家或者地区的经济问题,只是将这些国家与地区纳入其攫取垄断利益对象的范畴。"华盛顿共识"穿上"普世价值"的外衣被包装成"救市良方"推广到拉美地区以及东南亚地区,其实质只是帮助发达资本主义国家占有发展中国家和地区的超额剩余价值。拉美地区长期陷入"中等收入陷阱"不能自拔、苏联解体成为"华盛顿共识"伪善的证据。

(三)"北京共识"提出的意义

从内容上来说,"北京共识"比较客观地总结了中国经济快速发展的原因,但是西方学者由于对中国的具体国情并不熟悉,因此对中国经验的总结不够深入。事实上,"北京共识"的意义远大于内容:首先,"北京共识"意味着西方社会对"华盛顿共识"的反思、质疑与抛弃,许多国家与地区奉"华盛顿共识"为圭臬,但实践结果证明其并非灵丹妙药,也不具普世价值,并不适合于所有国家和地区;其次,"北京共识"反映出西方对中国发展的态度变化,从过去"崩溃论"阶段的轻视和傲慢转向对中国发展的正视与思考,承认中国发展模式的正确性,开始探索中国快速摆脱贫困、实现现代化的真正原因;最后,"北京共识"与"华盛顿共识"代表不同的立场和不同的经济学理论,前者代表西方中心论和新自由主义理论,后者代表的是非西方中心论和"发现中国",超越了新自由主义理论。

从另一个角度看,毕竟"北京共识"是由西方学者提出的,自然不可避免地带有西方认识的不足,而且对中国道路的经验总结也没有完全结合中国具体国情。因此,所谓的"共识"也并不是真正的共识,至少国内学者更多承认的是这个称谓而非内容。对中国道路的全面阐释是理解新中国成立七十多年、改革开放四十多年成功经验的关键,因此应当从本国具体实践出发,以中国特色社会主义政治经济学的立场来阐释中国道路。

事实上,中国道路是"把马克思主义的普遍真理同中国的具体实际结合起来,走自己的道路,建设有中国特色的社会主义"[①]。"走自己的道路"意味着中国不会盲目效法世界上任何国家、任何模式的现代化之路,而是结合马克思主义基本原理和中国具体实际走一条具有中国特色的社会主义现代化道路。

二、坚持党对经济工作的集中统一领导

坚持党对经济工作的集中统一领导是中国社会主义市场经济的本质特征,是中国特色社会主义制度的一大优势。坚持党对经济工作的集中统

---

① 中共中央党史研究室第一、二、三研究部编:《两个历史问题的决议及十一届三中全会以来党对历史的回顾》,北京:中共党史出版社,2013年,第216页。

一领导,可以更好地驾驭经济发展大局,确保经济发展的正确方向。

坚持党对经济工作的集中统一领导,这一理念是西方主流经济学理论中所没有的,却又是新中国成立七十多年、改革开放四十多年经济发展伟大实践取得成功的最深刻经验总结,更是引领中国经济发展行稳致远的关键和核心所在。一方面,中国共产党的领导作为中国特色社会主义的最本质特征,体现在经济社会发展的方方面面,并且党作为中国经济社会发展的核心,"党的领导"客观上也符合中华文明自古以来的制度传承传统,因此在反映中国发展现实的经济理论中,都是一个无法回避的、必须考虑在内的制度性因素。另一方面,由于中国共产党"总揽全局"的特点,使得其在经济发展过程中可以做到协调各方,调动各方力量形成合力,这是中国特色社会主义的优势,也是中国发展奇迹的奥秘所在。同时也反映了中国共产党是中国经济发展过程中影响资源配置效率最为关键的因素,将党的领导纳入经济理论的分析,有利于我们更加清晰地认识到党的领导在经济发展中的地位,这既是科学的也是必要的。正如习近平在党的十八届五中全会第二次全体会议上的讲话中指出的:"能不能驾驭好世界第二大经济体,能不能保持经济社会持续健康发展,从根本上讲取决于党在经济社会发展中的领导核心作用发挥得好不好。"①

(一)坚持党对经济工作的集中统一领导在中国有其历史性和客观性

将中国共产党置于国家的中心地位,并始终坚持其领导地位,符合中华文明在长期历史演变中形成的政治伦理和体制习惯,具有历史性。中国作为世界唯一未曾中断的绵延几千年的古老文明,在漫长的历史中形成了对于大统一和中央集权的深刻记忆。为了维护一个长期和谐稳定的统一

---

① 中共中央文献研究室编:《习近平关于社会主义经济建设论述摘编》,北京:中央文献出版社,2017年,第325页。

局面,中华文明在不断尝试中产生了独特的国家建构,其中就包括围绕某一政治核心进行运动的政治伦理和体制习惯。这一点正是中西方文明的差异所在,正如费正清在其著作中的描述:"说到最后,欧洲和中国的区别在于人民的愿望,中国历史中表面上的统一,实际只占全部历史的三分之二,而统一的理想则相沿无改。"①

中国人民的意愿和国家建构中的这种历史传统,很大程度上受到客观地理环境的影响,具有客观性。从地理的角度来看,发源于中原地区的中华文明,从一开始就不同于形成于地中海沿岸的西方文明,具有很容易形成统一国家的地理条件。而类似希腊地区这个西方文明的发源地,则缺少如同中国、印度那样可以建立复杂的帝国组织所必需的"天然地理政治中心"。②类似地,美国历史学家保罗·肯尼迪也认为欧洲政治上四分五裂的情况,主要是它支离破碎的地形造成的。③正是中西方在地理、历史、文明上的这种差别,使得中国共产党在中国政治制度以及经济制度中的地位和作用与西方政治经济理论中传统意义上的政党完全不同,具有客观性。

(二)坚持党对经济工作的集中统一领导,是处理好"政府与市场"关系的关键

如何处理好政府与市场的关系,一直是经济学理论研究中一个必须回答的重要问题。长期以来,西方经济学在自由放任的思想指导下,对政府作用的阐释停留于"守夜人"的角色,反对政府以任何形式干预市场。就算在经历了"大萧条"的洗礼之后,经济学家们将政府的职能重新界定为"弥补市场失灵",但也依旧对政府可能的过度干预"严防死守"。

总体而言,在西方主流经济学理论中,政府的作用是有限的、被动的,

---

① 费正清:《伟大的中国革命》,刘尊棋译,北京:世界知识出版社,2000年,第14页。
② 斯塔夫里阿诺斯:《全球通史:从史前史到21世纪(第7版)》(上册),董书慧等译,北京:北京大学出版社,2005年,第102页。
③ 肯尼迪:《大国的兴衰》,陈景彪等译,北京:国际文化出版公司,2006年,第16页。

同时政府与市场的关系是相互替代的。然而相比于西方经济学中"政府与市场"二元对立的分析范式,中国在经济发展实践过程中,充分发挥社会主义市场经济制度的优越性,探索出了一条中国共产党总揽全局、协调各方,让市场在资源配置中起决定性作用,同时更好发挥政府作用的道路,形成当代中国马克思主义政治经济学的"党、政府、市场"的"三维"构架。

由此,坚持党对经济工作的集中统一领导,形成了当代中国马克思主义政治经济学的"三维谱系"。这种"三维谱系",既可以有效发挥市场在微观领域配置资源的高效率,又可以保证政府在发挥弥补市场失灵作用的同时,更好地发挥政府作用,使政府可以主动维护市场的有效性、完善市场监管、开展有效市场建设,进而避免市场运行的自发性与盲目性所导致的宏观经济结构失衡和产业发展规划缺少长期性等问题。

因此,坚持党对经济工作的集中统一领导,可以更好地实现市场与政府的有机结合,不仅可以有效避免市场失灵,更可以有效加快市场建设的速度,促使市场机制更快地发育成熟。坚持党对经济工作的集中统一领导,可以更好地驾驭经济发展正确方向,确保经济发展大局。目前,党领导经济工作制度化建设已经取得了一些成果,形成了党代会、中央全会、中央政治局会议(经济形势研究分析)、中央经济工作会议、中央财经领导小组工作机制等五个不同层次的经济形势分析和研究的工作制度,定期研究部署重大战略问题,对推动经济发展起到重要指导作用。[1]

(三)坚持党对经济工作的集中统一领导是跨越发展阶段和进一步全面深化改革的重要保障

在对经济发展形势形成正确判断的基础上,要推动经济跨越不同发展阶段实现转型发展和确保经济体制改革的逐步深入,就更有必要坚持党的

---

[1]　胡鞍钢、张新:《习近平经济思想与政策框架》,《现代财经》2018 年第 3 期。

领导。这是因为如果没有党对经济工作的集中统一领导，不论是要跨越发展阶段还是全面深化经济改革，都同样面临两个问题：第一，不能集中力量办大事，导致发展持续时间长、见效慢。中国正处于高速度发展阶段向高质量发展阶段转换的时期，经济发展的各个领域存在大量需要解决的在过去粗放发展中形成的发展不平衡不充分的问题。同时，改革已经进入深水区、攻坚期，经济体制改革作为全面深化改革的重点领域，任务艰巨且形势复杂。第二，很难打破原有利益结构。习近平在党的十八届三中全会上指出，"全面深化改革，必然会遇到思想观念的障碍、利益固化的藩篱"，并强调要"突破利益固化的藩篱"①，说明在深化改革和转换发展阶段的过程中，既得利益集团和原有利益结构的约束所带来的问题已经不容忽视。坚持党对经济工作的集中统一领导是解决这两个问题的最好方式。

一方面，始终坚持不断解放和发展生产力是社会主义本质，更成为中国共产党的历史使命。"促发展"是中国共产党长期以来的传统，党的十八大以来，习近平在各种场合多次强调其重要性并指出，"发展是党执政兴国的第一要务，是解决中国一切问题的基础和关键"②。全面深化改革进入深水区，经济发展阶段和发展动力进入新常态，坚持党的领导对树立促发展、保发展的信念，对坚持长期推进改革发展，以及不断破解发展难题至关重要。同时，从历史的角度来看，坚持党的领导可以更好地保持政策和理念的延续性，这对于解决经济发展过程中的长期问题来说，是不可缺少的必要条件。坚持党对经济工作的集中统一领导，中国共产党一向有定力、有能力长期保持优化经济发展方式的政策制定以及发展思路不发生改变。

另一方面，中国共产党代表最广大人民群众的根本利益，同时也具有超越党派和利益集团约束的强大力量。习近平指出，"我们要从全局和战

---

① 《习近平谈改革：冲破思想观念障碍突破利益固化藩篱》，中国经济网，2014年8月9日（2021年3月15日），http://www.ce.cn/xwzx/gnsz/szyw/201408/09/t20140809_3320665.shtml.

② 中共中央文献研究室编：《习近平关于社会主义经济建设论述摘编》，北京：中央文献出版社，2017年，第8页。

略高度,着眼于最广大人民根本利益,牢牢把握发展方向,及时提出政策措施,不断把发展向前推进",并且强调全面深化改革,要"坚决破除一切不合时宜的思想观念和体制机制弊端,突破利益固化的藩篱"①。因此坚持党对经济工作的集中统一领导,可以跳出既得利益集团的约束,更好地制定对推动社会经济整体发展最有利的经济发展方案,并且在执行新发展方案、形成经济新格局的过程中,保证人民群众的整体利益始终得到最大限度的重视。

(四)坚持党对经济工作的集中统一领导可以更好地有效应对复杂局面和化解风险

中国共产党具备强大的资源整合、组织动员和执行能力,在党的坚强领导下,依靠科学制定决策和实施宏观调控,通过各地区各部门的密切配合、各项政策的协同发力,能够有效应对各类经济风险。坚持党对经济工作的集中统一领导,不但可以更好化解经济发展中的各种风险,也有利于充分调动各方面的积极因素,更好地集中力量办大事。新中国成立初期,依靠党的领导,抵御住来自西方的各种干扰和破坏,而且正是坚持党的领导,我们集中有限的人力、物力、财力进行重点建设,在短时间内迅速建立起了比较完整的工业体系和国民经济体系。没有党的领导,我们不可能用几十年时间走完发达国家几百年走过的发展历程,更不可能取得举世瞩目的发展成就。

实践证明,在党的坚强领导下,我们能够充分发挥社会主义集中力量办大事的优势,推动经济建设实现跨越式发展。党的十八大以来,以习近平同志为核心的党中央,面对世界经济复苏乏力、国内外风险挑战明显增加的复杂局面,坚持稳中求进工作总基调,高瞻远瞩,科学决策,充分发挥

---

① 习近平:《决胜全面建成小康社会夺取新时代中国特色社会主义伟大胜利——在中国共产党第十九次全国代表大会上的报告》,《人民日报》2017 年 10 月 28 日。

党领导经济工作的优势,创新宏观调控思路和方式,大力推进高质量发展,推动中国经济发展不断取得新成就。实践证明,我们党拥有在复杂多变局面下驾驭社会主义市场经济的娴熟能力和高超智慧,党的坚强领导是有效抵御外部风险,保障"中国号"经济巨轮劈波斩浪、行稳致远的"定盘星"和"压舱石"。

三、坚持以人民为中心

习近平总书记强调"带领人民创造美好生活,是我们党始终不渝的奋斗目标"[①]。以人民为中心的思想,不同于西方国家简单围绕"福利"做文章的国家发展观,而是"要让发展更加平衡,让发展机会更加均等、发展成果人人共享"[②]。同时,坚持以人民为中心,也不同于西方福利经济学提出的实现"收入均等化"的发展理念。从历史背景来看,"收入均等化"理论的提出主要是为了解决资本主义社会中贫富差距过大、阶级矛盾过于尖锐的问题,主张通过各种方式将部分收入从富人手中转移到穷人手中,以提高社会整体的福利水平。这种方法实际上是通过对社会底层进行赎买的方式来缓和国内矛盾,本质上还是以资本为中心,为资本的扩张营造更好的环境。而以人民为中心的立场,要求在发展的经济效益和社会效益之间取得平衡,本质上是为了在经济增长的过程中促进效率、体现公平,进而实现人的全面发展。坚持以人民为中心,体现了社会主义发展的本质。

---

① 习近平:《在庆祝中国共产党成立95周年大会上的讲话》,北京:人民出版社,2016年,第18页。

② 中共中央文献研究室编:《习近平关于社会主义经济建设论述摘编》,北京:中央文献出版社,2017年,第47页。

（一）"以人民为中心"避免了西方主流经济学强调利润最大化带来的矛盾与问题

西方主流经济学单纯片面强调和追求利润最大化，在指导发展过程中容易形成损害人民利益的局面，进而引发和激化社会矛盾。西方主流经济学理论，不论是宏观理论还是微观理论，都是围绕和服务于使资本增值与收益最大化。西方宏观经济理论的目的是 GDP 的最大化，而西方微观经济理论则是以指导企业如何在不同市场环境下实现利润最大化为目的形成的一整套理论体系，其理论前提认为市场机制可以在无数个人或企业利己的动机中使整个社会得到最大福利。

在西方主流经济学理论的解释下，资本的逐利性可以得到充分的释放，因而必然导致资本向利润率高、流动性强的领域集中，但是资本朝着这样的方向流动，并不都是对一国人民有利的。一方面，利润高的领域，并非一定是创造财富效率最高的领域，很多情况下利润也可以通过掠夺别人的财富产生。例如垄断和不道德的商业行为，前者通过形成超额利润的方式对他人的财富进行掠夺，对于这种因逐利而产生的垄断行为，经济学家斯蒂格利茨曾表示："最近三十年最重要的商业创新中，有一些并不是以提升经济效率为宗旨，而是希望能更好地保护垄断能力，更好地规避政府旨在调和社会收益与私人报酬的管制。"[①] 而后者则纯粹是逐利而忘义所产生的行为。这两者共同的特点就在于片面追求利润最大化而损害了社会发展。

另一方面，资本的逐利本性使得它为了提高自我增殖的效率，更容易进入流动性强的领域，而疏离一些资金周转速度相对较慢、周期较长的行业或者领域。例如，在金融服务业与农产品种植业或制造加工业之间，如

---

① Joseph Stiglitz, *The Price of Inequality*, New York: Norton & Co, 2012: 52-53.

果不添加其他前提条件,资本必然会选择前者而放弃后两者,因为金融服务业具有极强的流动性,在证券交易市场上在一秒钟以内可以成交几十笔甚至几百笔交易。与之相比,种植业动辄按月计的产出时间和制造业生产线上以小时计的加工流程,所产生的交易频率以及所带来的流动性就远远不如了,自然会被资本所放弃,从而使得经济发展脱实向虚,增加国家经济发展的风险。

总而言之,在以资本为中心指导发展的经济学理论和政策影响下,不论资本进入虚拟经济还是实体经济,都势必造成贫富差距的扩大、人民生活质量的降低和社会矛盾的激化。而西方国家如不改变经济政策理念和经济学理论的立场,仍简单围绕所谓"福利"做文章,继续采用依靠国家财政转移支付来缓和社会矛盾的做法,只能治标而不治本,长此以往必然会加剧杠杆化风险,进而引发债务和经济危机。

(二)坚持以人民为中心,意味着资本要围绕和服务于满足人民需要,而非单纯满足自我增值需要进行运动

以人民为中心的经济理论和经济政策,可以从两个方面实现对西方主流经济学理论的超越。

第一,坚持以人民为中心,可以避免西方经济中不断演化和滋生的各种危机。目前看来,西方社会各种经济问题,主要是体现在实体经济空心化、就业不足、贫富差距扩大,以及经济发展停滞等几个方面。西方经济学理论执着于资本主体和核心地位,片面强调市场作用,限制政府发挥作用的范围是无力解决这些问题的原因所在。现在伴随着中国经济社会快速发展,实体经济空心化倾向、发展差距扩大、经济增速减缓导致就业压力增大等问题,也陆续表现出来。这对经济发展行稳致远产生很大负面影响,习近平新时代中国特色社会主义经济思想中确立的以人民为中心的立场,可以更好地校正经济发展方向,如:防范经济脱实向虚,强化实体经济;通

过实施区域协调战略、乡村振兴战略和开展精准扶贫,弥补区域、城乡、贫富"三大差距";通过强调"就业是最大的民生",提出要"坚持就业优先战略和积极就业政策,实现更高质量和更充分就业",重点解决大学生和农民工两个群体的就业问题。

第二,坚持以人民为中心,是新发展阶段保障创新驱动能力的理论前提和重要保障。当前中国经济发展正处于从高增长转向高质量、要素驱动向创新驱动的转型关键时期,而实现创新驱动发展,就要求开展以科技创新为核心的全面创新,落实创新主体必须是智力和体力获得全面发展的人。"党的十八届五中全会鲜明提出要坚持以人民为中心的发展思想,把增进人民福祉、促进人的全面发展、朝着共同富裕方向稳步前进作为经济发展的出发点和落脚点。"[1]因此,坚持以人民为中心,不仅有利于消除过去不平衡、不充分发展过程中遗留下来的一些问题,还有助于增强未来经济发展的驱动力量,保障经济可持续健康发展。

(三)坚持以人民为中心,是对马克思主义政治经济学的创新发展

《共产党宣言》指出:"过去的一切运动都是少数人的,或者为少数人谋利益的运动。无产阶级的运动是绝大多数人的,为绝大多数人谋利益的独立的运动。"[2]这表明,马克思全部理论的立场是立足于整个工人阶级和全体劳动人民的。马克思主义政治经济学从不隐藏自己的立场和价值取向,这就是无产阶级和广大人民群众的立场,就是为最广大人民谋福利的价值取向。践行以人民为中心的发展思想,是党的十八届五中全会首次提出来的,体现了我们党全心全意为人民服务的根本宗旨,体现了人民是推动发

---

① 中共中央文献研究室编:《习近平关于社会主义经济建设论述摘编》,北京:中央文献出版社,2017 年,第 31 页。

② 马克思、恩格斯:《共产党宣言》,北京:人民出版社,2014 年,第 39 页。

展的根本力量的唯物史观。

党的十八大以来,习近平总书记站在新的历史起点,多次强调以人民为中心的根本立场。他指出,"坚持人民主体地位,充分调动人民积极性,始终是我们党立于不败之地的强大根基"。关于人民群众的巨大力量,他指出,"人民是历史的创造者,群众是真正的英雄。人民群众是我们力量的源泉"。关于保障人民主体地位,他指出,"要随时随刻倾听人民呼声、回应人民期待,保证人民平等参与、平等发展权利,维护社会公平正义"。关于维护人民群众利益,他指出,要"使发展成果更多更公平惠及全体人民","让人民更有获得感"。关于我们党和人民群众的关系,他指出,"人民对美好生活的向往就是我们的奋斗目标","我们党的最大政治优势是密切联系群众,党执政后的最大危险是脱离群众"。[①] 这些重要论述体现了我们党对于以人民为中心的发展思想的清醒认识和一贯坚持,铸就了当代中国马克思主义政治经济学的本质。

坚持以人民为中心的发展思想,强调人民至上,把人民利益作为出发点和落脚点,走共同富裕的道路,既坚持了马克思主义基本原理,又发展了马克思主义政治经济学。当代中国马克思主义政治经济学的人民性包括人民观立场、人民性原则、人民利益的思想原理,代表了最广大人民的根本利益,是中国共产党阶级性和党性的集中体现,彰显了我们党的立场、性质和宗旨。坚持以人民为中心的立场也是社会主义的本质要求,是社会主义制度优越性的集中体现。社会主义的本质是解放和发展生产力,消灭剥削,消除两极分化,最终达到共同富裕。

社会主义社会的一切发展要为了人民、要依靠人民,发展成果要由人民共享。人民对美好生活的向往,就是我们的奋斗目标。我们党领导人民

---

① 安宁:《"人民群众是我们的力量源泉"——学习习近平的人民主体地位思想》,中国共产党新闻网,2015 年 6 月 24 日(2021 年 3 月 15 日),http://dangjian. people. com. cn/n/2015/0624/c117092 -27200927. html。

全面建设小康社会、进行改革开放和社会主义现代化建设的根本目的,就是通过发展社会生产力,不断提高人民生活水平,促进人的全面发展,最终实现全体人民共同富裕。坚持以人民为中心的发展思想,强调一切为了人民的立场,始终把增进人民福祉、促进人的全面发展、朝着共同富裕方向稳步前进作为发展经济的出发点和落脚点,彰显了马克思主义政治经济学与西方经济学的最鲜明本质区别,是新时代对马克思主义政治经济学的重要贡献。

四、坚持和完善社会主义基本经济制度

坚持和完善社会主义基本经济制度是中国道路的重要制度特征。公有制为主体、多种所有制经济共同发展,按劳分配为主体、多种分配方式并存,社会主义市场经济体制等社会主义基本经济制度,既体现了社会主义制度优越性,又同中国社会主义初级阶段社会生产力发展水平相适应,是社会主义伟大实践的经验总结。党的十九届四中全会将公有制为主体、多种所有制经济共同发展,按劳分配为主体、多种分配方式并存,社会主义市场经济体制三项制度并列,作为社会主义基本经济制度,是对社会主义基本经济制度做出的新概括,是对社会主义基本经济制度内涵做出的重要发展和深化,既强调了社会主义初级阶段的经济制度特征,又突出了整个社会主义阶段的经济制度特征,彰显了基本经济制度的根本性、全局性、延续性、长期性和稳定性,社会主义基本经济制度更加成熟、更加定型。

(一)社会主义基本经济制度是改革开放理论和实践创新的重要成果

社会主义基本经济制度在社会主义经济建设实践中确立、形成和发展,在不断深化改革中不断完善。新中国成立七十多年来,中国确立了社会主义基本制度及与之适应的经济等方面体制,为当代中国发展进步奠定了根本政治前提和制度基础。改革开放四十多年来,中国从社会主义初级阶段的基本国情出发,不断深化改革,锐意进取,主动调整生产关系,不断适应生产力发展需要,推动经济体制发生了深刻而重大的变化。在所有制方面,坚持公有制主体地位和国有经济主导地位,同时大力调整所有制结构,支持个体经济、私营经济、外资经济等健康发展,有效激发了各类市场主体活力和创造力。在分配制度方面,坚持按劳分配为主体,承认物质利益原则和合理的收入分配差距,同时允许和鼓励资本、土地、知识、技术、管理、数据等其他生产要素参与分配,极大地调动了各方面积极性。在资源配置方式方面,坚持社会主义市场经济改革方向,破除了社会主义和市场经济对立的思想教条,实现了从高度集中的计划经济体制向社会主义市场经济体制的转变,把有效的市场机制和有度的宏观调控结合起来。

总之,社会主义基本经济制度把社会主义制度和市场经济有机结合起来,在社会主义经济建设特别是改革开放伟大实践中形成、确立并不断完善,是被实践检验拥有巨大优越性的基本经济制度,既有利于解放和发展社会生产力、改善人民生活,又有利于维护社会公平正义、实现共同富裕。新中国成立以来,我们用七十多年的时间走完了西方国家几百年的发展历程,成为世界第二大经济体,这与我们党带领全国人民始终坚持和完善社会主义所有制结构,发挥"集中力量办大事"的显著制度优势密不可分。改革开放的这些伟大实践成果,为当代中国马克思主义政治经济学的理论创新提供了丰富的实践资源。

(二)社会主义基本经济制度是新时代经济改革发展的根本遵循

社会主义基本经济制度要体现活力和生机,需要随着实践发展不断完善。党的十八大以来,以习近平同志为核心的党中央坚持和完善社会主义基本经济制度,在巩固和发展公有制经济、发展混合所有制经济、支持民营经济健康发展、健全按劳分配和按要素分配机制、深化供给侧结构性改革、发挥市场在资源配置中的决定性作用等方面,取得了一系列新的重要理论和实践成果,形成了习近平新时代中国特色社会主义经济思想。

改革开放四十多年来,中国坚持把公有制为主体、多种所有制经济共同发展,按劳分配为主体、多种分配方式同时并存作为基本经济制度。实践证明,正是这一基本经济制度推动和促进了中国经济快速发展。党的十九届四中全会在此基础上,着眼于新的实践和发展需要,进一步将社会主义市场经济体制上升为基本经济制度,其具有科学的理论基础、广泛的实践基础、深厚的群众基础。同时,这三项基本经济制度相互联系、相互支持、相互促进,体现了经济制度体系的基本属性,起着方向性和引领性作用,对经济制度属性和经济发展方式有决定性影响。新中国成立七十多年以来,居民收入在城乡、地区之间的差距明显缩小,尤其是党的十八大以来精准扶贫取得了巨大成就,绝对贫困的问题得到了历史性的解决。相比之下,在西方资本主义国家,按资分配为主的分配方式导致劳动收入不平等,以及财富分配和资本收入高度不平等,中国分配制度不断呈现出显著优势。

(三)社会主义基本经济制度也是中国道路的伟大创新

新中国成立七十多年来,中国不断推进社会主义实践探索,积累了丰富经验,取得了重大成果,改革开放以来的进展尤为显著。中国政治稳定、经济发展、社会和谐、民族团结,同世界上一些地区和国家不断出现乱局形成了鲜明对照。这说明,社会主义基本经济制度是适应中国国情和发展要求的,是中国经济发展的成功之路。革命是解放生产力,改革也是解放生产力,邓小平同志说:"社会主义基本制度确立以后,还要从根本上改变束缚生产力发展的经济体制,建立起充满生机和活力的社会主义经济体制,促进生产力的发展。"①通过深化改革,让一切劳动、知识、技术、管理、资本、数据等要素的活力竞相迸发,让一切创造社会财富的源泉充分涌流。

不断改革创新,有助于实现使中国特色社会主义在解放和发展社会生产力、解放和增强社会活力、促进人的全面发展上比资本主义制度更有效率,更能激发全体人民的积极性、主动性、创造性,更能为社会发展提供有利条件,更能在竞争中赢得比较优势,把中国特色社会主义制度的优越性充分体现出来。社会主义基本经济制度的最大成功就是建立社会主义市场经济体制,改革开放以来围绕建立和完善社会主义市场经济体制,不断推进经济体制以及其他各方面体制改革。中国成功实现了从高度集中的计划经济体制到充满活力的社会主义市场经济体制、从封闭半封闭到全方位开放的伟大历史转折,实现了人民生活从温饱到小康的历史性跨越,实现了经济总量跃居世界第二的历史性飞跃,极大调动了亿万人民的积极性,极大促进了社会生产力发展。

五、坚持改革开放

新中国成立初期,由于客观国际形势限制,中国不具备开放的条件,但是毛泽东并未否定过对外开放的必要性,在其著名的《论十大关系》中,明确提出"向外国学习"的主张,他指出"我们的方针是,一切民族、一切国家的长处都要学,政治、经济、科学、技术、文学、艺术的一切真正好的东西都要学"。②同时,毛泽东也明确指出中国对外开放的基本原则是独立自主、自力更生,他指出:"外国有用的东西,都要学到,用来改进和发扬中国的东

---

① 《邓小平文选》第三卷,北京:人民出版社,1993年,第370页。
② 《毛泽东文集》第七卷,北京:人民出版社,1999年,第41页。

西,创造中国独特的新东西。"①这体现了毛泽东对外开放思想中开放与自主的辩证关系,该思想为后期中国的对外开放奠定了思想基础。

党的十一届三中全会后,中国的外交政策发生重大转变,邓小平科学继承了毛泽东对外开放思想中坚持独立自主这个基本前提,并结合当时中国国情就对外开放的内涵、方式、方法等做了详尽阐释。中国逐步形成"经济特区—沿海开放城市—沿海开放区—内地"全方位、多层次、多领域的开放格局。社会主义市场经济建立后,在前期"引进来"的基础上,中国对外开放逐步走向深入,同时实施"走出去"的开放战略,形成更加积极主动的对外开放观。

党的十八大以来,中国对外开放理念不断深化,内涵不断丰富,从党的十八届三中全会上提出"构建开放型经济新体制"到党的十九大提出"推动形成全面开放新格局",再到党的十九届四中全会提出"建设更高水平开放型经济新体制",对外开放仍将是新时期中国经济发展的重要战略。"建设更高水平开放型经济新体制"是中国对外开放战略走向深入的必然,是一种全新的对外开放,其旨在更大范围、更宽领域、更深层次实施全面开放。同时这种对外开放依托"一带一路"建设,本着共商、共建、共享原则,不对发展中国家与地区加入资格设限,努力拓展对外贸易多元化,以互利共赢为目的积极参与到全球化贸易当中,这也是对当前逆全球化潮流的有力应对。

正如党的十九届四中全会中所指出的:"坚持独立自主和对外开放相统一,积极参与全球治理,为构建人类命运共同体不断做出贡献的显著优势。这些显著优势,是我们坚定中国特色社会主义道路自信、理论自信、制度自信、文化自信的基本依据。"②改革开放四十多年是中国经济迅速腾飞

---

① 《毛泽东文集》第七卷,北京:人民出版社,1999年,第82页。
② 《中共中央关于坚持和完善中国特色社会主义制度推进国家治理体系和治理能力现代化若干重大问题的决定》,新华网,2019年11月5日(2021年3月15日),http://www.xinhuanet.com/politics/2019-11/05/c_1125195786.htm。

的关键时期,可以说中国经济的快速发展得益于:在对内方面始终贯彻改革,在对外方面不断扩大开放。坚持改革开放是中国道路越走越宽的不竭动力。

(一)改革开放让中国经济腾飞

新中国成立之初,中国国民生产总值只有区区 100 多亿美元,重工业几乎为零,轻工业只有少数纺织业。改革开放之前,尽管初步建立起了完整的国民经济体系,但是总体上,中国综合国力相对于西方,甚至与"亚洲四小龙"相比也都差距很大。1978 年,中国经济的基础薄弱,结构方式单一,生产力水平很落后。但正如毛泽东在《论十大关系》中所说的:"我们一为'穷',二为'白'。'穷',就是没有多少工业,农业也不发达。'白',就是一张白纸,文化水平、科学水平都不高。从发展的观点看,这并不坏。穷就要革命,富的革命就困难。科学技术水平高的国家,就骄傲得很。我们是一张白纸,正好写字。"[①]

经过四十多年的发展,无论是农业、工业、科技、国防、商业、金融等关键的领域,还是国家资产建设、基础设施改善等关键领域,都发生了前所未有的巨大变化,应该说是改革开放起到了决定性作用。尤其值得大书特书的是,中国经济发展能够创造中国奇迹,民营经济功不可没。民营经济不但是社会主义市场经济的重要组成部分,也是社会主义市场经济的"风向标",更是社会主义市场经济伟大成就的"显示器"。正是社会主义市场经济的启动才让民营经济从无到有,从小到大,从弱到强,不断发展壮大。民营经济成为社会主义市场经济的参与者和见证者,更成为社会主义市场经济的弄潮儿。1980 年,温州的章华妹领到了第一张个体工商户营业执照。到 1987 年,全国城镇个体工商等各行业从业人员已达 569 万人,一大批民

---

① 《毛泽东文集》第七卷,北京:人民出版社,1999 年,第 43—44 页。

营企业蓬勃兴起。

1992年邓小平同志发表南方谈话后，兴起了新一轮创业兴业、发展民营经济的热潮，很多知名大型民营企业都是这个时期起步的。现在民营经济为中国经济贡献了50%以上的税收、60%以上的国内生产总值、70%以上的技术创新成果、80%以上的城镇劳动就业、90%以上的企业数量。改革开放四十多年的历史进程表明，也正是社会主义市场经济建设，让国有企业和民营企业高度互补、互相合作、互相支持、相得益彰，共同打造出中国经济的完整产业链，由此中国形成世界上唯一拥有完整国民经济体系产业链的国家。

人类社会过去两千年的发展赶不上最近一百年的发展，最核心的原因是工业文明、经济文明时代所引起的叠加发展效应。马克思在谈到资本主义发展时发出感慨："资产阶级在它的不到一百年的阶级统治中所创造的生产力，比过去一切世代创造的全部生产力还要多，还要大。自然力的征服，机器的采用，化学在工业和农业中的应用，轮船的行驶，铁路的通行，电报的使用，整个大陆的开垦，河川的通航，仿佛用法术从地下呼唤出来的大量人口——过去哪一个世纪料想到在社会劳动里蕴藏有这样的生产力呢?"[①]正是改革开放的魔力激发了中国精神，展示了中国力量，点亮了美丽中国，从而使一个曾经在世界上积贫积弱的大国起而腾飞，实现了从"站起来"到"富起来"的历史性巨变。

(二)改革开放成为当代中国进步的显著特征

审视当代中国的巨大历史性进步和辉煌成就，改革开放成为当代中国最显著的特征、最壮丽的气象。在庆祝改革开放四十周年大会上习近平总书记用"九个必须坚持"深刻总结了改革开放四十年积累的宝贵经验，用

---

① 马克思、恩格斯：《共产党宣言》，北京：人民出版社，2014年，第32页。

"十个始终坚持"高度概括了党引领亿万人民的奋斗历程和创造的人间奇迹。新时代继续把改革开放推向前进,就要深刻把握"九个必须坚持"的宝贵经验。四十多年的实践充分证明,改革开放是我们党和人民大踏步赶上时代的重要法宝,是实现"两个一百年"奋斗目标、实现中华民族伟大复兴的关键一招。任何讲述中国奇迹的故事,离开了改革开放,缺乏对改革开放的关注,都是不完整的。正是改革开放,让中国不断发展。对内,中国经济发展不断呈现生机;对外,不断融入全球经济,从而缩短与世界经济的距离。

没有改革开放,就没有中国的今天。一切伟大的事业都是接续奋斗的结果,一切伟大的成就都需要在继往开来中推进。对历史的最好纪念,就是创造新的历史。总结经验是为了继往开来,为了更好地再出发。改革开放再出发,不断在新起点上推动改革开放实现新突破,创造让世界刮目相看的新的更大中国奇迹。毛泽东同志说:"夺取全国胜利,这只是万里长征走完了第一步。如果这一步也值得骄傲,那是比较渺小的,更值得骄傲的还在后头。在过了几十年之后来看中国人民民主革命的胜利,就会使人们感觉那好像只是一出长剧的一个短小的序幕。剧是必须从序幕开始的,但序幕还不是高潮。"[①]

要是马克思能够亲眼见证波澜壮阔的中国改革开放历程和伟大成就,一定会更为惊叹,发出更大的感慨。因为中国改革开放取得的伟大成就,是人类历史上最为罕见的发展成就,更是人类历史发展最为亮眼、最为精彩的华章。从前全球所有的国家在发展的速度和进度上都差不多,中国改革开放形成的数据结果可谓叹为观止。在人类历史上能够大书特书的事件也不过就那么几个:欧洲的文艺复兴、之后的工业革命,然后是在工业革命的基础上自动化、计算机等引发的 IT 产业的发展。这些都属于泛在的

---

① 《毛泽东选集》第四卷,北京:人民出版社,1999 年,第 1438 页。

变革,不是在一个区域、一个领域内的变革;改革开放则是中国的,有国别、有民族区域范围的、以国家的方式进行的变革,可以写进人类经济发展史册。

中国道路是马克思主义基本原理同中国具体国情紧密结合的产物,是中国全体人民在新中国诞生以来的七十多年中以艰苦奋斗、砥砺前行的精神探索出来的全新道路,既是对以西方文明为中心的话语体系的颠覆和重构,也是社会主义发展道路的新境界。新中国成立七十多年、改革开放四十多年来中国所取得的巨大成就恰恰说明"华盛顿共识"不能够为后发国家和地区带来繁荣与稳定,各国实践已经证明其只能加速发展中国家与地区卷入垄断资本主义主导的全球一体化战略而不能从中发展壮大自身力量。中国道路是中国人民的伟大创造,从政治经济学角度阐释中国道路尤为重要,坚持党的领导是中国道路的本质,坚持政府与市场的有机结合是中国道路的核心,坚持以人民为中心是中国道路的根本遵循,坚持改革开放是中国道路的动力所在,坚持发展是中国道路的目标所在。中国道路为世界社会主义运动贡献了宝贵经验,开辟了中国特色社会主义发展的新境界。中国道路不仅改变了中华民族的历史进程,也为人类文明进步贡献了中国智慧,为发展中国家与地区提供了一种新的发展模式,具有深远的历史意义。

第四章　中国道路:现代化与现代化经济体系

　　现代化并不是新名词,在相当长时期内一直被用来描述发达国家现代增长的历史进程。中国在实践发展中成功开辟的中国特色社会主义道路,既避免了社会主义传统模式的僵化,又在很大程度上避免了西方现代化模式的弊病和缺陷。建设现代化经济体系全面彰显了现代化的中国理论特色和实践创新,是对西方现代化的理论和实践的超越,也是对新时代如何实现中国特色社会主义现代化的创造性回答。中国道路的世界意义,并不在于它提供了现代化的"国际标准",而在于它代表了一种理念,这就是坚持从国情出发,以解决现实问题为导向,同时以世界眼光和开放心态积极吸收借鉴一切有益经验。

现代化并不是新名词,在相当长时期内一直被用来描述发达国家现代增长的历史进程。后来的各种关于现代化的定义都是发展中国家以发达国家的现代化进程为蓝本的,其所达到的现代化水平和走过的道路也成为发展中国家现代化的参照系。就像马克思在《资本论》中所说:"工业较发达的国家向工业较不发达的国家所显示的,只是后者未来的景象。"[①]总的来说,已有的现代化理论,指的是经济文化相对落后的发展中国家追赶先行现代化国家的过程,于是就有中等发达国家和高度发达国家作为基本实现现代化与全面实现现代化的追赶目标之说。党的十九大报告指出:"中国经济已由高速增长阶段转向高质量发展阶段,正处在转变发展方式、优化经济结构、转换增长动力的攻关期,建设现代化经济体系是跨越关口的迫切要求和中国发展的战略目标。"[②]这是对中国现代化经济建设进入新时代的理论总结,更是对中国社会主义现代化发展阶段的新认知、新判断,既超越了西方现代化的认知,也丰富和发展了当代马克思主义政治经济学。

---

① 《马克思恩格斯选集》第二卷,北京:人民出版社,2012年,第82页。
② 王俊岭:《现代化经济体系:发展的战略目标》,中国共产党新闻网,2017年10月24日(2021年3月15日),http://cpc.people.com.cn/19th/n1/2017/1024/c414305-29604653.html。

一、现代化的概念与西方现代化

（一）现代化的概念

目前对于现代化的定义比较繁杂，从现有研究文献来看，更倾向于将现代化定义为：全社会范围内一系列现代要素以及组合方式连续发生的由低级到高级的突破性的变化或变革的过程。现代化概念至少包括以下五个方面。

一是现代化一定是历史的概念、发展的概念。这就是说，现代化不是一个固定的概念，也不是一个一成不变的概念，它是随着人们对现代化的实践和认识，不断丰富、不断完善的概念。这也意味着现代化并没有固定的模式或唯一的道路，现代化并不等同于西方化，不同的国家会有不同的现代化道路，如中国现代化道路，不是对西方现代化的模仿和复制，而是对其的学习和借鉴，还有创新和超越。

二是现代化是全社会范围内的现代化。这包括两方面的含义：一方面包括经济现代化、社会现代化、政治现代化、文化现代化、人的现代化，以及生态文明建设，此外还有国防和军队现代化，而不仅是单一的经济现代化。另一方面包括城市现代化与农村现代化、沿海地区现代化与中西部地区现代化、少数民族地区和人口现代化以及全体人口现代化。从这个意义上看，中国现代化一定是社会主义现代化，为所有人口所分享，更加包容，更加公平，更加共享。

三是现代化是现代要素及其组合方式，这就涉及土地、资源、能源、资本、劳动、教育、科学、技术、文化、信息、知识和制度、法律等现代要素，也涉及各种现代要素的组合方式，不同的要素有不同的组合方式，有的要素组合方式需要利用市场机制配置，有的要素组合方式需要由政府有效提供，有的要素组合方式由两种机制共同来提供。

四是现代化是一个连续的积累的发展和建设过程,从低级到中级,再到高级,从量变到部分质变,再量变到再部分质变,最后引起全方位的质变。这就显示了现代化发展的阶段性与质变性。例如新中国成立七十多年来先后经历了从绝对贫困到解决温饱,达到小康水平,进而全面建设小康社会。与此同时,现代化是不断积累的过程,尤其应防止任何破坏和中断,即所谓"不怕慢,就怕站,更怕断"。从这个意义上看,现代化程度就是关于时间的函数。

五是现代化是全方位的变革过程,包括观念变革、经济变革、社会变革、文化变革等,本质上就是现代国家制度建设与体制改革。

罗荣渠教授在《现代化新论——世界与中国的现代化进程(增订版)》一书中归纳了世界各国学者关于现代化的四种解释:①现代化指经济上落后国家在经济技术上赶上世界先进水平的历史过程;②现代化实质上就是工业化,是落后国家实现工业化的进程;③现代化是自科技革命以来人类急剧变化的总称;④现代化主要是一种心理态度、价值观和生活方式的改变过程,即把高度发达工业社会的现实作为现代化完成的一个主要标志。①一般而言,广义现代化指 20 世纪工业革命以来,人类从传统文明向现代文明转变的历史过程及其深刻变化,它包括从传统经济向现代经济、传统社会向现代社会、传统政治向现代政治等的转变。狭义现代化指发展中国家追赶发达工业国家先进水平的过程及其变化。20 世纪 60 年代,欧美发达国家已进入发达工业社会。所以,当时的现代化经济就是工业经济,现代社会就是工业社会,现代文明就是工业文明。

罗斯托在《经济增长的阶段》一书中考察了世界范围内处于不同发展阶段的国家,认为人类社会发展共分为六个经济成长阶段:一是传统

---

① 罗荣渠:《现代化新论——世界与中国的现代化进程(增订版)》,北京:商务印书馆,2004 年,第 9—15 页。

社会阶段。二是为起飞创造前提的阶段,即从传统社会向起飞阶段过渡的时期,在这一时期,世界市场的扩大成为经济成长的推动力。三是起飞阶段,起飞就是突破经济的传统停滞状态。实现起飞需要具备三个条件——较高的积累率、有起飞的主导部门和建立能保证起飞的制度。在西方国家中,英国在18世纪的最后二十年里实现了起飞,法国和美国在1860年以前的几十年里实现了起飞,德国是在1850—1875年实现起飞,日本在19世纪最后二十五年实现起飞。四是成熟阶段。这是起飞阶段之后的一个相当长的、虽有波动但仍持续增长的时期。其特点是,现代技术已被推广到各个经济领域,工业将朝着多样化发展,新的主导部门逐渐代替起飞阶段的旧的主导部门。五是高额群众消费阶段。这是一个高度发达的工业社会。六是追求生活质量阶段。[①]罗斯托的理论为经济增长理论以及整个现代化史理论的研究,提供了可资借鉴的分析方法。

但是,经典现代化理论,一方面阐述了现代化的特点和规律,另一方面阐述了现代化的结果,即已完成现代化过程的国家所处的状态和特点。事实上,在现代化过程中,既有人类文明的巨大进步,也有一些新问题产生,如环境问题、自然资源破坏、贫富差距问题、工作技能老化等。经典现代化理论只能解释过去发达工业国家19世纪70年代至20世纪60年代的现代化历程,无法借鉴,更难推广。经典现代化理论遇到的两大挑战是:①20世纪70年代以来发达工业国家工业化出现逆转,进入后工业社会,强调服务为主体,这就动摇了以工业化为本质特征的经典现代化的根本;②现代化不可能停滞不前,工业社会不是文明进程的终结,而且单纯强调工业现代化显然越来越脱离现代化潮流。

---

① 罗斯托:《经济增长的阶段》,郭熙保、王松茂译,北京:中国社会科学出版社,2001年,第5页。

(二)西方现代化与现代化的中国经验

工业社会在创造巨大的物质财富的同时,也制造了巨大的环境灾难。在20世纪80年代,许多国家的环境管理是失败的:生态退化继续发展,污染到处扩散,威胁着人类的健康。90年代以来,越来越多的人认识到,相对于工业社会,今天面对的是一个日新月异的新世界。各国学者都在探索世界的新发展。同时,反观二战后一大批未能成功向现代化国家转型的亚非拉国家,其转型失败的一个重要原因,就在于简单化移置和照搬西方工业社会的模式。

从历史上看,西方发达国家率先建立了现代化经济体系,给我们提供了可资借鉴的经验。过去的现代化发展路径受历史局限,没有更多样本可以选择,从而造成西方现代化的光环过于耀眼,西方模式成为唯一可以模仿的样本。结果,现代化成为单向输入,现代化成为西方化。实践中,我们可以看到一些发展中国家照抄照搬西方模式甚至依附于西方国家,失去发展自主性,进而落入发展失败国家的行列。

相反,中国在实践发展中成功开辟的中国特色社会主义道路,既避免了社会主义传统模式的僵化,又在很大程度上避免了西方现代化模式的弊病和缺陷。中国是一个发展中的社会主义大国,在一个全新的历史方位和国际国内环境下建设现代化经济体系,不能把西方发达国家的现代化经济体系当作模仿的范本,而必须走自己的道路。创新、协调、绿色、开放、共享的新发展理念,是我们所要建设的现代化经济体系的灵魂,既反映了当今时代社会生产力重大变革的要求,又反映了当今时代社会主义制度的伟大探索和实践,是对新时代如何实现中国特色社会主义现代化的创造性回答。

相对于西方发展路径,中国经验更契合发展中国家现代化的现实需要,更能有效助推发展中国家发展改革新实践,丰富发展中国家实现现代化的路径选择。中国特色社会主义成功的伟大实践证明，人类社会走向现代化的道路是多线式的，现代化不是"西方化"。习近平总书记指出："当代中国的伟大社会变革，不是简单延续中国历史文化的母版，不是简单套用马克思主义经典作家设想的模板，不是其他国家社会主义实践的再版，也不是国外现代化发展的翻版。"①

中国坚持走中国特色社会主义道路，社会经济发展进程波澜壮阔，仅仅只用几十年的时间就走完了西方发达国家几百年走过的发展历程，创造了人类社会发展史上惊天动地的发展奇迹，攻克了一个又一个看似不可攻克的难题，创造了一个又一个彪炳史册的人间奇迹，从而不断开辟现代化的新境界，不断刷新和确立现代化的新坐标。中国现代化道路源于中国的国情，植根于中国的大地。今日中国所取得的举世瞩目的成功，是独立自主走符合国情的现代化发展道路的成功。从这个角度看，中国道路的世界意义，并不在于它提供了现代化的"国际标准"，而在于它代表了一种信念，那就是坚持从国情出发，以解决现实问题为导向，同时以世界眼光和开放心态积极吸收借鉴一切有益经验，走出了一条让世界瞩目的成功的现代化道路。②

二、现代化是历史范畴

18 世纪中叶开始，以工业化为基础的现代化正在西方国家兴起和发展，英国率先实现了人类历史上第一次产业革命，开始了大机器生产和大工业的发展，整个工业生产和社会面貌得到根本改观，从而"改变了整个世界"，并为资本主义发展奠定了不可动摇的物质和技术基础。

---

① 习近平：《在哲学社会科学工作座谈会上的讲话》，北京：人民出版社，2016 年，第 21 页。
② 周文、方茜：《中国特色社会主义拓展了发展中国家现代化新途径》，《求是》2018 年第 6 期。

(一)马克思《资本论》中的现代化考察

一部《资本论》既是工人阶级的圣经,也是资本主义生产考察的大百科全书。"到现在为止,这种生产方式的典型地点是英国。因此,我在理论阐述上主要用英国作为例证。"①由此可以看出,马克思敏锐地抓住了历史时代和理论思维的逻辑起点,对资本主义经济形态进行了科学分析,同时也分析了大机器生产和工业化进程,撰写和出版《资本论》这部伟大著作,实现了科学研究资本主义经济形态与以工业化为标志的现代化运动的完整统一。"现代工业从来不把某一生产过程的现存形式看成和当作最后的形式。因此,现代工业的技术基础是革命的,而所有以往的生产方式的技术基础本质上是保守的。现代工业通过机器、化学过程和其他方法,使工人的职能和劳动过程的社会结合不断地随着生产的技术基础发生变革。这样,它也同样不断地使社会内部的分工发生革命,不断地把大量资本和大批工人从一个生产部门投到另一个生产部门。"②

基于资本主义生产和技术现代化考察,马克思《资本论》深刻分析了资本主义生产方式,通过把社会关系归结为生产关系、把生产关系归结于生产力的辩证逻辑,揭示了"社会经济形态的发展是一种自然历史过程",是一种不以人们的意志为转移的客观过程。正如恩格斯所说:"欧文、圣西门、傅立叶的著作现在和将来都是有价值的,可是只有一个德国人才能攀登最高点,把现代社会关系的全部领域看得明白而清楚,就像一个观察者站在高山之巅俯视下面的山景一样。"③

《资本论》深刻地揭示了资本主义的本质,发现了资本主义和现代化运动的发展规律,由此创立了马克思主义政治经济学这个分析现代化经济体

---

① 《马克思恩格斯选集》第二卷,北京:人民出版社,2012 年,第 82 页。
② 《马克思恩格斯选集》第二卷,北京:人民出版社,2012 年,第 231 页。
③ 《马克思恩格斯选集》第二卷,北京:人民出版社,2012 年,第 70 页。

系的理论武器。"一个国家应该而且可以向其他国家学习。一个社会即使探索到了本身运动的自然规律——本书的最终目的就是揭示现代社会的经济运动规律——它还是既不能跳过也不能用法令取消自然的发展阶段。但是它能缩短和减轻'分娩'的痛苦。"①《资本论》揭示了资本主义现代化的本质和发展规律,也是分析现代化经济体系的历史性的典范,为我们分析现代化提供了理论基础和思想方法。

需要指出的是,马克思、恩格斯把整个19世纪都称为现代,并非当时时代的泛指,而是一个特定的历史时代,因为现代不是永恒的概念,其内涵会随着时代发展不断丰富发展。马克思自己的解释是"我们的时代,资产阶级时代"②。正是如此,在《共产党宣言》中,马克思和恩格斯使用了"现代资产阶级社会"、"现代资本家阶级"、"现代雇佣工人阶级"、"现代国家政权"、现代的工人阶级、现代工业等提法。因为"这个时代"导致了大工业的兴起,带来了现代资本主义生产方式,这种新的生产方式比过去一切世代创造的全部生产力还要多,还要大,"资产阶级在它的不到一百年的阶级统治中所创造的生产力,比过去一切世代创造的全部生产力还要多,还要大。自然力的征服,机器的采用,化学在工业和农业中的应用,轮船的行驶,铁路的通行,电报的使用,整个大陆的开垦,河川的通航,仿佛用法术从地下呼唤出来的大量人口——过去哪一个世纪料想到在社会劳动里蕴藏有这样的生产力呢"③。

在16世纪和17世纪,由于地理大发现而在商业上发生的并迅速促进了商人资本发展的大革命,是促使封建生产方式向资本主义生产方式过渡的一个主要因素……但现代生产方式,在它的最初时期,只是在现代生产方式的各种条件在中世纪内已形成的地方,才得到了发展……这个生产方

---

① 《马克思恩格斯选集》第二卷,北京:人民出版社,2012年,第83页。
② 《马克思恩格斯选集》第二卷,北京:人民出版社,2012年,第251页
③ 《马克思恩格斯选集》第一卷,北京:人民出版社,2012年,第405页。

式所固有的以越来越大的规模进行生产的必要性,促使世界市场不断扩大。所以,在这里不是商业使工业发生革命,而是工业使商业不断发生革命。①

(二)生产力发展是现代化的基础

生产力的发展主要表现为落后的生产方式被新的生产工具和手段所取代的过程,而这种取代是建立在劳动生产力在社会生产历史演进中起决定性作用的基础上的。"发展社会劳动的生产力,是资本的历史任务和存在理由。资本正是以此不自觉地创造着一种更高级的生产形式的物质条件。"②

这样来看,现代化生产方式中的劳动生产力水平必然高于传统方式,这也表明生产方式变革和产业结构演进的根本原因在于劳动生产率的提高。值得注意的是,生产的现代化也大多伴随着科学技术的进步。正是历史上不断提高的科技水平,推动了劳动过程的不断变化和升级,进而使得生产从传统走向现代。

马克思在《资本论》中论述相对剩余价值生产时,充分肯定了科学技术在劳动过程中的历史进步性,他指出,"劳动生产力的提高,我们在这里一般是指劳动过程中的这样一种变化,这种变化能缩短生产某种商品的社会必需的劳动时间,从而使较小量的劳动获得生产较大量使用价值的能力"③。

所以说,现代化的前提一定是劳动生产力水平的提高,也就是说单位时间内生产的物质生活资料增加,或者说生产同样数量的产品花费的社会必要劳动时间更少。显然,社会生产力的提高意味着社会中使用价值的总

---

① 马克思:《资本论》第3卷,北京:人民出版社,2004年,第371页。
② 《马克思恩格斯选集》第二卷,北京:人民出版社,2012年,第511页。
③ 《马克思恩格斯文集》第五卷,北京:人民出版社,2009年,第366页。

量更大，换句话来说，就是更大规模的社会财富。因此，生产现代化的过程，本身就是财富创造的过程，这个过程也是与人民生活水平提高、国家经济发展息息相关的。

（三）现代化的历史性与体系化

历史经验告诉我们，现代化生产可能会是在某一环节的率先突破，但是所呈现出来的往往是生产体系的形式。自工业革命以来，伴随着产业和工人间的分工协作愈发深入，生产也愈发表现为社会化大生产。现代生产在这一特征上进一步强化，即现代生产总是在经济体系中进行。从内容上来看，现代生产伴随着技术进步和分工的深化，生产环节日益增加，生产链条逐渐延长，各部门间的联系越来越复杂，也越来越紧密，整体上也表现得更为系统化；从形式上来看，科学技术的发展使得社会经济中的各部门之间表现出在结构上相互依赖、在功能上相互制约和相互影响的特征，同时社会生产总过程各环节的联系日益紧密，彼此间相互促进、共同作用，进而推动社会生产的结构优化和社会消费的升级换代。总之，在现代化生产中，生产力的发展"最终总是归结为发挥作用的劳动的社会性质，归结为社会内部的分工，归结为脑力劳动特别是自然科学的发展"①。

但是也应该注意到，"现代化"一词本身具有时代性，现代化不是一个静态的范畴，而是一个历史性范畴，因此应该结合时代背景和历史发展的阶段进行理解，现代化的内涵和外延是伴随着人类社会的发展不断充实与拓展的。"现代工业从来不把某一生产过程的现存形式看成和当作最后的形式。因此，现代工业的技术基础是革命的，而所有以往的生产方式的技术基础本质上是保守的。现代工业通过机器、化学过程和其他方法，使工人的职能和劳动过程的社会结合不断随着生产的技术基础发生变革。"②

① 《马克思恩格斯文集》第七卷，北京：人民出版社，2009年，第96页。
② 《马克思恩格斯选集》第二卷，北京：人民出版社，2012年，第231页。

中国在经济发展新常态背景下,提出的建设现代化经济体系的科学论断,既是坚持马克思主义理论的阐述,也是新时代中国特色社会主义发展规律的理论前瞻。正如习近平总书记强调的:"马克思的思想理论源于那个时代又超越了那个时代,既是那个时代精神的精华又是整个人类精神的精华。""马克思主义能够永葆其美妙之青春,不断探索时代发展提出的新课题、回应人类社会面临的新挑战。"①

从理论上来说,建设现代化经济体系与实现经济现代化之间的关系是辩证统一的,前者是后者的核心内容和物质基础,后者的成功需要依托前者的自我演进和发展。因此,党的十九大报告强调,建设现代化经济体系是跨越关口的迫切要求和中国发展的战略目标。②从整体性和系统性角度看,建设现代化经济体系也是对现有"经济现代化"的内涵和外延以及相关理论的拓展。这种拓展也是和当代中国的时代背景与面向未来建设社会主义现代化强国的战略目标相结合的,是中国特色社会主义伟大实践的经验总结。"历史不外是各个世代的依次交替。每一代都利用以前各代遗留下来的材料、资金和生产力;由于这个缘故,每一代一方面在完全改变了的环境下继续从事所继承的活动,另一方面又通过完全改变了的活动来变更旧的环境。"③

三、现代化的认识深化与现代化建设的历程

中国关于"现代化"这一概念的讨论缘起于 20 世纪 30 年代国内关于"中国本位论"和"全盘西化论"的大争论。在此轮争论中,"中国思想界初

---

① 习近平:《在纪念马克思诞辰 200 周年大会上的讲话》,《人民日报》2018 年 5 月 4 日。

② 习近平:《决胜全面建成小康社会夺取新时代中国特色社会主义伟大胜利》,北京:人民出版社,2017 年,第 30 页。

③ 《马克思恩格斯选集》第一卷,北京:人民出版社,2012 年,第 168 页。

步形成了'现代化'的基本概念,并逐步取代'西化'这个偏狭的概念"①。中国共产党也在这一时期开始使用"现代化"一词。如 1931 年瞿秋白在《苏维埃的文化革命》中提出,"要发动新的文字革命……直到实现中国现代化的罗马化"②。这里的"现代化"没有具象化的含义,主要指代先进和进步。卢沟桥事变后,抗日战争全面爆发,中国共产党感受到中日武器装备的巨大差距,明确提出军队装备的现代化。如 1938 年,毛泽东同志在延安抗日战争研究会上做《论持久战》演讲。他强调,"革新军制离不了现代化"③。当时对现代化的理解,倾向于国防和军备,也是中国共产党最急迫的需要。

(一)改革开放前的现代化认知

新中国成立以后,"现代化"的重点从战争向生产转移。早在党的六大、七大上我们党就提出过"现代农村""现代中国社会经济制度""现代工业"。1949 年,毛泽东在党的七届二中全会报告中针对个体的农业经济和手工业经济提出,要"谨慎地、逐步地而又积极地引导它们向着现代化和集体化的方向发展的,任其自流的观点是错误的"④。20 世纪 50 年代,中国创新性地提出"四个现代化"。1954 年,周恩来在一届人大一次会议《政府工作报告》中提出,要"建设起强大的现代化的工业、现代化的农业、现代化的交通运输业和现代化的国防",明确了中国现代化的主打方向,即国防、工业、农业和交通运输。党的八大又提出"现代先进技术的装备""现代企业""现代的文化"⑤。可见,新中国成立到改革开放这一时期,中国共产党

---

① 方涛、罗平汉:《"现代化":历史演进、概念体系与语义用法——以党的文献为中心的文本分析》,《党的文献》2016 年第 1 期。
② 《瞿秋白文集·政治理论编》第 7 卷,北京:人民出版社,1991 年,第 233 页。
③ 《毛泽东选集》第二卷,北京:人民出版社,1991 年,第 511 页。
④ 《毛泽东选集》第四卷,北京:人民出版社,1991 年,第 1432 页。
⑤ 吴玉敏:《从"四个现代化"到国家治理现代化》,中国共产党新闻网,2014 年 10 月 17 日(2021年 3 月 15 日),http://theory. people. com. cn/n/2014/1017/c112848-25856509. html。

对"现代化"的理解主要重心在"现代",针对军队、国防和生产力发展水平不高的问题,旨在追求先进和进步。

从早期来看,主要是以经济现代化为核心。从 1956 年党的八大提出"四个现代化",即使中国具有强大的现代化的工业、现代化的农业、现代化的交通运输业和现代化的国防,到 1964 年提出了"四个现代化",即在 20 世纪内全面实现农业、工业、国防和科学技术的现代化。1975 年又重申了"四个现代化",使中国国民经济走在世界的前列。这一时期,领导人所理解的现代化,基本上还是经济现代化的范畴。

(二)改革开放后的现代化认知

改革开放前后,我们党对现代化的理解,逐渐从军队现代化、装备现代化、农业现代化、工业现代化向"社会主义现代化强国"转移,既强调"社会主义"的特性,又强调"国家"的特性。党的十一大提出建设社会主义的现代化强国这一伟大目标,党的十二大则在此基础上提出"全面开创社会主义现代化建设的新局面"。需要注意一点,党的十二大对四个现代化的内涵做了调整。"交通运输现代化"被并入工业现代化中,增加了"科学技术现代化"。20 世纪 50 年代提出的"四个现代化"遭遇"文化大革命"和"大跃进运动",推动缓慢。1978 年 12 月,邓小平同志在《解放思想,实事求是,团结一致向前看》中提出,中央的工作重心要转到"四个现代化"上。改革开放后,中国的经济建设实施"三步走"战略。改革开放为现代化建设创造了良好的制度条件和发展环境。党的十四大确立社会主义市场经济体制的改革目标,在计划经济体制向社会主义市场经济体制的转变中,中国实现了历史性突破,经济、政治、文化和社会出现了崭新局面。

党的十八大明确提出,全面落实经济建设、政治建设、文化建设、社会建设、生态文明建设,实现"五位一体"总体布局,促进现代化建设各方面相协调。自此,现代化建设展现出系统性、完备性的一面,从内容到层次,从微观到中观、宏观，有了较为完整的结构。建设现代化经济体系是实现中华民族伟大复兴的必由之路。近代中国的衰落与屈辱，直接原因在于经济的落后。新中国成立后，中国共产党带领中国人民开启了实现经济现代化的伟大探索。党的八大明确提出了工业化的总目标，并经过二十多年的发展初步奠定了工业化基础，建立了独立的、比较完整的工业体系和国民经济体系。

从总体上看，改革开放之后，我们对现代化的认识逐渐扩展，从经济建设为主到"五位一体"的现代化，逐步形成"五位一体"的现代化总体布局。1982年党的十二大报告提出三大建设——经济建设、思想建设、政治建设，也提出了"两步走"战略设想。1986年，党的十二届六中全会首次提出社会主义总体布局设想：以经济建设为中心，坚定不移地进行经济体制改革，坚定不移地进行政治体制改革，坚定不移地加强精神文明建设的总体布局。2002年，党的十六大报告提出了经济建设与经济体制改革、政治建设与政治体制改革、文化建设与文化体制改革的"三位一体"的总体布局。2007年，党的十七大报告提出了经济建设、政治建设、文化建设、社会建设的"四位一体"的总体布局。2012年，党的十八大报告全面提出了经济建设、政治建设、文化建设、社会建设和生态文明建设的"五位一体"的总体布局。

由此可知，中国的现代化总体布局并不是一次性提出的，而是经历多次认识，不断完善的。可以说，从经济现代化过渡到全面现代化，再到全面协调各类现代化；从单一的追求经济现代化，到开始涉及不同领域的现代化。中国进入21世纪的时候，更加注重现代化的全面推进、全面协调。从这个视角来看，中国的"五位一体"、"四个全面"现代化已经超越了以经济现代化、物质现代化为标志的西方现代化，也为发展中国家创新和实现全面现代化提供了重要借鉴。

现在，党的十九大确立了新时代中国特色社会主义发展的战略安排，提出了建设现代化经济体系的战略目标，这是中国社会主义现代化建设新的里程碑,是中华民族实现从站起来、富起来到强起来的伟大飞跃的物质基础,更是中华民族奋力实现伟大复兴的中国梦的必由之路。

四、建设现代化经济体系的新时代内涵

现代化经济体系是社会主义市场经济新的规律和体系化的发展。建设现代化经济体系既是中国特色社会主义进入新时代的发展主题,也涉及现代化的系统性建设问题。伴随着社会生产力的提高、科技革命的兴起,社会形态的演进步伐不断加快,经济发展和体制在运行中暴露的问题越来越多,必须深刻认识到中国经济改革和发展的必要性与重要性,面对新时代发展给出理论的、实践的现实回答和中国方案。

"马克思一再告诫人们,马克思主义理论不是教条,而是行动指南,必须随着实践的变化而发展。一部马克思主义发展史就是马克思、恩格斯以及他们的后继者们不断根据时代、实践、认识发展而发展的历史,是不断吸收人类历史上一切优秀思想文化成果丰富自己的历史。"[1]社会主义市场经济的发展和完善,首先就要在理论上实现新的突破。因此,建设现代化经济体系的提出,极大丰富和发展了中国特色社会主义政治经济学的理论体系。[2]

(一)建设现代化经济体系需要深化供给侧结构性改革

深化供给侧改革是建设现代化经济体系的重要内容。习近平总书记指出:"供给侧结构性改革,重点是解放和发展社会生产力,用改革的办法推进结构调整,减少无效和低端供给,扩大有效和中高端供给,增强供给结

---

[1]　习近平:《在纪念马克思诞辰200周年大会上的讲话》,《人民日报》2018年5月4日。
[2]　周文、包炜杰:《国家建构、国家主体性与建设现代化经济体系》,《经济社会体制比较》2018年第5期。

构对需求变化的适应性和灵活性，提高全要素生产率。"①当前中国经济发展进入新常态，产品的供给和需求产生了结构性矛盾，最突出表现在低端生产的过剩和无效供给与满足人民美好生活需要的中高端有效供给不足的矛盾上。

中国供给侧结构性改革不同于西方的供给革命，因此不能用西方供给学派"供给创造需求"的萨伊定律来解释，更不能采用萨伊定律开出治理药方。萨伊定律产生于拿破仑的战乱时代，针对战乱时代国内供不应求的短缺状态，萨伊认为只要有供给就会自动产生需求。但目前中国传统行业产能过剩严重，这本身是市场无序造成的问题，并且国内的人民群众热衷于海外购物，而国内消费市场低迷，也即国内产品无法满足人民的需要。这是供给与需求的结构性错配，而不是简单的供过于求问题，既有供给侧的问题，也有需求侧的问题，但是矛盾的主要方面在供给侧，绝不能盲目应用供给学派所提倡的私有化和自由化来解决供给侧结构性问题。因此供给侧结构性改革立足于中国的基本国情，希望更好地发挥市场在资源配置中的决定性作用，同时更好地发挥政府作用。

第一，坚持减少无效和低端的供给，重点推进"三去一补一降"五大任务。在五大任务中去产能主要是煤炭和钢铁等行业，这些行业主要是国有企业，因此完成供给侧结构性改革需要深化国有企业改革，这也是生产关系的调整。中国是以公有制为主体的国家，国有企业的发展对巩固公有制的主体地位有着至关重要的作用，国有企业改革可以从过去主要管企业向管"资本"的方向发展，一方面要提高国有企业的控制力，另一方面也要提高产品质量和竞争力。同时还要发挥民营企业生力军的作用，主要是为民营企业发展创造一个宽松稳定的宏观环境，减少民营企业发展费用，促进民营企业向多元化发展，以人民为中心，为满足人民美好生活需要提供多

---

① 《习近平在省部级主要领导干部学习贯彻党的十八届五中全会精神专题研讨班上的讲话》，《人民日报》2016 年 5 月 10 日。

样化和个性化产品。

第二,化解产能过剩的同时增加有效产品的供给,加强培育满足人民需要的战略性新兴产业,满足人民不断升级的个性化需求。例如自2000年以来,中国65岁以上人口占比就超过7%,2017年更增加至11%,中国早已进入深度老龄化社会,健康是促进人全面发展的必然要求,这是经济社会发展的基础条件。但目前国内健康和医疗产业发展还相当滞后,无法适应国内人口结构的变化。所以为满足人民美好生活的需要,应大力推动健康服务业的发展。

(二)建设现代化经济体系需要完善经济体制改革

加快完善社会主义市场经济体制是建设现代化经济体系的一个重要方面。其中,作为社会主义市场经济体制的核心命题,政府与市场的辩证关系及其作用在新时代面临更高要求,必须进一步厘清政府与市场的边界,将市场应该发挥作用的领域交给市场,减少政府对微观市场主体和经济活动的不必要干预,努力实现有效市场和有为政府的经济体制。

有效的经济体制是"市场机制有效、微观主体有活力、宏观调控有度的经济体制"。经济体制改革的核心是处理好政府和市场的关系,实际上就是要"使市场在资源配置中起决定性作用,更好发挥政府作用",以解决一直以来中国经济发展中市场体系不完善、政府干预过多和监管不到位等问题,做到市场有效、政府有为,增强企业微观主体活力。但并不是说国家宏观调控就不重要了,中国作为一个发展中国家,现代化经济发展的主要任务是把传统落后的经济结构改造成现代化的经济结构,而不是实现宏观经济的短期平衡,也即结构优化比总量平衡更加重要。

然而仅靠市场机制难以实现经济结构调整的目的。一方面,企业和个人在利润最大化目标引导下会趋向短期盈利性更强的虚拟经济;另一方面,资本积累的一般规律会导致贫富差距的两极分化,没有国家宏观调控,必然导致收入结构的失衡。并且,依靠市场自发调节的时间周期长,代价巨大,而当前生产力不平衡不充分发展与人民日益增长的美好生活需要的矛盾突出,没有足够的时间依靠市场自发调节,因此高质量发展还需要有力有度的宏观调控,引导好国民经济的发展方向,优化经济发展的具体路径,缩短结构调整时间,减少结构调整的代价。比如:依靠国家宏观调控,积极加强市场监管和社会管理,实现要素的市场化配置以防止市场垄断,提高公共服务质量,以优化市场营商环境,促进市场主体更有效发挥作用;建立健全营商环境,促进民营经济更好发展等。还要进行收入分配制度的改革,实现促进效率、体现公平,因此供给侧结构性改革不仅要提升供给方的供给质量、增加有效供给,还要提高人民的消费能力,所以也需要从需求端进行改革,完善收入分配体制,缩小贫富差距,增强人民的幸福感和获得感。

建设现代化经济体制既是完善经济体制改革的目标,也是现代化经济体系的重要组成部分。经济体制的现代化既需要发挥市场在资源配置中的决定性作用,也需要更好发挥政府作用,彼此配合相互补充,两者是有机的辩证关系。

一方面,社会主义市场体系完善,市场作用得到充分释放,让市场在资源配置中起决定性作用。改革开放以来的经济成就充分证明了市场在形成价格、匹配供求、促进充分竞争方面具有高敏感性和高效率的特点,更好地促进了社会活力和生机的呈现。同时,我们也应该看到,在社会主义市场经济发展壮大的过程中,市场本身的一些弊端也逐渐暴露出来,由于垄断、不完全信息、负外部性等原因,市场也会"失灵"。一些产生于市场运行中的问题,依靠市场自发的力量难以解决,甚至使一些问题固化和放大。只有通过全面深化经济体制改革,更好发挥政府作用,完善市场相关的体制机制,才能保障市场在经济发展中的重要作用得到更进一步发挥。因此,需要"以完善产权制度和要素市场化配置为重点,实现产权有效激励、要素自由流动、价格反应灵活、竞争公平有序、企业优胜劣汰"。

另一方面,经济发展过程中市场失灵所产生的问题,还需要发挥政府在市场监管和宏观调控方面的职能。强化政府宏观调控能力是更好发挥政府作用的关键所在,而宏观调控能力增强,取决于市场经济发展带来的政府财政能力的增强,更重要的是不断创新和完善宏观调控机制。除此之外,经济转型升级时期需要政府更好地发挥作用。当下中国正面临着从粗放型发展转向高质量发展,以及跨越"中等收入陷阱",从"上中等收入国家"进入"高收入国家"的历史阶段,完成这一系列重大转变的关键在于从生产领域推动产业结构转型升级。这就要求充分发挥政府作用,既要提升政府公共服务水平和质量,更要发挥政府在顶层设计和发展规划中的战略导向作用,推动区域协调发展,进而实现共同富裕。

党的十九届三中全会清晰地界定了政府作用:"科学设定宏观管理部门职责和权限,强化制定国家发展战略、统一规划体系的职能,更好发挥国家战略、规划导向作用。完善宏观调控体系,创新调控方式,构建发展规划、财政、金融等政策协调和工作协同机制。强化经济监测预测预警能力,综合运用大数据、云计算等技术手段,增强宏观调控前瞻性、针对性、协同性。"①

总体而言,社会主义市场经济理论是在社会主义经济发展实践过程中逐步形成和完善的,更好发挥政府作用,并不同于西方凯恩斯主义的"国家干预"。中国特色社会主义政治经济学理论中政府主导的宏观调控,不仅仅是刺激有效需求的短期行为,更是着眼于长期经济发展,从经济质量、结构、目标等角度出发的综合调控。因此,在社会主义市场体制的基础上建

---

① 《中共中央关于深化党和国家机构改革的决定》,《人民法院报》2018年3月5日。

设现代化经济体系，是对西方理论实现的颠覆和超越。[①]

(三)建设现代化经济体系需要大力发展以制造业为核心的实体经济

十九大报告提出："建设现代化经济体系，必须把发展经济的着力点放在实体经济上。"[②]所谓"实体经济"，包括农业、工业、交通通信业、商业服务业、建筑业、文化产业等物质生产和服务部门。美国的发展经验和教训证明，制造业是国家繁荣的关键产业，是实体经济的核心。

现有的产业体系的评价标准几乎都是以西方经典产业结构理论为基础的。然而世界各国，不论是发展中国家还是发达国家发展的典型事实，都足以否定这一理论的科学性。一方面，对后发的发展中国家而言，尽管这一理论前期可以带来短暂的经济繁荣，但长期发展的结果是使其失去经济增长的动力，陷入了所谓的"中等收入陷阱"；另一方面，对发达国家而言，在经典产业结构理论的指导下，长期发展的结果似乎也印证了此理论会带来产业空心化的后果，而脱离实体的虚拟资本的发展事实上放大了经济的泡沫和风险。因此现代化产业体系的建设要避免西方经典产业结构理论的诱导，要"将发展经济的着力点放在实体经济上"，建立一个"实体经济、科技创新、现代金融、人力资源协同发展的产业体系"。[③]

注重产业结构的比例关系。以制造业为主的实体经济是一个关键的组成部分，其重要性远非其对 GDP 的贡献率所能反映出来的。尽管中国已成为世界性制造业大国，但制造业整体呈现大而不强的特点，制造业生

---

① 周文：《中国道路与中国经济学——来自中国改革开放 40 年的经验与总结》，《经济学家》2018年第 7 期。

② 黄瑾、高雷：《习近平强调，贯彻新发展理念，建设现代化经济体系》，中国共产党新闻网，2017年 10 月 18 日(2021 年 3 月 15 日)，http://cpc.people.com.cn/19th/n1/2017/1018/c414305－29594445.html。

③ 习近平：《决胜全面建成小康社会夺取新时代中国特色社会主义伟大胜利——在中国共产党第十九次全国代表大会上的报告》，《人民日报》2017 年 10 月 28 日。

产力水平和现代化水平亟待提高,所以现代化产业发展要求提高科技创新对实体经济发展的贡献率,努力攻破依靠科技创新掌握核心技术来突破技术隔绝这一难题,增加制造业产品附加值。现代金融发展要以实体经济为基础,支撑和服务于实体经济,服务业与制造业发展要有一个科学合理的"量"比和优化的结构,而不是仅以第三产业统计意义上占比的提升为高质量产业结构的重要指标。

同时,还要注重依靠科技创新,培育新兴产业的发展。例如可以深化数字经济与实体经济的融合,将数字经济作为推动经济增长的新动能。数字经济是一种新的经济形态,已经开始渗入生产、分配、交换和消费的各个环节。数字经济强调的是,数据信息及其传送是一种决定生产率的技术手段,是先进生产力的代表。数字经济能为企业实现规模经济提供技术支持,还能通过大数据定位人民的偏好,更精准判断出人民的生活需要。[①]

尽管中国数字经济发展已从跟跑、并跑向领跑逐步转变,但仍存在发展不均衡、企业数字化改造面临壁垒较高、数字化转型服务支撑能力不足等问题。所以高质量发展还要深化大数据、人工智能等研发应用,不断完善电子商务基础建设,为数字经济发展打下物质基础,并加快在各行各业推进"互联网+""人工智能+",促进平台经济、共享经济健康成长,加快"提速降费"工程改造,提升人民幸福感和获得感,用数字经济联系农业发展,助力精准扶贫任务的开展。

实体经济是相对虚拟经济而言的,在传统的产业划分中,虚拟经济所在的产业均被划入第三产业,部分被置于高端服务业的位置。过去,在产业经济学里流行一种错误的说法,认为现代经济重要的特征就是服务业产值占据 GDP 的大多数,而要发展现代服务业就必须大力支持高端服

---

① 裴长洪、倪江飞、李越:《数字经济的政治经济学分析》,《财贸经济》2018 年第 9 期。

务业的扩张与发展。然而,占据高端服务业产值"大头"的就是虚拟经济所在的产业。常被引用的发达国家案例就是美国,美国的第三产业增加值占比超过八成,其中属于虚拟经济的现代金融和房地产业增加值之和超过美国整个第二产业产值。由美国的产业增加值构成可以看到,发展虚拟经济虽然可以带来丰厚的利润,但问题是利润并不直接等同于物质财富。

虚拟经济无法生产物质财富,过度发展虚拟经济也无法带来社会生产力水平和劳动生产率的提高,进而无法实现现代化,只能助推和加剧经济泡沫化。当前,中国面临着实体经济"大而不强"和经济中存在"脱实向虚"倾向两大问题,归结起来的核心问题在于实体经济内部结构不平衡,以制造业为核心的实体经济整体收益水平较低。这种不平衡主要体现在:一是作为实体经济核心的制造业供给结构失衡呈现"高端不足低端过剩";二是2008年金融危机以来制造业增加值和平均利润增长率长期低于金融业,产业结构呈现"脱实向虚"倾向。

理顺实体经济与虚拟经济之间的关系,充分发挥现代金融业对实体经济的促进作用,防范经济"脱实向虚",推动中国制造业实现转型升级和结构性调整,是当前建设现代化产业体系的必然要求。更进一步地,建设现代化经济体系,要处理好实体经济转型升级同政府与市场、所有制结构、收入分配结构、供给侧结构性改革和全球化之间的关系,为建设"创新型国家"和"制造强国"铺平道路。归根到底,实体经济的长期健康发展离不开创新和制造业的繁荣,通过制造业领域创新带动国家创新体系建设,实现以创新驱动经济高质量发展,才能真正建设好现代化经济体系,实现社会主义现代化强国目标。

(四)建设现代化经济体系需要更高层次对外开放

开放发展是中国经济快速增长的基本经验之一,历史证明开放是国家繁荣发展的必由之路。1978 年的改革开放是促进中国从落后的贫穷国实现脱贫致富的关键,而今天的全面开放也将是实现中国从经济高速增长转向高质量增长的关键。实行对外开放是经济全球化发展的必然趋势,经济的全球化是社会生产力不断发展的必然结果。实行对外开放是发展社会主义市场经济的必然要求,是经济现代化的必要条件,中国正处在社会主义初级阶段,当前处在经济发展新常态的新时期,存在着资金短缺、科学技术落后、管理经验不足等矛盾和困难,实行对外开放是消除这一矛盾和困难的重要条件。

实行全面对外开放,是尽快发展社会生产力和适应经济全球化要求的必然选择。建设现代化经济体系需要全方位的开放,将开放型经济推向更高层次的发展抓住了外部环境转变的机遇,这也是中国走向现代化的必由之路。高层次的对外开放要求市场经济体制更规范,必然产生对更高质量的投资和经贸规则的需求,高层次的开放有利于我们主动适应高标准和高质量的全球市场的经济规则,掌握未来的主动权。高层次的开放要破除一切阻碍对外开放的体制机制障碍,从制度和规则层面进行改革,坚持"引进来"和"走出去"相结合,推进包括放宽市场准入、简化贸易投资程序、加快自贸区建设、扩大内陆沿边开放在内的体制机制改革,完善市场准入和监管、产权保护等法律制度,着力营造法制化、国际化营商环境,吸引更多优质外资,加快完成国内制造业和服务业的升级,还要积极参与国际竞争合作,抓紧全球重新布局 5G 时代的机遇,完成从科技浪潮的追赶者向科技创新的引领者的转变,积极推进"一带一路"建设,加快推进区域合作发展战略实施,主动承担国际责任和义务,从全球发展的参与者转变为全球发展的贡献者。

当前,中国经济发展进入新常态,也伴随着世界范围内新一轮的科技革命和产业变革孕育兴起,正面临世界百年未有之大变局。世界发展百年未有的历史机遇期,既给中国发展带来了巨大挑战,也为我们提供了赶超发达国家的历史机遇。在创新、协调、绿色、开放和共享的新发展理念指导下,只有实现高质量发展才能更好应对国内经济发展新常态的挑战。建设现代化经济体系要以供给侧结构性改革为主线,在企业层面上做到深化国有企业改革,提升国有资本质量,巩固公有制的主体地位,还要发挥民营企业生力军的作用。

在产业层面,要打造具有国际竞争力的、包含全球价值链高中低端有效循环的产业体系,不能单纯将第三产业发展比例提高视为经济"高级化"的表现,进而对经济进行拔苗助长式的产业干预。要以实体经济的发展为重点,虚拟经济发展不能一马当先,而是要始终以实体经济为基础,服务于实体经济,打造实体经济与虚拟经济良性互动、融合共生的产业结构,化解产业结构失衡问题。还要依靠科技创新,培育数字经济等新经济动能,发展满足人民日益增长的美好生活需要的健康、绿色等相关产业。高质量产业结构的建立将为高新技术产业和战略性新兴产业的发展创造良好的环境,为各地区产业协同发展打造一个良好的产业生态系统,为中国综合国力的提升打造坚实的经济基础。

在政府层面,要处理好政府和市场的关系,发挥市场在资源配置中的决定性作用,更好发挥政府作用,落实各项制度改革调整,巩固高质量发展的成果。建设现代化经济体系要求更高层次的开放,这是应对全球化的挑战也是抓住世界发展百年未有之大变局的历史性机遇、促进经济发展方式转变的有力举措。更高层次的开放要求我们积极参与国际竞争合作,在深化改革与扩大开放的良性互动中实现开放型经济转型升级和创新发展,从而生产出更多更具国际竞争力的中国产品、中国品牌、中国制造,在新一轮科技革命和产业革命中始终占据全球价值链高端,提升和巩固中国作为新兴大国发展的地位,把握住未来全球发展的主导权、主动权和话语权,服务于从站起来、富起来到强起来的整个现代化建设历程。

五、建设现代化经济体系是对西方主流经济学的理论突破和实践超越

新发展理念是中国在全面总结国内外经济发展现实与发展经验的基础上,提出的一套系统化的经济发展学说,既是建设现代化经济体系、破解经济发展难题的整体性方案,也是指导新时代中国经济实现高质量发展的根本性方略,从而更好确保中国经济发展从"大国阶段"迈入"强国阶段"。

(一)建设现代化经济体系强调新发展理念

新发展理念是针对性解决大国初级阶段中长期粗放发展遗留下来的问题的未来实现持续健康发展的重要理论指南。改革开放初期,由于人力资源有限,特别是高级人才极为紧缺,使得推动经济发展的方式只能以要素驱动和高投入为主,依靠过度开发自然资源、承接发达国家转移过来的高消耗高污染的工厂、用廉价的劳动力吸引外资发展低端制造业等方式起步,逐渐积累资本、技术和市场化管理能力,拓展发展的空间。这种粗放型的经济发展模式确实极为显著地推动了中国的物质财富积累和经济发展,使得中国只经过短短的四十多年时间就一跃成为世界第二大经济体。

但是,这也导致了城乡、区域、贫富之间的发展不协调,自然环境被污染,国际地位与经济地位不匹配等"大而不强"的问题。随着第一个"一百年"将近,全面建成小康社会的目标实现在望,与"大国初级发展阶段"并行,中国发展正迈入"强国阶段"。为此,必须针对性解决过去发展过程中遗留下来的问题,并且提出新的经济发展方向。顺应新时代的要求,习近平总书记提出了以"创新、协调、绿色、开放、共享"为主要内容的新发展理念,这是解决中国未来发展难题、明确中国未来发展方向的行动指南。

新发展理念不再是单纯追求经济增长,而是注重经济高质量发展、经

济结构优化、经济体制改革完善,以及发展成果共享。这些内容不仅可以用于指导中国经济的进一步发展,也可以为发展中国家突破西方经济学理论的束缚,成功跳出发展陷阱,实现新发展提供强大的借鉴意义。以新发展理念为主要内容的习近平新时代中国特色社会主义经济思想之所以会具有这种世界性意义,并将具备成为引领世界经济发展的重要经济思想的条件,关键还是因为当下广泛传播的西方主流经济学理论对发展的理解还不够深入,理论范式陈旧。这主要体现在以下三个方面。

第一,长期以来西方主流经济学理论过于重视经济增长而忽略了经济发展,认为 GDP 等指标代表的经济增长只有数量上的差异,而没有质量上的区别。而新发展理念则认为不同的经济增长存在质量上的区别,只依靠不可再生的自然资源、价格低廉的劳动力和特殊地理条件的增长是低质量且难以持续的,只有通过创新发展提高全要素生产率,不断构造新的"禀赋",形成经济增长新的动力来源,才可以实现更加可持续的高质量经济增长。

第二,西方主流经济学理论虽然承认制度变迁对经济增长的作用,但不强调制度变迁与经济协同发展,并且片面地把制度变迁的方向固定为"私有化、市场化、自由化",并认为这是保证价格机制不被"扭曲"的最好制度条件。与此不同,新发展理念提出经济发展包括经济制度的改革和完善,并且认为制度完善的过程应该是与经济质量提高相适应的,这体现了新发展理念对现代化发展过程中经济发展与制度变迁之间关系的深刻认识。

第三,西方主流经济学理论过于强调"自由竞争",而对分配在发展中的作用重视不够。西方经济学始终坚持要素报酬论的分配方式,按此种方式进行分配必然会导致资本的所有者在财富的积累速度上远超纯粹的劳动者,这在导致贫富差距扩大的同时,更会损害经济增长的潜力。因为财富源于价值,而价值产生于劳动者的劳动过程。劳动的效率越高,创造的价值(财富)就越多,而劳动的效率取决于劳动力的质量。高质量的劳动力再生产要求劳动者从生产中分配到足够多的资源。这正是西方经济学所忽略的内容,新发展理念所提出的共享发展则与之不同,更利于人民的全面发展。而以全面发展的人为主体进行全面创新,又可以形成经济增长新的驱动力,使得共享发展与创新发展之间,可以构成一个高质量发展的现代化经济体系正向循环,这在理念和理论上大大超越西方主流经济学的教条。

(二)现代化经济体系突破西方主流经济学的产业划分

尽管党的十七大报告提出了建立"现代化产业体系"的目标,并在《中华人民共和国国民经济和社会发展第十二个五年规划纲要》中对该目标再次进行了明确。但这一目标从内容上看是将产业体系作为载体,将现代化作为核心,恰恰忽略了产业体系是现代经济诸要素内在结合的最终结果。因此,与过去将"农业现代化"和"工业现代化"等目标单独突出一样,现代化经济所要求的整体观并没有贯穿其中。党的十九大报告提出的现代化经济体系是从系统论出发,是对现代化社会生产的科学把握,是对中外现代化发展道路的经验进行科学总结后得出的结论。这一论断从两个方面拓展了关于在社会主义条件下加快实现现代化目标的认识:一是将社会经济活动的各主要层面、领域、环节作为一个系统来考察,突破了局限于部门、领域的视角,为现代化目标的实现条件提供了参照标准。二是将现代化生产的要素之间和要素内部的关系作为一个整体来考察,注重了各要素的协同作用,从而为现代化的整体推进制定了新的原则。

国家强,经济体系就必须强。党的十九大报告中提出建设现代化经济体系,必须"坚持质量第一、效益优先,以供给侧结构性改革为主线,推动经济发展质量变革、效率变革、动力变革,提高全要素生产率,着力加快建设实体经济、科技创新、现代金融、人力资源协同发展的产业体系,着力构建市场机制有效、微观主体有活力、宏观调控有度的经济体制,不断增强中国经济创新力和竞争力"①。现代化经济体系建设的关键在于调整现代产业体系和构建现代经济体制,党的十九大报告中也已经给出了具体的思路,就是以供给侧结构性改革为主线。

一方面,过去采用的三类产业结构调整的理论已经无法解决当前问题。中国经济进入新常态以后,在实践中逐渐发现,通过对传统的第一、二、三产业结构进行调整和发展的理论,已经不足以应对日渐复杂的经济发展情况,盲目地按照西方发展经验中简单归纳出来的"现代产业结构"进行调整,刻意降低制造业在经济结构中的比例而提高服务业的比例,并不能解决发展动能不足、环境污染、国内消费不足、资本在金融系统内部空转等问题。当前实体经济发展面对的主要矛盾,在于国内大量生产商产品供给的质量没能完全追赶上国内消费者需求提升的速度,造成低端供给过剩而高端供给不足的局面。简而言之,是供给侧出现了结构性问题,因此需要通过供给侧结构性改革来提高供给质量,从而主动适应需求变化。

另一方面,深化经济体制改革,强调以供给侧结构性改革为主线。这是因为通过完善市场机制、激活微观主体、优化宏观调控的方式构建经济体制,其本质还是为了促进高质量发展。其中,完善市场机制目的在于改善市场环境、优化市场机制,使其在促进公平竞争、配置生产要素和规范市场秩序上变得更为有效,这本身就可以看作是适应生产者需求而提高供给质量的供给侧结构性改革。而供给侧结构性改革的主要目的是提升全社会产品的供给质量,这就离不开激发企业这一经济微观主体的活力。宏观调控有度也需要以供给侧结构性改革为主线,这是因为当下中国经济的主要问题,是长期"粗放型"发展带来的供给结构不合理,这导致原本宏观调控所侧重的需求管理日益失效,需要建设和探索更加完

---

① 习近平:《决胜全面建成小康社会夺取新时代中国特色社会主义伟大胜利——在中国共产党第十九次全国代表大会上的报告》,《人民日报》2017 年 10 月 28 日。

善的供给管理模式,结合原本需求管理的经验,才能建成高效的宏观调控体系。

基于中国发展实践提出的供给侧结构性改革理论,不同于 20 世纪 80 年代"里根经济学"和"撒切尔主义"应对"滞胀"的西方供给学派经济学理论。

首先,供给学派理论中供给管理和需求管理是割裂开的,从经济学发展史的角度来看,供给学派理论是在批判凯恩斯主义的有效需求理论无法解决"滞胀"问题的基础上提出来的,理论的核心观念是要让经济政策从需求端转向供给端,故而在其理论中供给侧和需求侧的关系是对立的。而供给侧结构性改革理论,则将供给管理和需求管理视作不同宏观经济背景下必要的调控手段,所以不仅注重供给侧,同样也不忽略需求侧。

其次,在供给管理的政策和方向上,供给学派主要的政策是通过大规模减税来刺激生产商增加供给,从而增加产出,带来经济增长。这种政策与供给侧结构性改革理论相比,显著的不同在于没有直接对生产结构进行影响,同时也没有专门强调要以提高全要素生产率的方式来促进经济增长。

最后,在经济学理念上,供给学派理论的经济学理念仍是承袭西方新古典经济学的基本理念,即强调供给会自动创造需求的"萨伊定理",过于相信市场作用,而排斥政府参与,没有对经济增长的"质"和"量"进行区分。而供给侧结构性改革理论避免了这些问题,既强调要主动调整供给结构与质量以适应需求,又要求发挥市场与政府的互补作用,还明确提出了供给侧结构性改革的一个重要目的是形成以全要素生产率、劳动生产率和潜在生产率提高为代表的高质量经济增长。

(三)中国现代化经济体系不同于西方国家的现代化经济体系

中国的现代化与西方的现代化在概念内涵和外延上存在较大差异。

这里首先需要纠正、纠偏各界对现代化的两点认识。

第一，现代化不是"西化"，更不是资本主义化。20 世纪以来，西方发达资本主义国家率先进入现代化国家行列，导致一些人认为，资本主义是现代化的原始特征。新自由主义的"三化"（私有化、市场化、自由化）也曾被一些人当作中国现代化的必备要件。从这个角度来看，有必要强调中国的现代化是"社会主义现代化"。"社会主义现代化"蕴含社会主义的先进性，既有与时俱进的指导思想，也体现了"以人民为中心"的宗旨，其实现需要人民民主专政的保障。"中国是工人阶级领导的、以工农联盟为基础的人民民主专政的社会主义国家，国家一切权力属于人民。"[①]人民民主专政意味着中华人民共和国始终代表着最广大人民的根本利益，在人民内部实行民主，发展社会主义民主政治，对境外敌对势力和犯罪分子实行专政。人民民主专政也意味着"专政"是中国的政治手段。没有专政，政府治理可能会遭遇重重困境。

第二，现代化不是"生产力化""GDP 化"，更不能简单地用"工业化""科学化""知识化"等指标来替代。20 世纪 80 年代初，中国处在生产力低下、人民生活水平低下的状态，发展生产力成为实现现代化的阶段性目标。作为生产力的内涵，工业化、科学化、知识化亦成为评价现代化的关键指标。但是，这也导致了"唯 GDP 化"，把"经济增长"放到发展的首位，忽视资源浪费、环境污染等问题。拿"工业化"来说，很多地区一度追求产业结构中"二产"最大，忽视本地的农业优势。用生产力作为衡量现代化的唯一标准，显然是不合时宜的，也容易导致一部分人对西方现代化的盲目迷恋与崇拜。因此，不能机械地把中国的现代化与国际对标，更不能将现代化的经济体系简单理解为已经实现现代化国家的经济体系。

建设现代化经济体系以现代化为目标，是保证高质量实现现代化的战

---

① 习近平：《决胜全面建成小康社会夺取新时代中国特色社会主义伟大胜利——在中国共产党第十九次全国代表大会上的报告》，《人民日报》2017 年 10 月 28 日。

略选择,其可以为"整个现代化建设进程奠定坚实的基础"①。不容置疑,建设现代化经济体系是吻合并服务于中国实际的。中国与西方国家的社会性质不同,发展历史轨迹不同,国体、政体不同,现代化经济体系建设的目标也不同。中国的现代化经济体系与西方国家的现代化经济体系存在三点本质差异。

第一,生产力水平存在较大差异。生产力状况是现代化经济体系的基础。与西方发达资本主义国家不同,中国的生产力水平偏低。中国处于并将长期处于社会主义初级阶段,仍然是世界上最大的发展中国家的基本国情尚未得到根本性的改变。中国还处于现代化的进程当中,还不是完全意义上的现代化,还存在社会主要矛盾的转化问题、地区差异不平衡的问题、贫富差距的社会问题、人均收入水平不高的问题、阶层固化的问题等。因此我们现阶段的目标是"两个一百年"的奋斗目标,建设社会主义现代化的强国。

第二,国家的社会属性不同。作为社会主义国家,我们党坚持以人民为中心,将增进民生福祉作为发展的根本目的,确保全体人民在共建共享的发展中有更多获得感,不断促进人的全面发展、全体人民共同富裕。这一目标设定,使得现代化经济体系建设不仅要考虑效率,也要兼顾公平,既要增长国家财富,也要兼顾收入公平,消除贫富分化,人民共享经济社会的发展成果。社会主义现代化强国意味着全体人民共同富裕基本实现。这就要求社会主义现代化导向的经济体系,既能推动生产力的可持续发展,又能实现生产关系更加和谐,是一种具有现代属性的新型经济体系。

第三,不能用"先进""领先"来衡量现代化经济体系的优劣。中国的现代化经济体系不同于西方国家的现代化体系,两者不能一概而论。评估现代化经济体系的成效主要应看其是否有助于推动现代化经济的建设和发

---

① 洪银兴:《建设现代化经济体系的内涵和功能研究》,《求是学刊》2019 年第 2 期。

展，不能用"先进与否""领先与否"进行判断。常规的评价逻辑是通过对比找到中国的差距，提出"补差"的建议。这个做法最明显的错误是，把西方的现代化和现代化经济体系特征作为"标杆"，这是明显的"西化"导向。另外，领先未必好，关键是经济系统协调、产业结构最优。现在经济发展单纯追求"高配"问题在资源领域普遍存在。中国的现代化经济体系绝对不是一步到位的经济体系，而是要在发展过程中不断完善、强大起来。与已经实现现代化的西方国家经济体系不同，中国面向现代化或现代化导向的经济体系，应是一种适应性很强、充满活力、面向世界的经济体系。其具有很好的可改革性，能够适应变化了的发展环境和发展阶段。

（四）现代化经济体系是生产力、生产关系良性互动的经济体系

现代化经济体系不是凭空而生的，其是中国现代化达到一定水平、社会生产力发展到一定阶段的产物。现代化经济体系不仅是生产力现代化的表现，更是生产力、生产关系之间良性互动的表现。

现代化经济体系是社会生产力发展到一定阶段的产物。作为社会主义现代化的重要实现战略，建设现代化经济体系首先是为了解放生产力、发展生产力。现代化经济体系是社会主义生产力发展到一定阶段的产物，是"社会主义经济体系发展的必然结果"[①]。马克思主义经典著作作家以生产方式为标准，把人类的社会形态划分为三个阶段，即以人的依赖关系为基础的社会、以物的依赖性为基础的社会，以及建立在个人全面发展和社会生产能力成为财富的基础之上的社会。[②]也就是说，人类社会形态经历了三个阶段：其一是劳动者与生产资料直接结合的、劳动者自给自足的自然经济形态；其二是通过货币、商品的连接作用，劳动者与生产资料结合

---

① 周绍东、王立胜：《现代化经济体系：生产力、生产方式与生产关系的协同整体》，《中国高校社会科学》2019 年第 1 期。

② 《马克思恩格斯全集》第 46 卷（上），北京：人民出版社，1979 年，第 104 页。

起来的商品经济形态;其三是市场和商品货币关系消亡、私人劳动成为社会劳动、"有计划按比例地配置劳动者和生产资料"①的产品经济形态。当前,中国处在社会主义初级阶段,生产力发展水平还不高,仍然需要商品货币和市场载体发挥作用。目前,中国发展社会主义公有制所需的生产社会化程度较低,商品经济不发达。建设现代化经济体系仍要大力发展市场经济,在公有制实现形式上倡导多元形式,既巩固和发展公有制经济,也鼓励、支持和引导非公有制经济发展。建设现代化经济体系既吻合当下生产力发展的现实,也是向高阶的产品经济形态"进军"的选择。

现代化经济体系是生产力现代化的经济体系。现代化经济体系体现了生产力现代化,具体表现为四点:第一,有完备的产业体系。完备的产业体系保证国家有自给自足的生产能力,在战争等特殊状态中不会受制于人。特别是工业体系,是产业体系的重中之重。第二,产业结构合理。产业结构合理意味着在劳动力总体素质还不算高的中国,产业重心不能过高,不能一味效仿西方,把服务业作为发展之重,提倡"机器替代劳动"。一些经济发展水平低的地区一味向经济发展好的东部地区学习,把三次产业结构"设计"为"三、二、一"的排序,忽视区域经济的特色。这点特别需要引起注意。第三,现代化经济体系是活力强、灵活性高的体系。现代化经济体系是技术不断升级、协同不断增强、人的活力不断释放的经济体系。这样的经济体系有利于真正实现"大众创业、万众创新"。第四,劳动生产率不断提高。通过扩大机械化、生产规模化、改良技术等,推动劳动生产率提升。第五,经济发展与资源保护、环境保护融为一体。生产力现代化意味着发展考虑了代际关系,兼容了效率与公平,包容了资源与环境。

现代化经济体系充分体现了生产力与生产关系的协调性。中国现代

---

① 王立胜:《从不发达的商品经济到现代化经济体系——马克思主义政治经济学中国化的三次飞跃》,《内蒙古社会科学(汉文版)》2018 年第 4 期。

化经济体系不仅反映了生产力水平,其建立过程也是生产力与生产关系的调试过程,主要体现在三个阶段:第一,新中国成立初期,通过社会主义改造建立起了公有制,并在这个过程中加速了工业化,基本上建成了一个完整的工业体系。在此过程中,社会主义改造、巩固和扩大公有制,与发展社会主义工业体系是同步的。第二,改革开放到党的十八大以前,中国确立了以公有制为主体、多种所有制共同发展的基本经济制度,逐步推进社会主义市场经济。在国有企业改革过程中,大量职工下岗、待业。因此,在农村发展乡镇企业,在城市发展个体、私营经济等成为容纳就业人口的重要选择。在这个阶段,集体经济、国有经济规模不断缩小,个体经济、私营经济、外资经济逐步壮大。劳动者与生产资料的结合情况发生了质变。一方面是农村富余劳动力向城市转移,与土地的关系疏远;另一方面是城市劳动力与国家、集体生产资料的关系疏远,商品、货币更多发挥了连接劳动者和生产资料的作用。第三,党的十八大以来,在坚持社会主义基本经济制度的基础上,中国强化国有经济的主导作用以及国有经济活力、控制力和影响力,激发非公有制经济活力和创造力,推动混合所有制成为公有制经济的主要实现形式。这些做法建立在科技、人才、资本等生产要素的数量和质量有极大提升的基础之上,吻合现实生产力发展的需求。同时,这些做法又顺应生产力发展调适生产关系。把国有经济放到重要领域、发挥主导作用,有利于国家安全和国家发展,也顺应了中国从站起来、富起来到强起来的过程中,经济体量不断扩大、行业领域不断扩张、系统复杂度不断提升的趋势。

建设现代化经济体系需要生产力与生产关系良性互动。这就要求不断深化改革,不断推进经济体制的改革,使经济体系不断适应社会主义生产力的发展。如邓小平所说:"现在,我们国内条件具备,国际环境有利,再加上发挥社会主义制度能够集中力量办大事的优势,在今后的现代化建设过程中,出现若干个发展速度比较快、效益比较好的阶段,是必要的,也是能够办到的。"①现代化经济体系对中国未来经济的发展必然起到推动的作用。

(五)现代化经济体系是国家治理体系现代化的经济体系

生产关系视角下,现代化经济体系意味着国家治理体系和治理能力的现代化,这就要求构建市场机制有效、微观主体有活力、宏观调控有度的经济体制。通过"市场""微观主体""宏观调控"三方面的互补与互通,保障国家治理能力和治理体系现代化的真正实现。对现代化经济体系与国家治理体系的认识应从三个方面来看。

第一,现代化经济体系和国家治理体系是中国现代化宏伟蓝图的题中应有之义。党的十九大报告在"决胜全面建成小康社会,开启全面建设社会主义现代化国家新征程"中明确提出,中国从现在到2050年有两个发展阶段:第一阶段是2020—2035年,中国基本实现社会主义现代化。具体表现为经济实力、科技实力大幅跃升,跻身创新型国家前列,国家治理体系和治理能力现代化基本实现。第二阶段是2035—2050年,中国成为富强民主文明和谐美丽的社会主义现代化强国。其具体表现为物质文明、政治文明、精神文明、社会文明、生态文明全面提升,实现国家治理体系和治理能力现代化。在"贯彻新发展理念,建设现代化经济体系"中强调"不断提高人民生活水平……坚持解放和发展社会生产力,坚持社会主义市场经济改革方向,推动经济持续健康发展"。可见,在中国社会主义现代化建设过程中,国家治理体系和现代化经济体系都是重要内容。

第二,现代化经济体系包含于国家治理体系和治理能力现代化。国家治理体系和治理能力现代化是"大体系",现代化经济体系是"小体系"。现代化经济体系是从经济角度切入现代化建设,旨在构建活力充沛的微观经

---

①　中共中央文献研究室编:《十三大以来重要文献选编》(下),北京:人民出版社,1993年,第1859页。

济、调控有度的宏观经济体制。国家治理体系是"大体系",涉及内容更多。"国家治理体系是在党领导下管理国家的制度体系,包括经济、政治、文化、社会、生态文明和党的建设等各领域体制机制、法律法规安排,也就是一整套紧密相连、相互协调的国家制度。"①国家治理体系强调的是经济、政治、文化、社会、生态五大治理以及党的建设的协调统一,整体联动,而现代化经济体系是其最重要的组成部分。两者"既具有相对独立性,同时又相互作用,相互优化"②。

第三,建立现代化经济体系是国家治理体系和治理能力现代化的归宿。现代化经济体系"是由社会经济活动各个环节、各个层面、各个领域的相互关系和内在联系构成的一个有机整体"③。正是因为现代化经济体系的复杂性和多样性,使其建设过程不能囿于经济的视角,可以从国家治理的角度寻找切入点。其一,经济建设的基本前提是国家安全和社会稳定。国家治理体系建设能够提高维护国家安全和社会稳定的能力水平,增强人民的安全感,切实促进社会公平正义,保障人民安居乐业。其二,建设现代化经济体系需要把重点放在发展实体经济上,需要建立有利于实体经济发展的现代财务制度,完善有利于实体经济的现代金融体系,这些都需要国家治理体系来巩固和维护。其三,建立现代化经济体系需要推进区域协调发展战略,而区域协调发展战略关系到经济、文化、社会、生态四个方面的治理,需要强化区域合作。这些都需要国家治理体系和治理能力现代化来保证。

(六)建设现代化经济体系彰显中国理论特色

现代化经济体系是一个全新的概念,是当代中国马克思主义政治经济

---

① 中共中央宣传部编:《习近平总书记系列重要讲话读本》,北京:学习出版社,2016年,第24页。

② 王卉彤:《国家治理视角下的现代化经济体系建设》,《国家治理》2017年第46期。

③ 习近平:《深刻认识建设现代化经济体系重要性推动中国经济发展焕发新活力迈上新台阶》,《人民日报》2018年2月1日。

学的"崭新话语"。这一个新概念的提出,既来自新中国成立七十多年社会主义经济建设、四十多年改革开放的伟大实践基础,又是伟大实践经验的理论升华,更是中国特色社会主义进入新时代、实现"两个一百年"奋斗目标的战略谋划。建设现代化经济体系所蕴含的中国智慧和中国理论,开拓了当代中国马克思主义政治经济学新境界。

强调现代化经济"体系论"。习近平总书记指出:现代化经济体系,是由社会经济活动各个环节、各个层面、各个领域的相互关系和内在联系构成的一个有机整体。现代化经济体系主要包括几方面的内容:一是要建设创新引领、协同发展的产业体系;二是要建设统一开放、竞争有序的市场体系;三是要建设体现效率、促进公平的收入分配体系;四是要建设彰显优势、协调联动的城乡区域发展体系;五是要建设资源节约、环境友好的绿色发展体系;六是要建设多元平衡、安全高效的全面开放体系;七是要建设充分发挥市场作用、更好发挥政府作用的经济体制。现代化经济"体系论",既突破了西方主流经济学的现代化经济发展二元论,又极大丰富了当代中国马克思主义政治经济学的内容,开辟了当代中国马克思主义政治经济学的新境界。

强调现代化经济发展的中国理论。近代以来,世界经济发展总是受到西方大国发展理论和话语影响,现代化的理解过于简单化,把现代化理解为历史的和线性的,发展变革拘泥于二元化的现代与传统转换,导致经济内部自我循环、系统分割,经济融合不够,经济发展往往出现顾此失彼的情况,经济发展的量与质很难协调,很难避免经济发展结构撕裂。建设现代化经济体系,是系统化指向发展水平、发展质量、发展技术、发展结构、发展空间布局、发展体制机制、发展开放程度等诸多方面的现代化水平和状态。因此建设现代化经济体系,既是对西方经济发展实践的经验与教训的深刻总结,又是对现代化经济发展的理论命题进行的重新思考和中国化提炼,是现代化经济发展的中国理论。

蕴含着深厚中国文化底蕴。中国传统文化强调世界上的任何事物都同它周围的事物相互联系着,这种联系表明它们彼此存在着一致性、共同性,从而在此基础上形成不同的事物、特性的统一形式,即表现为一定的关系。关系是事物相互联系的必要因素,不同关系表现着事物、特性的不同联系方式,每一种关系都是不同事物、特性的具体统一形式。事物之间的关系,以及它们特性之间的关系,是由物质世界统一性决定的。建设现代化经济体系所蕴含的马克思主义哲学底蕴就在于:首先是强调现代化经济的整体性,现代化经济不是各自独立、各行其是的松散组合,各个组成部分目标同向、步调一致、动作协同;其次是现代化的结构平衡性,社会经济活动各个环节、各个层面、各个领域形成纵向和横向的相互关系;最后是现代化的内生性和有机关联性,现代化的各产业、各环节、体制机制是内生的有机关联,不是外部的、机械性的拼接,内含于统筹推进"五位一体"总体布局和协调推进"四个全面"战略布局。

第五章　中国道路:全球化与构建人类命运共同体

> 长期以来,西方国家一直是全球化的主要推动者,无论是早期的荷兰和英国,还是后来居上的美国。现在部分发达国家掀起逆全球化浪潮,单边主义、贸易保护主义影响着全球化进程。全球化本身不是西方问题的根源,恰恰是西方兴起的关键。作为支撑经济全球化的西方主流经济学,不但不能引导全球经济健康发展,而且还不断演化和滋生出经济全球化新问题。推动构建人类命运共同体区别于当前以新自由主义经济理论支撑的传统全球化,并且在理论和实践层面上实现了超越,更有利于世界经济平衡发展,更有利于发展中国家更好发展,从而超越了新自由主义全球化发展的思想和理论范式,有助于解决当下经济全球化发展进程中存在的诸多问题。

自 20 世纪 80 年代以来,全球经济出现了一个重要现象,即各国经济以前所未有的速度更加紧密地联系在一起,全球化作为一个确定趋势在世界范围内展开。然而,全球化在推动世界经济一体化的同时也暴露了许多问题,尤其是发达国家与发展中国家之间经济发展不平衡日益明显。据统计,占全球人口 20％的发达国家拥有全球生产总值的 86％和出口额的 82％,而占全球人口 75％的发展中国家分别仅占 14％和 18％,世界上 20 个最富有国家国民的平均收入是 20 个最贫穷国家的 37 倍,两者之间的差距比四十年前增加了一倍。因此,既有早先此起彼伏的"反全球化"声音,又有近年来以特朗普"美国优先"策略主导的"逆全球化"浪潮。究其原因,长期以来,对于全球化的认识存在严重误区。全球化就是西方化吗? 为什么同样作为发展中国家的中国在全球化进程中成功发展而许多国家遭遇失败? 究竟什么才是全球化的真面孔? 换言之,全球化中国富国穷之谜的答案是什么? 对于上述问题的回答,必须澄清关于全球化的认知误区,进而重新界定全球化,不应仅仅停留在现象层面,不能只是把它看作近四十年来的短暂性现象,而应该将之放到全球史视野下来审视,从整个世界体系变迁的历史维度加以考察。

一、全球化不是西方化

全球化并不是一个陌生现象。早在 15 世纪,地理大发现揭开了全球化的序幕:1492 年哥伦布发现美洲新大陆,1498 年达伽马绕过非洲好望角到达印度,随之而来的贸易活动促使世界开始紧密地联系起来。18 世纪 60 年代工业革命带来的生产力大爆炸和交通运输方式革新更加深刻地改变了全球交往方式。马克思、恩格斯在《共产党宣言》中对这场广义上的全球化运动是这样描述的:"资产阶级,由于开拓了世界市场,使一切国家的生产和消费都成为世界性的了","由于一切生产工具的迅速改进,由于交通的极其便利,把一切民族甚至最野蛮的民族都卷到文明中来了"。[①]

直到 20 世纪下半叶,随着科学技术日益突破信息传播的地理隔阂,以跨国公司为标志的新一轮全球化再次掀起高潮,国际货币基金组织曾对这场经济全球化运动下过一个定义:"跨国商品及服务贸易与国际资本流动规模和形势的增长,以及技术的广泛迅速传播使世界各国经济的相互依赖性增强。"[②]这一定义突出了现象层面的全球化表征,可以说全球化既是突破国别地域进行国际贸易和社会化大生产的客观要求,也是人类现代文明的一个典型特征。

(一)全球化叙事中的欧洲中心论

长期以来,全球化叙事存在一个欧洲中心论的理论预设。所谓"欧洲中心论",主要是指关于全球化的叙事往往与现代世界的形成关联在一起,而后者又以西方的兴起为背景,加之后人总结的诸多欧洲文化的历史优越

---

① 《马克思恩格斯选集》第一卷,北京:人民出版社,2012 年,第 404 页。
② 逢锦聚等主编《政治经济学(第 5 版)》,北京:高等教育出版社,2014 年,第 194 页。

性要素，如古希腊罗马的民主基础、新教的工作伦理以及西方的理性主义等，欧洲由此获得了向世界全球扩散"现代性"的道义和权力。欧洲中心论强调西方文化的优越性，把欧洲视为世界历史的唯一创造者。基于这样的认知，欧洲及其分支（如美国）相较于其他国家在政治、经济和军事等诸多方面的优势地位是必然且持久的。从本质来看，欧洲中心论是"一个神话、一种意识形态、一种理论或者一种主导叙事"。①

正是基于欧洲中心论的逻辑，许多发展中国家在全球化进程中总是对标西方，误以为西方化就是全球化、现代化的本质，结果给本国经济社会造成巨大伤害。这种"伤害"至少表现在两个方面：一是发展中国家对发达国家形成包括经济在内的多重依附关系，在全球化进程中固化了以资本逻辑为主导的"中心-外围"世界体系。"中心-外围"的世界体系在繁荣的表象下暗藏着非均衡状态，从侧面反映出西方主导的全球化的不稳定性和不公平性。萨米尔·阿明将中心国家的这种非理性行为归结为五种垄断力："技术垄断""对世界金融市场的金融控制""对全球自然资源开发的垄断""媒体和通信垄断"以及"对大规模杀伤性武器的垄断"。②二是发展中国家对西方陷入制度崇拜、盲目西化，丧失国家自主性。政府的国界性与市场的跨国性一直是全球化的最大悖论，在生产要素全球自由流动的背景下实现生产关系与生产力的有效互动时必须充分考虑本土化和适应性问题。以俄罗斯为例，在采用"休克疗法"的过程中，快速自由化引发了宏观经济失衡，金融和石油寡头们趁机操控国民经济，结果出现了严重的通货膨胀，最终造成了"20世纪90年代的转型经济衰退"③。

---

① 马立博：《现代世界的起源：全球的、环境的述说，15—21世纪（第3版）》，夏继果译，北京：商务印书馆，2017年，第12页。

② 阿明：《全球化时代的资本主义：对当代社会的管理》，丁开杰等译，北京：中国人民大学出版社，2013年，第3—4页。

③ 波波夫：《荣衰互鉴：中国、俄罗斯以及西方的经济史》，孙梁译，上海：格致出版社、上海人民出版社，2018年，第87页。

(二)破除全球化认知的西方化倾向

反思全球化进程中富国更富、穷国更穷的现实困境,首先要破除全球化认知中的西方化倾向。从这个角度讲,全球化非但不是西方化,更应回归多元化和世界性。所谓"多元化",就是指全球化应当是多元、多中心的而非一元主导的。基于欧洲中心论的全球化叙事存在"自我夸大"的根本缺陷,以彭慕兰为代表的加州学派通过经济史考证得出这样一个更让人信服的结论:在1800年以前"我们有的是一个多中心同时没有占统治地位的中心的世界","只是在19世纪工业化充分发展之后,一个单一的、占支配地位的欧洲'中心'才有意义"。①

归根到底,那种认为西方文化具有历史优越性的观点以及以西方为中心的假说只是一系列生产方式和交换方式变革的产物,并不具有永恒性,在当今世界多极化的发展趋势下,包括中国在内的新兴经济体的发展势必推动全球化重新回归多元化;至于"世界性",则是指全球化应当走向世界历史而非西方一元论的历史。"马克思有关世界历史的本质、特征、发展规律等一般性的理解和说明,实际上就是关于全球化基本理论的重要阐释。"②全球化拉开了世界历史的序幕,"各民族的原始封闭状态由于日益完善的生产方式、交往以及因交往而自然形成的不同民族之间的分工消灭得越是彻底,历史也就越是成为世界历史"③。然而,关于世界历史,"自由人的联合体"的美好愿景正与当前全球两极分化的现实形成鲜明对比。因此,驱散西方化的迷雾,更需要从理论和实践上彻底批判西方主导的全球化谬误。

---

① 彭慕兰:《大分流:欧洲、中国及现代世界经济的发展》,史建云译,南京:江苏人民出版社,2003年,第3页。
② 丰子义、杨学功、仰海峰:《全球化的理论与实践:一种马克思主义的视角》,南京:江苏人民出版社,2017年,第3页。
③ 《马克思恩格斯选集》第一卷,北京:人民出版社,2012年,第168页。

二、全球化不是去工业化

全球化首先表现为生产和贸易的全球化。国际分工和对外贸易一直是政治经济学的重要议题。斯密在《国富论》开篇就论证了分工的重要性:"凡能采用分工制的工艺,一经采用分工制,便相应地增进劳动的生产力。"[①]在讨论是否应当限制从国外输入本国能够生产的货物时,斯密认为,"只要甲国有此优势,乙国无此优势,乙国向甲国购买,总是比自己制造有利"[②]。那么,如何进行全球化中的国际分工和对外贸易呢?

(一)比较优势理论主导全球化存在缺陷

从理论基础来看,比较优势理论主导着国际分工和国际贸易。大卫·李嘉图在《政治经济学及赋税原理》中提出,如果一个国家生产一种产品的机会成本低于在其他国家生产该种产品的机会成本,则这个国家在生产该种产品上就拥有比较优势。赫克歇尔和俄林进一步强调,各国资源禀赋存在差异,各国应生产具有资源禀赋优势的产品。按照上述比较优势理论的推演,国际分工有利于专业化生产最适合本国生产的产品,国际贸易则使贸易双方实现交换以获得更大效益,这似乎是一套"完美"的全球化方案。然而,面对全球化带来的巨大发展差距的事实,比较优势理论显然存在着严重缺陷。

基于比较优势理论的逻辑,发展中国家的比较优势在于丰富的自然资源,发达国家则具有资本和技术的优势,因此,国家发展将必然滑向"去工业化"或"非工业化"。所谓"去工业化",是指一个国家工业部门就业占比

---

①　斯密:《国民财富的性质和原因的研究》(上卷),郭大力、王亚南译,北京:商务印书馆,1972年,第7页。

②　斯密:《国民财富的性质和原因的研究》(下卷),郭大力、王亚南译,北京:商务印书馆,1974年,第33页。

和增加值占比持续下降的现象。基于比较优势理论，在全球化的生产和贸易体系中，对于发展中国家而言，应当大力发展农业而非工业，例如尼加拉瓜将专注于生产香蕉。然而，这种比较优势却使更多发展中国家沦为世界生产体系中的原料产地和商品倾销市场。

20 世纪 50—70 年代，拉美国家如阿根廷、巴西、墨西哥等采用"进口替代型"工业化模式，初步建立了国民经济的工业基础，经历了经济发展的"黄金期"。然而，1982 年拉美债务危机的爆发促使拉美国家纷纷被迫接受西方债权国和债权银行的要求，放弃原有发展模式，全力扩大初级产品的生产和出口以争取外贸盈余从而偿还债务。在这场拉美世界的全球化浪潮中，过早实施"去工业化"是导致拉美国家二十多年经济滑坡最直接的原因。①同时，对于后工业化时代的发达国家而言，"理应"利用自身的资本和技术优势，通过对外输出进而与发展中国家的廉价劳动力相结合，建立远离本土、遍布世界各地的"代工厂"，加速自身的"去工业化"进程，美国的苹果、通用等跨国公司就是典型案例。

此外，发达国家的现代服务业的快速发展也一定程度上促成了"去工业化"，尤其是金融业、房地产行业催生的经济泡沫。总体而言，无论是发展中国家经济转型还是发达国家进入后工业时代，都表现出了"去工业化"的倾向，以至于给人造成全球化就是去工业化的错觉。那么，在全球化进程中"去工业化"究竟给那些发展中国家造成了什么影响呢？必须清醒地意识到：西方向发展中国家输出资本，但是发展中国家没有"企业家"、没有"产业政策"、没有"工业体系"，无法有效消化，从而使其更加远离制造业和技术创新，陷入更深层次的贫困中，"资本流遍全球，利润流回西方"描述的正是这种情况。这也正是全球化中富国更富穷国更穷的根本逻辑所在。

① 苏振兴、张勇：《从"进口替代"到"出口导向"：拉美国家工业化模式的转型》，《拉丁美洲研究》2011 年第 4 期。

(二)比较优势是贸易原教旨主义

基于比较优势的国际贸易理论过于强调贸易的重要性,陷入了"贸易原教旨主义"的泥潭,而忽视了生产对于一国经济发展的重要性。国际贸易不是万能的,工业化才是推动经济发展的主要力量。演化经济学家赖纳特就这一点做了很好的揭示。他指出,技术变迁(创新)、规模经济(报酬递增)和协同/集群效应是富国的三大关键因素,并共同作用于一个国家的生产体系,而"一个国家的财富取决于这个国家生产什么"。①

一方面,18 世纪的工业革命奠定了资本主义制度的物质基础,推动形成了资本主义国际分工体系,从而确定了资本主义制度在全球范围内的统治地位。马克思、恩格斯在《德意志意识形态》中阐述生产关系和交往关系的历史发展时指出,大工业"首次开创了世界历史,因为它使每个文明国家以及这些国家中的每一个人的需要的满足都依赖于整个世界,因为它消灭了各国以往自然形成的各国的孤立状态"②。这些论述生动地揭示了正是工业化开启了全球化的历史进程,而全球化的深入展开也有赖于工业化的新发展,而非"去工业化"。

另一方面,经济发展的根本动力在于创新,而创新被集中在工业或制造业中。毋庸置疑,制造业是现代化社会技术创新的第一来源和基本动力。以研究美国制造业发展史闻名的思想家瓦科拉夫·斯米尔是这样评价制造业的:"如果一个发达的现代经济体要想真正地实现繁荣富强,那么就必须有一个强大、多样和富于创造性的制造行业,它的目标是不仅能在资源约束下提供高质量产品的制造业,而且是能提供更多就业

---

① 赖纳特:《富国为什么富穷国为什么穷》,杨虎涛、陈国涛等译,北京:中国人民大学出版社,2010 年,第 92 页。

② 《马克思恩格斯选集》第一卷,北京:人民出版社,2012 年,第 194 页。

机会的制造业。"①

三、全球化不是完全市场化

全球化是当代资本主义三大新变化之一。因此,就本质而言,全球化是资本主义的全球化进而是作为当代资本主义理论表现的新自由主义的全球化。在政策方面,新自由主义通过美国抛出的"华盛顿共识"②的方式得以表现;在理论方面,新自由主义可以概括为"市场化""自由化"和"私有化",其核心为"市场化"。

(一)完全市场化的全球化是乌托邦

从现实来看,1982 年深陷债务危机的拉美国家是新自由主义的"试验品",20 世纪 90 年代更是拉美国家全面推进结构改革的十年。"华盛顿共识"严厉的市场化调整方案不仅要求一国开放国内市场、放松对外资的限制,而且直接要求放松政府管制和国有企业私有化。在结构改革中,市场化加速了贸易自由化并助推了私有化,对拉美国家工业部门造成了巨大冲击。从根本来看,新自由主义不断趋向市场原教旨主义,主张自由放任的市场经济,倡导市场自由竞争,反对国家干预,尤其表现在针对深陷债务危机的拉美国家抛出所谓"华盛顿共识",其实质是适应国家垄断资本向国际垄断资本转变的理论思潮、思想体系和政策主张。③

---

① 斯米尔:《美国制造:国家繁荣为什么离不开制造业》,李凤梅、刘寅龙译,北京:机械工业出版社,2017 年,第Ⅳ页。
② "华盛顿共识"的十项政策工具:压缩财政赤字,降低通货膨胀率,稳定宏观经济形势;把政府开支的重点转向经济效益高的领域和有利于改善收入分配的领域(如文教卫生和基础设施);开展税制改革,降低边际税率,扩大税基;实施利率市场化;采用一种具有竞争力的汇率制度;实施贸易自由化,开放市场;放松对外资的限制;对国有企业实行私有化;放松政府的管制;保护私人财产权。参见中国社会科学院课题组:《新自由主义研究》,《经济学家》2004 年第 2 期。
③ 周文、包炜杰:《中国方案:一种对新自由主义理论的当代回应》,《经济社会体制比较》2017 年第 3 期。

"通过市场实现的全球化是一个反动的乌托邦。"①全球市场同样是一个非完全竞争市场，发达国家与发展中国家始终处于一种非均衡状态，那些极力鼓吹市场优越性的观点比如认为市场能够形成自发秩序也是极度危险的，它们忽视了一个根本问题，"全球化本身不能给一个社会带来这些能力(指生产能力，笔者注)，它只能让已经具备这些条件的国家更好地利用现有条件"②。因而，那种认为全球化能够通过市场化实现要素价格均等化的观念也最终宣告破产。

从危害来看，无条件向外资敞开贸易和投资的大门显然是一种不明智的选择。那种过度强调开放市场重要性的全球化主张忽视了不同经济体之间发展的根本性差异。与此同时，市场具有的负外部性也使得广大发展中国家深受困扰。市场自由化将不可避免地造成资本过度积累，过度市场化很容易产生泡沫，不受监管的杠杆作用会带来系统性风险，1997年的亚洲金融危机就是典型例证。

此外，完全市场化很容易走向私有化。完全市场化将会催生垄断行为、扩大收入差距，往往与私有化相伴而生，导致国民经济失衡，影响社会稳定。保罗·斯威齐在《资本主义发展论》中深刻揭示了世界经济中发达国家对后发国家的两种剥削方式：一是"简单的商品交换"，即贸易自由；二是"通过在后一个国家中拥有资本所有权的方式来达到这个目标"，即"资本自由移动"③。而完全市场化正是促成这种"自由"从而实现剥削的"通行证"。

(二)全球化不能少了政府身影

尽管市场化改革一定程度上适应开放经济的要求，推动经济社会发

---

①　阿明：《全球化时代的资本主义：对当代社会的管理》，丁开杰等译，北京：中国人民大学出版社，2013年，第5页。

②　罗德里克：《全球化的悖论》，廖丽华译，北京：中国人民大学出版社，2011年，第150页。

③　斯威齐：《资本主义发展论》，陈观烈、秦亚男译，北京：商务印书馆，1962年，第357—361页。

展,但全球化不是完全市场化。早在 1791 年,美国开国元勋之一、第一任财政部长亚历山大·汉密尔顿就认为,工业无须政府支持就能自然而然发展起来的观点是错误的,"与制造业繁荣休戚相关的不仅仅是一个国家的财富,甚至还有这个国家的独立。每一个为实现其伟大目标的国家,都应拥有满足本国需求的所有基本市场要素"[①]。市场作用的发挥同样仰赖于国家的自主性,也就是有效的"国家建构"。在那些经济转型取得出色成绩的东亚国家中,市场作用的发挥始终离不开政府。

市场的跨国性与政府的国界性始终是全球化的一组悖论。因此,在政府与市场之间寻求平衡成为全球化促进一国经济社会发展的关键。如果只知市场优势而不见市场失灵,那么,无疑会任由一国发展被资本逻辑主导,这一"短视"行为也必定给全球化打上"折扣"。因此,当前世界范围内对于全球化的反对浪潮也可以看作对完全市场化的排斥。部分发展中国家和地区,比如非洲、拉美、东南亚与东欧等国家和地区,在全球化进程中非但未能摆脱"马尔萨斯贫困陷阱"和"中等收入陷阱",反而深受不平等的国际规则制约和资源环境破坏之害,从而旗帜鲜明地"反全球化"。

面对完全市场化带来的国际资本市场管制取消、发展中国家承受开放其贸易和投资市场的压力日增,以及实际造成的严重贫富差距,罗德里克在《全球化的悖论》一书开篇就提出了两个原理,其中一个就是"市场和政府是互补的,两者缺一不可"[②]。尽管这个观点听上去并不那么新鲜,但是那些鼓吹市场好处多多政府弊端重重的"弗里德曼们"不得不面对支持他们观点的基本事实依据的改变。

[①] 斯米尔:《美国制造:国家繁荣为什么离不开制造业》,李凤梅、刘寅龙译,北京:机械工业出版社,2017 年,第 1 页。

[②] 罗德里克:《全球化的悖论》,廖丽华译,北京:中国人民大学出版社,2011 年,第 9 页。

四、全球化是西方崛起但并不是衰落的原因

长期以来,西方国家一直是全球化的主要推动者,无论是早期的荷兰和英国,还是后来居上的美国。但是,当前部分发达国家认为本国利益在全球化中受损,进而从全球化的支持者变成了反对者。以美国为例,特朗普将美国的衰退归因于全球化,他认为全球化摧毁了美国的中产阶级,导致工厂倒闭,工人失业,财富向海外劳动力更廉价的国家和地区转移。因此,自2017年1月以来,在"美国优先"的策略主导下,美国在经济上采取贸易保护主义,在政治上奉行孤立主义政策,先后退出了跨太平洋伙伴关系协定、巴黎气候协定、联合国教科文组织伊朗核问题协议和联合国人权理事会,与包括中国、欧盟在内的世界各国陷入贸易摩擦和冲突,掀起了声势浩大的"逆全球化"浪潮。

(一)全球化是西方兴起的关键

全球化正是西方兴起的关键原因。"资本主义过程的诞生取决于全球扩张,此后便习惯于扩张。中世纪欧洲的贸易城市是全球扩张的'幼卵',16世纪的殖民地是其'助产士',这令人回想起马克思的论断:这一切标志着资本主义生产时代的曙光。这些田园诗式的过程是原始积累的主要因素。"①全球化与现代世界的形成交织在一起,正如欧洲中心论所宣称的那样,现代世界又是以西方为中心的。在这个过程中,全球化总是有利于西方。按照资本主义形态的历史变迁,从商业资本主义到工业资本主义再到金融资本主义,全球化在某种程度上可以说是一场资本主义不断对外扩张的运动。资本是追求财富的,"资本来到世间,从头到脚,每个毛孔都滴着

---

① 多德:《资本主义及其经济学》,熊婴译,南京:江苏人民出版社,2013年,第250页。

血和肮脏的东西"①。

在早期全球化的过程中,"美洲金银产地的发现,土著居民的被剿灭、被奴役和被埋葬于矿井,东印度公司进行的征服和掠夺,非洲变成商业性地猎获黑人的场所——这一切标志着资本主义生产时代的曙光"②。为资本主义原始积累挣得了"第一桶金",使得财富源源不断地流向欧洲。工业革命以来,英国凭借其雄厚的经济实力奠定了"日不落帝国"的地位,获得了全球化的主导权。机器大工业的发展改变了社会生产方式,推动了工业资本主义,正如马克思在《哲学的贫困》中所指出的那样:"手推磨产生的是封建主的社会,蒸汽磨产生的是工业资本家的社会。"③工业资本主义依靠生产力的绝对优势进一步拓展了世界市场、加速了全球化,并按照它的生产要求做出了资本主义世界体系的安排。

进入20世纪,资本主义进入帝国主义发展阶段,生产和资本高度集中进而形成了垄断统治,然而,面对资本主义经济危机的周期性爆发,主要资本主义国家或通过发动战争或施行新政以缓解矛盾,两次世界大战以及美国"罗斯福新政"的出台,都是对资本主义危机的应激反应。二战后,布雷顿森林体系的确立,重新确立了资本主义世界的稳定秩序。20世纪80年代以来西方资本主义出现的新一轮全球化高潮,又在一定程度上推动整个西方世界的复兴。当资本主义的固有矛盾造成资本过度积累危机时,"资本总是要通过地理扩张和时间重配来解决"④。从这个意义上来讲,西方主导的全球化是一种"帝国主义",存在着多次"掠夺式积累",而这种积累归根到底推动了西方的兴起。

---

① 马克思:《资本论》第1卷,北京:人民出版社,2004年,第871页。
② 马克思:《资本论》第1卷,北京:人民出版社,2004年,第860—861页。
③ 《马克思恩格斯选集》第一卷,北京:人民出版社,2012年,第222页。
④ 哈维:《世界的逻辑》,周大昕译,北京:中信出版社,2017年,第299页。

(二)过度金融化和去工业化导致西方衰落

西方衰败的真正原因在于过度金融化和去工业化。当前,以美国为代表的逆全球化思潮的兴起也从侧面反映出西方世界正在不可避免地走向衰败。客观地看,美国中产阶级退化与就业不足的原因之一确实是市场全球扩张运动,但全球化并不是唯一的原因,甚至不是主要原因。有研究者指出,美国就业岗位消失仅有 13% 源于贸易,其他 87% 是由自动化以及一些本地因素减少劳动需求所致。①特朗普对于全球化的判断只停留在现象层面,他所描述的只是美国民众不断看到工厂一个个倒闭,产业工人不断失业,以底特律为代表的传统工业化城市不断破产。他指责中国导致美国产生了巨大的贸易逆差,因而宣布对中国商品加征惩罚性关税。贸易逆差意味着市场压缩,利润减少,债务增加,失业率上升,社会矛盾激增。殊不知,美国社会的大量财富早已随着金融资本主义的发展转移到华尔街金融资本家的手中。

过度金融化已经深刻改变了美国的经济结构,金融管控缺失、金融投机泛滥进一步加剧经济风险,金融泡沫出现,在宏观层面上表现为资本主义国家深陷财政赤字、通货膨胀泥潭,在微观层面上,金融化造成可预支收入的麻痹诱致家庭债务持续上升。②此外,西方国家过度金融化的同时伴随着去工业化。在资本主义生产方式主导的经济全球化条件下,技术革命的扩散是美国去工业化的直接动因,而平均利润率的下降则是根本原因。③

美国在奥巴马时期就已注意到这一问题,并提出了"再工业化"战略,先后出台了《重振美国制造业框架》《美国制造业促进法案》《美国创新战

---

① 陈伟光、蔡伟宏:《逆全球化现象的政治经济学分析》,《社会科学文摘》2017 年第 8 期。
② 帕利:《金融化:涵义和影响》,《国外理论动态》编辑部组编:《当代资本主义经济新变化与结构性危机》,北京:中央编译出版社,2015 年,第 3 页。
③ 苏立君:《逆全球化与美国"再工业化"的不可能性研究》,《经济学家》2017 年第 6 期。

略:推动可持续增长和高质量就业》,以期重振美国经济,然而,资本追求"时空最优组合"的戏码不会停止。就美国经济问题的症结而言,以第三产业尤其是服务业立国,造成产业空心化,不可避免会走向衰落。总体而言,过度金融化和去工业化最终导致了虚拟经济与实体经济失衡,加剧了资本主义的结构性危机。

五、推动构建人类命运共同体

推动构建人类命运共同体是对过去五百多年来西方全球化的历史经验和教训的深刻反思与全面总结,是推进经济全球治理和世界经济合作的新理念、新模式。"推动构建人类命运共同体"的提出有两个重要的贡献:一方面揭示了当前全球化过程中以新自由主义作为指导思想所产生的一些负面问题,诸如"南南问题"、发展两极化问题不但没有解决,反而正在变得日益严重;另一方面,"推动构建人类命运共同体"所展示出的新型全球经济治理观,可以更好地改变原有全球化发展趋势,引导新型全球化走向更公平、更和谐的发展道路。

(一)"新自由主义"理论的全球化已给世界经济发展带来诸多问题

过去五百多年来的经济全球化,主要参与者是发达国家,发展中国家只是被动卷入者,特别是以美国为首的西方发达国家是助推全球化的主要动力来源。现在随着新兴国家的发展,一大批发展中国家已经成为经济全球化的新主体。作为支撑经济全球化的西方主流经济学,不但不能引导全球经济健康发展,而且还不断演化和滋生出经济全球化新问题。

伴随着全球化进程的迅猛发展和垄断资本从国内资本走向国际资本,新自由主义经济理论逐渐上升到了意识形态的高度,成为当今全球化时代的政治、经济范式。新自由主义思想作为产生于资本主义市场经济环境之下的理论范式,其最大的两个特征在于资本追逐与社会达尔文式竞争。前者是资本主义社会一切运动的中心和主线,体现了新自由主义经济和政治思想的本质目的,而后者则是资本追逐的实现方式和基本规则,体现了新自由主义范式中二元对立的零和博弈思想。新自由主义理论的这两大特征,使得它作为经济全球化的指导理论,虽然极大地加深了生产的国际化分工,在世界范围内促进了生产力的发展,但是也扩大了发展中国家与发达国家的鸿沟,形成了一系列影响世界整体走向繁荣的问题和障碍。

第一,受新自由主义思想影响,传统全球化演进在国际经济结构上形成了一套以欧美发达国家为中心、其他发展中国家作为外围依附的"中心-外围"结构。

第二,在国际政治秩序上,形成了一套富国主宰与强权独霸的政治秩序。政治秩序作为上层建筑由经济基础决定而形成,所以这个问题实际是上一个问题的延伸,其核心还是在于贸易自由化和投资自由化的全球化趋势,使发达地区的资本以市场竞争的名义,压制和吞并了其他地区在竞争力上处于弱势的本土资本,从而弱化或极大影响欠发达地区经济发展。

第三,在国际规则上,奉行"丛林法则"式的市场竞争规则,多以零和博弈的方式解决矛盾,赢者通吃。

第四,在全球化分工带来巨大收益的分配上,导致成果分享在发达经济体与发展中经济体之间分配不均,同时在发达经济体内部也分配不均。总体来看,跨国资本获得了全球化发展的最大收益,而余者寥寥。

第五,在文化与文明之间的关系上,伴随经济全球化,文明不能互鉴,相反却是西方文化与生活方式强势渗透全球,甚至在 些地区不断毁灭和取代原生态文明,导致世界文化和文明的多样性减弱。可以看出,支撑传统经济的新自由主义理论产生的是一种"神教文化",这种文化在思想上天然追求一元化发展,表现在宗教上就是信徒与异端的二元对立,表现在经济上就是富者愈富的"马太效应",表现在文化自身上就是"野蛮"取代"文明",而非多种文化包容共存。

(二)推动构建人类命运共同体是全球化发展新理念

推动构建人类命运共同体区别于当前以新自由主义经济理论支撑的传统全球化,并且在理论和实践层面上实现了超越,更有利于世界经济平衡发展,更有利于发展中国家更好发展,从而超越了新自由主义全球化发展的思想和理论范式,有助于解决当下经济全球化发展进程中存在的诸多问题。人类命运共同体思想与新自由主义思想下的全球化发展观相比,表现出三个方面的区别和特点,即强调正确的义利观、共同现代化、以正和博弈作为发展合作的前提。

第一,推动构建人类命运共同体,强调正确的义利观。推动构建人类命运共同体,其本质含义在于摆脱西方经济学"以资本自我增值为核心"的发展目标,让资本在关键时刻摆脱自我增值的本能,而围绕实现其他更重要的发展目标而运转,做到有所取舍,这个"更重要"的发展目标,就是更好体现全体人民的整体利益,而在国际上就体现为"道义"。习近平主席在第七十届联合国大会上的讲话中表示,"大国与小国相处,要平等相待,践行正确义利观,义利相兼,义重于利"[①]。中国式的正确义利观是人类命运共同体思想超越新自由主义"丛林法则"式竞争思想、引领开展新型全球化和全球治理的重要理念。

第二,推动构建人类命运共同体,本质上是全球共同的现代化。一方面,在新型全球化过程中,各国根据自身实际选择符合国情的现代化道路。各国实践发展证明,现代化不是西方化,现代化更没有标准答案,任何模仿和复制现代化道路的做法都不会成功。同时,中国也会通过自身的发展,

---

① 《习近平谈治国理政》第二卷,北京:外文出版社,2017 年,第 523 页。

为各国探索现代化提供更多发展经验借鉴。中国不是独善其身的"专车"，而是世界发展的"顺风车"，更是人类进步的"快车"。中国好，世界会好；世界好，中国会更好。中国发展成功的愿景就是让各国现代化能够实现协同发展、共同进步。另一方面，现代化是全球化视角的现代化，现代化的理论也应该包括将世界视为一个整体，实现共同现代化的道路。这相比于各国各地区单独实现现代化而言，有了更高的要求，需要以更为包容的理念推进现代化进程。中国现代化是符合自身特点的现代化，可以为更多发展中国家提供发展借鉴，更有利于推进全球整体现代化。

第三，推动构建人类命运共同体，就是破除各国发展和竞争的零和博弈，形成国家间发展竞合的正和博弈，全球化进程中的发展问题应该通过发展来解决。构建人类命运共同体既是"新发展理念"在世界经济发展中的延伸，更是"发展是解决一切问题的基础和关键"理念在国际上的运用，是对世界经济发展贡献的中国智慧。它不同于当前全球化竞争中所表现出来的"赢者通吃"的旧理念，而是吸收了新发展理念中的五大发展思路：强调在国际合作中创造新增长点，"做大蛋糕"；提出要构建公正、合理、透明的国际经贸投资规则体系，协调好各方利益；发展过程中不要过度透支生态环境，维护全人类的共同家园；与各国携手创造开放发展的国际环境，反对逆全球化与贸易保护主义措施抬头；共享发展成果，在"分蛋糕"的过程中注意平衡资本利益和劳动利益、发达国家利益和发展中国家利益、跨国资本收益和本上发展收益。

新自由主义思想指导下的全球化，主要侧重于分工的全球化，侧重于形成更高的生产力水平和利润率，而国家和地区之间的利益在很大程度上仍是割裂的，跨国资本，特别是跨国金融资本，为追求更高的利润率所产生的损人利己的行为层出不穷。构建人类命运共同体的新型全球化发展思想，有助于减少全球化中各国发展竞合零和博弈甚至负和博弈的行为，实现全球经济更好的发展。

（三）以"共商共建共享"为路径构建人类命运共同体

以"共商共建共享"新理念推动构建人类命运共同体，可以解决西方主流经济学理论给全球化带来的诸多问题。事实上，传统西方主流经济学理论已经无法满足实现以人类命运共同体为目标的新型全球化需求。而"共商共建共享"发展新理念，在很大程度上超越了基于比较优势理论和要素禀赋理论的传统国际经济学。同时，坚持以"共商共建共享"的新理念推动新型全球化，将从根本上改变传统全球化发展的模式，并将逐渐改变原本传承自殖民时代分工习惯的全球化发展布局，为稳步实现人类命运共同体提供理念支撑，更好为全球经济平衡发展营造出良好的外部环境。

传统国际经济学理论，实质上是在延续殖民时代国际分工的特征和维持先发国家优势的基础上发展总结而来的，作为其学科根基的"比较优势理论"和"要素禀赋理论"已严重影响与制约了经济全球化发展格局。从早期国际分工的形成过程可以看出"比较优势理论"和"要素禀赋理论"形成的历史背景。马克思认为国际化分工产生于机器参与生产，这使得生产效率得到了极大提高，当地原材料已经无法满足生产规模扩大的需要，同时，庞大的产量也难以被本地市场所消化，然而资本对利润的追求永无止境，于是为了突破原材料和销售市场的限制，"一种和机器生产中心相适应的新的国际分工产生了，它使地球的一部分转变为主要从事农业的生产地区，以服务于另一部分主要从事工业的生产地区"①。

这种国际分工与殖民地几乎是同时形成的，欧洲的工业国家建立殖民地的主要目的，就是为自己提供特定的原材料和工业品的销售市场。值得注意的是，这些"特定"的原材料，往往就是后来国际贸易理论中所谓该地区的"要素禀赋"所在。殖民时代的宗主国大都不允许殖民地发展与其"自

---

① 马克思：《资本论》第 1 卷，北京：人民出版社，2004 年，第 519—520 页。

然优势"(大多是种植业、采掘业等)无关的多元化经济,而是将资源集中投入当地具有"比较优势"的特定要素的生产上,并且弱化其他方面的生产能力。

在很长的一段时间里,殖民地是作为宗主国经济的一个构成部分而存在的,投资殖民地也是有利可图的。而随着时间的推移,世界被基本瓜分完毕,西方各个工业国家之间的矛盾积累到了一定水平,此时保卫和征服殖民地的成本逐渐超过直接经营殖民地所带来的收益。同时,经过长期的"经营",殖民地的"要素禀赋"或"比较优势"已经被安排到位,此时给予殖民地独立和自由,从提高利润的角度来看更为划算。因为此时各个宗主国既在工业发展上取得了绝对领先的优势,而各个前殖民地又已经在长期的殖民阶段中忘记了正常的发展模式,只能依赖熟悉的原材料出口贸易来继续维持运转。作为传统国际经济学理论根基之一的比较优势理论也正是在这一时期形成的。[1]

基于这种历史背景之下的比较优势理论,很容易就得出各国在国际贸易中所处的位置,而后的要素禀赋理论也与之类似,很容易发现各国最具禀赋的生产要素,因为这些"比较优势"和"要素禀赋"早就是在殖民时代的原始分工过程中刻意安排所形成的结果。马克思甚至早在一百多年以前,就在《关于自由贸易的演说》中指出了这一点:"先生们,你们也许认为生产咖啡和砂糖是西印度的自然禀赋吧。两百年以前,跟贸易毫无关系的自然界在那里连一棵咖啡树、一株甘蔗也没有生长出来。"[2]换句话说,依照比较优势理论或者要素禀赋理论进行国际贸易格局的安排,只会更加巩固原殖民地国家原材料出口的贸易模式,形成依附型经济,同时形成被称为"中

---

[1]　大卫·李嘉图在 1817 年出版的著作《政治经济学及赋税原理》中专门讨论了国际贸易问题,提出了著名的比较优势。当时正值拉丁美洲殖民地独立战争的高涨期,而原本作为英国殖民地的美国早在二十多年前完成独立,维持原本的殖民地作为宗主国的一部分的发展模式已经变得越来越不划算,自由贸易理论也在这段时期以后,开始变得更容易为人所接受。

[2]　《马克思恩格斯选集》第一卷,北京:人民出版社,2012 年,第 208 页。

心-外围"结构的国际经济秩序。

发展中国家长期处于这种依赖型发展模式是十分危险的。一方面，会丧失自身的经济独立性，进而威胁到上层建筑的独立性；另一方面，经济随时有可能陷入衰退，因为"要素禀赋"可以被创造，当然也可以被剥夺。从科技发展史的角度来看，资本始终在通过发展自己的生产力，来替代对特定自然资源和生产要素的依赖，如人工合成材料和生产机器人的发明，就在很多领域替代了橡胶、天然染色剂和流水线上的工人。正是因为如此，伴随着技术进步和全球化进程的持续推进，服从于传统国际经济学理论的发展中国家在财富积累上开始与发达国家产生越来越大的差距，随着贫富差距的拉大，全球动荡也变得频繁起来，传统的全球治理逐渐失效。

以共商共建共享方式推进新型全球化，可以更好地突破当前面临的全球治理困境，促进全球经济繁荣发展。要实现更好的全球治理，稳定全球化的大局，关键在于让大多数国家实现更好的发展，消除经济发展成果在国际合作和分配过程中普遍存在的不公平状况。从全球化经济发展的角度而言，共商、共建、共享各有其意义所在。

首先，以共商的原则，推动新型全球化下的国际经贸合作，有利于达成合作共识。构建人类命运共同体的全球化发展目标，要求在国际经济发展合作过程中做到包容可持续。而各国、各地区甚至各文明的经济情况和文化、制度背景复杂多样，同时在西方发达国家领导的全球化进程中，不同制度环境和文化背景的国家之间差距也还在不断扩大，分歧也呈现扩大的趋势。在这种情况下开展国际合作，十分有必要通过多方共商，以消除文化之间的冲突与分歧，以及国家与地区之间信息的不对称，从而降低合作开展的交易成本，并在最终达成共识，找到共同利益，共同应对挑战。

其次，坚持共建的原则开展国际合作，体现了对传统全球化理论精华部分的继承，是保障世界经济繁荣发展的关键。国际贸易理论和全球化理论最重要的理论基础来自分工理论。不断深化的劳动分工是促进经济发展和生产效率提高最强大的动力,这是亚当·斯密在《国富论》中提出的第一个也是最为根本的结论。同样,马克思也极为注重协作和分工对生产力发展的促进作用,并且详细分析了社会分工与工场内部分工之间的促进关系。传统全球化进程的最重要的贡献之一是使得分工在世界范围内得以深化。以共建原则开展的新型全球化继承了这一深化劳动分工,进而发展生产力的精华部分。但不同于传统全球化理论建立在"依附"经济和"中心-外围"关系之上的国际分工,共建是建立在共商所形成的共同利益之上的。

习近平总书记指出:"全球经济治理应该以平等为基础,更好反映世界经济格局新现实,增加新兴市场国家和发展中国家代表性和发言权,确保各国在国际经济合作中权利平等、机会平等、规则平等。"[①]这意味着在共建原则下,合作双方在经济关系中是平等的,一些发展中国家尤其是欠发达国家,可以借此机会,在合作中发掘或者构建出自身新的比较优势或要素禀赋,建立更为全面的国内产业格局和更独立自主的经济发展模式。

最后,坚持共享原则,是保障新型全球化进程中世界经济长期和谐稳定的重要内容。换言之,就是社会中所有生产者的消费总和,小于由他生产出来产品的总和,因为一部分剩余价值为生产资料所有者所占有,所以社会上的总工资永远买不起全部的产品。这种供给与消费之间的不对称,是一个经济体内爆发经济危机的根本原因所在,虽然可以通过金融手段跨期配置资源来进行短暂的平衡,但是只能治标而无法治本。而传统的全球化以形成于资本主义市场经济的新自由主义思想为指导,更放大了经济危机在全球层面发生的可能性和破坏力。

具体体现在国家层面上,发达国家以跨国资本为桥梁、以利润为中心、以输出自由主义思想和经济政策为手段,在一些发展中经济体内部攻城略

---

① 中共中央文献研究室编:《习近平关于社会主义经济建设论述摘编》,北京:中央文献出版社,2017年,第303页。

地,尽最大可能提取剩余,造成很多发展中国家持续"失血"。使得这些发展中国家在本国内部资本难以积累的同时,在世界市场上的购买力也始终不足。这种情况与资本主义经济体内部经济危机产生的原因是极为类似的,最终的结果也必然是导致世界市场上的购买力不足,从而生产过剩,爆发世界级经济危机,伤害到世界经济的和谐与稳定。

而"共享"作为一种更为公平的发展成果分配理念,则给解决这一问题创造了希望。坚持共享原则,要求各国在发展成果的分配上要有"义利观",以更为公平的方式,按照合作双方贡献的多少进行合作成果的分配。这样有助于大多数弱势经济体在国际发展过程中增强自身的"造血能力",也在总体上增强了对世界市场上产品的消费能力,降低了经济运行产生危机的可能性,最终有利于世界上所有参与新型全球化的国家获得一个良好的外部发展环境。

(四)推动构建人类命运共同体是当代中国马克思主义政治经济学新贡献

推动构建人类命运共同体,从理论和实践两个层面科学回答了在当今经济全球化条件下世界经济发展进程中所遭遇的一系列问题,为破解当前全球化经济发展面临的世界难题,消除世界范围内新的不平等不平衡的矛盾提供了中国方案,为发展马克思主义政治经济学做出了创造性的贡献。

早在1848年,马克思、恩格斯在《共产党宣言》中就明确指出:"大工业建立了由美洲的发现所准备好的世界市场。世界市场使商业、航海业和陆路交通得到了巨大的发展。这种发展又反过来促进了工业的扩展。同时,随着工业、商业、航海业和铁路的扩展,资产阶级也在同一程度上得到发展,增加自己的资本,把中世纪遗留下来的一切阶级排挤到后面去。""不断扩大产品销路的需要,驱使资产阶级奔走于全球各地。它必须到处落户,到处开发,到处建立联系。"①

"资产阶级,由于开拓了世界市场,使一切国家的生产和消费都成为世界性的了。使反动派大为惋惜的是,资产阶级挖掉了工业脚下的民族基础。古老的民族工业被消灭了,并且每天都还在被消灭。它们被新的工业排挤掉了,新的工业的建立已经成为一切文明民族的生命攸关的问题;这些工业所加工的,已经不是本地的原料,而是来自极其遥远的地区的原料;它们的产品不仅供本国消费,而且同时供世界各地消费。旧的、靠本国产品来满足的需要,被新的、要靠极其遥远的国家和地带的产品来满足的需要所代替了。过去那种地方的和民族的自给自足、闭关自守状态,被各民族的各方面的互相往来和各方面的互相依赖所代替了。物质的生产是如此,精神的生产也是如此。"②

从 18 世纪中叶开始的第一次产业革命确立了资本主义制度在全球文明历史进程中的统治地位;19 世纪后半期开始的第二次产业革命进一步推动经济全球化并形成了资本主义生产主导下的世界经济格局;20 世纪初资本主义进入垄断时期并通过资本输出以殖民地或附属国的方式,把广大落后国家统一于垄断资本主义(帝国主义)主导的世界经济结构;第二次世界大战后以美国为首形成了新的世界经济体系(布雷顿森林体系)。马克思当年指出的世界市场问题,不但没有彻底解决,而且还越来越恶化。不仅发展中国家很难从世界市场中获益,而且发达国家也"掣肘"于这样的世界经济格局,导致世界经济发展中形成的不平衡问题、环境资源问题等挑战不断加剧,发达国家自身发展也面临诸多挑战,以至于一些西方发达国家掀起"逆全球化"潮流,单边主义、贸易保护主义抬头。

正是在这样的大背景下,习近平总书记指出,我们要共同维护和发展开放型世界经济,共同促进世界经济强劲、可持续、平衡增长,推动贸易和

---

① 马克思、恩格斯:《共产党宣言》,北京:人民出版社,2014 年,第 29 页。
② 马克思、恩格斯:《共产党宣言》,北京:人民出版社,2014 年,第 31 页。

投资自由化便利化,坚持开放的区域合作,反对各种形式的保护主义,反对任何以邻为壑、转嫁危机的意图和做法,中国将坚定支持多边主义,积极参与推动全球治理体系变革,构建新型国际关系,推动构建人类命运共同体。构建开放型世界经济,推动形成更加公正合理的国际经济秩序,推动构建人类命运共同体,是对马克思世界市场理论的超越与创新。同时,人类命运共同体根植于马克思的"联合体"思想,却又是马克思主义的时代化,开辟了马克思主义的新境界,是 21 世纪的马克思主义,这是新时代《共产党宣言》从理论到新实践的当代价值彰显。

六、全球化的中国实践与中国道路的世界意义

改革开放四十多年,正是中国融入全球化的四十多年。在这一过程中,中国经济保持中高速增长,按照可比价格计算,中国国内生产总值年均增长约 9.5%,从 1978 年的 3645 亿元增长到现在的逼近 100 万亿元,成为世界上第二大经济体,对世界经济增长贡献率超过 30%,被称为"中国奇迹"。对于"中国奇迹"的政治经济学探索基本集中在两条线索:一是内部原因,即对内改革,调整生产关系中与生产力不相适应的部分,建立健全社会主义市场经济体制;二是外部原因,即对外开放,统筹国内国际两个市场,融入全球化,打造开放经济。其中,对外开放也就是全球化作为外部条件,对内改革则是应外部条件而做出的适应性调整。"贫者愈贫、富者愈富"的马太效应表明,一个国家对于全球化的适应与否直接关系到能否从全球化中获益,全球化进程中的"中国奇迹"则证明了中国道路是一种具有全球意义的经验。那么,为什么许多发展中国家在全球化中失败了而中国取得了成功? 中国道路的成功对于我们理解全球化进程中的国家发展又有什么启示呢?

(一)全球化与中国道路

在总结中国经验之前,首先要从理论上回答这样一个问题,即全球化与中国道路究竟存在怎样的关系。就这一点而言,经济全球化至少在两方面对改革开放以来中国经济的持续高速增长起到关键作用:一是资本方面,中国通过对外开放引进外商直接投资,扩大资本积累,同时,外资带来技术和管理革新,提高了既有的资源配置效率;二是劳动力方面,作为人口大国的中国在当时拥有大量剩余劳动力,国际市场、国际贸易带来的需求扩大成功促成人口红利的兑现。

可以说,没有全球化,没有与全球化相适应的经济体制改革,就不会存在将人口红利转化为经济增长率的可能,中国也不可能成为世界工厂和全球制造业中心。尽管有人批评中国只处于低端制造业的水平,但是长期以来,出口导向型经济增长拉动了中国能源、基础设施和服务业的发展,提供了众多就业岗位,提高了城乡居民收入,扩大了国内居民消费需求,尤其是在世界经济不景气、国际需求疲软的情况下,使得内需成为拉动中国经济增长的新动能。在厘清中国何以从经济全球化中获益的基础上,我们可以梳理出具有中国特色的且对全球化理论进行必要更正的有益经验,阐明全球化背景下中国道路的基本经验,也就揭开了全球化的神秘面纱。

第一,在普遍主义与特殊主义之间寻求平衡,凸显国家主体性。全球化不是西方化,如果简单照搬西方标准对标本国发展,必定会产生"橘生淮北则为枳"的后果。全球化是一把双刃剑,在促进生产要素全球流动以及生产在全球范围内的水平和垂直分工的同时,资本市场自由化也给本地市场带来冲击。尽管全球化条件下的市场经济和自由贸易有利于提高经济效益,但是自由贸易也要讲求时机和条件。普遍主义忽视了比较优势理论背后的国别差异性,忽视了技术外溢性对于一国经济成长的深层次作用,以及对于边际报酬递增产业的筛选。

相比而言,在融入全球化的四十多年间,中国的探索立足于国情实践,顺应全球经济发展趋势,逐步推进经济体制改革,发展出口导向型经济,提升经济发展水平。这些具有"特殊主义"的基本国情既包括发展特点上作为世界上最大的人口大国以及发展中国家,更包括制度属性上作为坚持人民民主专政的社会主义国家。换言之,全球化进程中中国道路取得成功的根本原因在于"在深度参与、充分利用全球化提供的外部条件的同时,把自身有利的制度优势和经济发展条件等中国因素发挥得淋漓尽致"①。在这一过程中,中国既汲取了苏联社会主义道路探索失败亡党亡国的深刻教训,又借鉴了拉美等后发国家接受新自由主义方案的历史经验,率先在发展导向上破除了全球化、现代化就是西方化的迷思。

如果离开了具有特殊主义的"国家主体性",那么必然会滑向西方主导的全球化的泥潭。相比于全盘接受西方国家开出的结构性调整方案和全面开放资本市场的要求,中国在融入全球化的过程中应当采取更为审慎的态度,这种审慎态度在方法论上体现为对外开放布局中的渐进主义,即"摸着石头过河",逐步构建起"经济特区—沿海开放城市—沿海开放区—沿江开放港口城市—沿边开放城镇—内地省会城市"的开放体系。归根到底,不同国家处于不同的历史发展阶段,拥有不同的国情,因此在融入全球化过程中既要"借势",也要"转化"。

第二,注重以政府为主体的有效市场的建构,保持国家竞争优势。在西方的认知里,资本主义总是优于社会主义,其中一个重要依据就是市场经济总是优于计划经济,如米塞斯、哈耶克、弗里德曼等人就持有这样的观点。这一观念在西方主导的全球化不断加强各经济体彼此联系的同时也作为一种意识形态被广泛传播。在这背后,涉及经济运行的核心命题,即政府与市场的关系,从古典学派到新自由主义,在西方传统中始终存在着

---

① 蔡昉:《四十不惑:中国改革开放发展经验分享》,北京:中国社会科学出版社,2018年,第123页。

"强市场弱政府"的传统。基于市场逻辑，那么，资本主义生产方式下平均利润率下降导致的"去工业化"顺理成章，国际热钱竞相逐利进而影响一国宏观经济稳定，造成国民经济结构失衡也变得理所当然，显然，这一逻辑是谬误的。

在改革开放的实践中，中国创造性地将作为一种制度属性的"社会主义"与一种资源配置方式的"市场经济"结合在一起，内嵌"政府"与"市场"关系这一命题。以党的十四大明确提出经济体制改革目标是建立社会主义市场经济体制为时间起点，政府与市场的关系经历了从党的十五大"使市场在国家宏观调控下对资源配置起基础性作用"到党的十九大"使市场在资源配置中起决定性作用，更好发挥政府作用"的理论嬗变。与"全球化＝完全市场化"的教条相对应，中国坚持的恰恰是政府与市场关系的"两点论"和"辩证法"。

此外，如何在整合静态比较优势的基础上保持竞争优势？西方的市场理论同样不能给出回答，而有效的国家建构和政府治理凸显了中国道路的世界意义。中国的发展，"绝不仅仅只是因为人口红利、资源丰富、土地广袤等比较优势"，这些只能理解为中国发展的"必要条件而非充分条件"。[①]中国发展既在于将静态比较优势如丰富廉价的劳动转换为具有竞争力的制造业产品，更在于借助动态比较优势的变化，发挥政府宏观调控职能，通过产业政策的有效引导，推动经济实现从劳动力密集型向资本密集型和技术密集型转型升级。

（二）全球化的中国道路与世界意义

第一，中国道路突破了国强必霸的西方逻辑。在西方主导的全球化进程中，既产生了"中心-外围"非均衡的世界体系，又"意外地"出现了中国等

---

① 周文、冯文韬：《中国奇迹与国家建构——来自中国改革开放 40 周年的经验与总结》，《社会科学战线》2018 年第 5 期。

新兴经济体的发展,因此,西方世界盛行的"中国威胁论"甚嚣尘上。当前,美国发动的贸易战也可视为对中国发展的遏制举措,具有贸易保护主义传统的美国理所当然地认为中美贸易逆差是中国政府操纵汇率、补贴企业造成的,并认为美国是全球化的受损者从而"逆全球化"。然而,全球化是一种不以人的意志为转移的客观发展趋势。"新经济地理的融入、新科技革命、国际贸易理论的自由化取向、全球经济治理的完善等现实基础都将使其继续发展。"①

习近平主席在世界经济论坛 2017 年年会开幕式上发表主旨演讲,就"经济全球化"分享了他的观点,他强调,"经济全球化是社会生产力发展的客观要求和科技进步的必然结果",国际金融危机"不是经济全球化发展的必然产物,而是金融资本过度逐利、金融监管严重缺失的结果","把困扰世界的问题简单归咎于经济全球化,既不符合事实,也无助于问题解决"。②那么,在全球化不断深入的今天,面对"全球增长动能不足""全球经济治理滞后""全球发展失衡"的现实,如何重塑全球化,使全球化真正有益于各国发展,是全球化新时代面临的重大问题。

中国率先提出"一带一路"倡议,秉持共商共建共享的全球治理观,旨在推动建设开放型世界经济,与世界分享发展成果,通过经贸人文交流将世界打造成真正意义上的"人类命运共同体"。③"一带一路"切中的正是全球化的本质目标,即真正的全球化应当致力于通过多种经济合作方式促进共同发展,"推动经济全球化朝着更加开放、包容、普惠、平衡、共赢的方向发展"④。当然,人类命运共同体的真正实现,不能寄希望于发达国家的人道主义,而应着力于后发国家在经济实力上的真正赶超。面对在数百年时

---

① 裴长洪、刘洪槐:《习近平经济全球化科学论述的学习与研究》,《经济学动态》2018 年第 4 期。
② 习近平:《在世界经济论坛 2017 年年会开幕式上的主旨演讲》,《人民日报》2017 年 1 月 18 日。
③ 周文、包炜杰:《新时代中国特色社会主义政治经济学特征问题》,《教学与研究》2018 年第 6 期。
④ 习近平:《决胜全面建成小康社会夺取新时代中国特色社会主义伟大胜利》,北京:人民出版社,2017 年,第 59 页。

间里形成的发展差距,后发国家要实现经济赶超不能仅依靠新古典增长理论,从全球化的外部条件中获益并转化为自己的内生优势以实现较快的增长才是至关重要的,而中国改革开放的成功经验讲述的正是这样一个生动故事。

第二,警惕全球化逆潮流。当前经济已成为全球化经济,当今世界是一个利益共同体。2019年以来,全球经济已显露出疲软的增长态势,为此中国与国际社会积极合作,用"中国行动"和"中国节奏"践行着全球化的使命与担当,有力地促进了全球经济的恢复和发展。中国经济的发展离不开世界,世界经济的稳定更加离不开中国,中国依旧是世界经济增长的"引擎"。

事实上,在全球经济紧密相连的时代,回望近些年充满不确定性的世界经济,"黑天鹅"形成的温床很大程度上是经济发展的包容性不足,不同国家、不同阶层、不同人群难以尽享经济全球化的好处。经济全球化遭遇"回头浪",逆全球化、去全球化的讨论甚嚣尘上;贸易战与逆全球化主义,让世界经济前景更加不明朗。

从当前形势来看,引发全球性经济危机的可能性并不大,但是发生另一种形式的全球性经济危机的概率却不小,那就是贸易战。历史已经证明,发动贸易战争,不仅无助于本国经济,反而会加速全球经济危机。早在八十多年前,美国就曾实施贸易保护主义,其《关税法》引发他国报复,上演了一场全球贸易大战,全球贸易额大幅萎缩,最终加速了美国乃至全球的经济衰退,引发了历史上最著名的那场大萧条。

面对美国向各国高举的"关税大棒",如今的美国政府似乎正在重复历史错误。贸易保护主义的"病毒"正在折磨着美国,并且同时传播到了其他主要经济体。一旦贸易保护主义蔓延、渗透全球,会加剧世界经济的动荡和不稳定性。为此,世界"免疫"系统必须战胜它,以恢复开放贸易和重整商业健康。只有全球携手合作,才是解决这场危机的真正出路。

西方主导全球化五百多年的历史已证明:"西方标榜的共同利益不过是一个修饰性的比喻而已,失去共同目的和共同的利益,我们就失去了共同的准则、共同的思想和世界概念,世界已分裂成为无数原子式的个体和集团的碎片。"①在"碎片化"的新格局下,如何做好全球产业链分工及自身的"防御""愈合",需要长期不断地探索。

当下解决现实中全球增长动能不足、全球经济治理滞后、全球发展失衡的深层问题,不可能依靠割裂早已形成的全球技术链、产业链和价值链。唯有各国之间开展更加深入务实的合作,维护和扩大共同利益,才能让经济全球化的成果惠及各国人民。目前,新兴市场国家和发展中国家对全球经济增长的贡献率已达到 80%,日益拥有推动经济全球化发展的能力。发达国家应该乐见这些国家融入经济全球化大潮,并让它们发挥建设性作用。面对逆全球化潮流,各国应当坚定信心、协商合作,保证全球供应链安全、构建顺畅贸易通道,同时防止各种以邻为壑的保护主义发生,共同推动全球经济平稳向前发展。

---

① 曼海姆:《意识形态与乌托邦》,李步楼等译,北京:商务印书馆,2019 年,第 16 页。

第六章　中国道路:减贫实践的中国经验
　　　　　　　　　与中国贡献

中国作为世界上曾经绝对贫困人口最多的国家,用四十年时间,让 8 亿多人顺利实现脱贫,创造了世界减贫史上的伟大中国奇迹。减贫实践的中国经验正得到世界上越来越多国家的关注,赢得越来越广泛的认同。中国减贫实践的伟大成功不仅印证了具有中国特色的反贫困道路的正确性,更向世界充分展现了中国道路的强大生命力和旺盛活力,而且也极大增强了世界上更多发展中国家减贫的信心。现在中国成为世界减贫实践方面最有经验的国家,可以为更多发展中国家提供有益借鉴。

贫困一直是困扰各国发展的世界性难题。摆脱贫困是人类最大的难题,逃离苦难是人的天性。人类历史上最伟大的逃亡是挣脱贫困和死亡的逃亡。几千年来,人类历史就是一部与贫困做斗争的伟大历史。人类几千年的文明延续中始终伴随着生产力的不断进步,特别是最近五百多年来,经历了工业革命带来的技术进步,物质生产能力得到了前所未有的提高,经济、政治、文化和社会在这一过程中,发生了天翻地覆的变化。但是,贫困问题没有在人类不断解放和发展生产力面前迎刃而解。二战以来的七十多年里,世界各国都在关注和力图解决贫困问题,也各自采取了一些办法,希望缓和甚至解决全球或地区广泛存在的贫困问题。但是直至今日,从现实和历史记录来看,它们在对抗贫困的"战争"中所做的这些努力,收获寥寥。

2015 年诺贝尔经济学奖获得者安格斯·迪顿曾在著作《逃离不平等:健康、财富及不平等的起源》中写道,"不平等,是文明送给人类的'礼物'"[①]。因此,从经济学意义上讲,人类社会发展的历史,就是一部反贫困的历史。直至今日,对贫困问题的理论研究,已经汗牛充栋,但从现实和历

[①] 迪顿:《逃离不平等:健康、财富及不平等的起源》,崔传刚译,北京:中信出版社,2014 年,第51 页。

史记录的情况来看,人类在对抗贫困的"战争"中所做的这些努力,大多收效甚微。

一、中国减贫成效是人类减贫史上的中国奇迹

新中国成立以来,中华民族一直以自己的独特智慧谋求发展、战胜贫困。中国作为世界上曾经绝对贫困人口最多的国家,用四十年时间,让8亿多人顺利实现脱贫,创造了世界减贫史上的伟大中国奇迹。尤其是2013年以来,中国减贫人数相当于一个欧洲大国的人口总数。改革开放四十多年来,中国减贫人数相当于整个非洲或者欧洲的人口总数,这是人类减贫史上的"中国奇迹"。

(一)减贫实践的中国样本已受到全世界瞩目

减贫实践的中国经验正得到世界上越来越多国家的关注,赢得越来越广泛的认同。中国减贫实践的伟大成功不仅印证了具有中国特色的反贫困道路的正确性,更向世界充分展现了中国道路的强大生命力和旺盛活力,而且也极大鼓舞了世界上更多发展中国家减贫的信心,使之看到自身减贫的希望。现在中国成为世界减贫实践方面最有经验的国家,可以为更多发展中国家提供有益借鉴。

改革开放以来中国取得的减贫成就让世界瞩目,在整个减贫进程中对贫困现状和减贫的艰巨性的认识格外清醒。成就面前从不止步、从不歇息,中国不断掀起打响彻底消除贫困人口、全面建成小康社会的脱贫攻坚总决战,不到最后,绝不收兵。习近平总书记强调,脱贫攻坚的冲锋号已经吹响,我们要立下愚公移山志,咬定目标,苦干实干,坚决打赢脱贫攻坚战,确保到2020年所有贫困地区和贫困人口一道迈入全面小康社会。这意味着,到2020年中国现行标准下的农村贫困人口全部脱贫,意味着中国绝对

贫困问题将得到历史性解决,从而提前十年实现联合国 2030 年可持续发展议程确定的减贫目标,继续走在全球减贫事业的前列。

与中国减贫工作大步向前的乐观态势相反,二战以来,全世界除中国外的绝对贫困人口不但没有减少反而有所增加。也就是说,世界上除中国以外的其他地区,贫困和不平等的局势仍然在持续恶化。杰弗里·萨克斯在《贫困的终结:我们时代的经济可能》一书中曾乐观地表示,我们这一代人有可能到 2025 年消除极端贫困现象。[①]但是,实际上在中国以外的地区,最近二十多年来,贫困人口的绝对数量不但没有减少反而有所增加。也就是说,世界的减贫成就主要源于中国。没有中国这样一场脱贫"战役",今天的世界会更加不平等。

(二)减贫实践的经济学理论误区与中国实践突破

在经济学理论上,有一种错误认识,认为贫穷问题只有靠城市化才能彻底解决。自刘易斯于 1954 年在《劳动无限供给下的经济发展》一文中提出"二元经济"的概念以来,通过扩大现代工业部门的规模来促进经济发展的理论一直深入人心。[②]在这一基础之上,普雷比什和辛格尔两位经济学家还提出了工、农业产品间的交换存在定价不合理,工业"剥削"农业的问题。这种"剪刀差"理论,一度被用来解释中国乡村贫困以及城乡差距的成因。也有学者认为,现代工业的载体只能是城镇,中国要改变农村工业发展格局的出路就在城市化。[③]没有城市化的推动,没有农村人口的城市化,就不可能就近发展工业,不能保证剩余在当地留存并且积累,也不可能有中国的彻底脱贫。事实上,中国农村的贫困问题,不是一个简单的城市化

---

①　萨克斯:《贫穷的终结:我们时代的经济可能》,邹光译,上海:上海人民出版社,2007 年,第311 页。

②　Lewis W A,"Economic Development with Unlimited Supplies of Labour",*Manchester School*,vol. 22,no. 2,2010:139-191.

③　郭书田等:《失衡的中国》,石家庄:河北人民出版社,1990 年,第 92 页。

问题，更不是一个简单化的新农村建设问题。

从中国脱贫实践来看，摆脱贫困不是一个简单化的城市化问题。正如习近平总书记在主持中共中央政治局第三十九次集体学习时指出，要强化领导责任、强化资金投入、强化部门协同、强化东西协作、强化社会合力、强化基层活力、强化任务落实。习近平总书记把中国脱贫攻坚的成功经验精辟概括为：加强领导是根本，把握精准是要义，增加投入是保障，各方参与是合力，群众参与是基础。这些经验实质上就是一整套经过实践检验的减贫治理体系，将为全球更有效地进行减贫治理提供"中国方案"。

可以看出，正是因为有中国的发展实践、伟大成就，才让世界更为公平，而不是西方理论的成功让世界更为公平。换句话说，西方贫困理论及其主导的实践探索是相对失败的。因此中国发展的成效和脱贫实践，说明西方理论和发展模式已远远落后于时代发展的步伐，更与全球发展治理的主题渐行渐远。正因为如此，中国的改革开放提供的中国样本和中国经验，可以更好地为全球消除贫困提供更好的中国借鉴。

二、中国减贫实践的伟大成就超越了西方对中国的认知和判断

按照西方的逻辑和传统认知，中国作为一个曾经积贫积弱的国家，既缺乏西方理论描述的发展腾飞所需的基本要素，又没有按西方发展路径选择发展模式，不可能出现经济发展的奇迹，更不可能实现全面彻底脱贫。事实证明，这一认知和结论是严重的误判。中国人依靠自己的努力和奋斗，不但彻底扭转了历史上积贫积弱的形象，而且彻底解决了困扰中国和世界几千年的贫困问题。中国减贫实践的伟大成功，不但非常精彩、生动，而且更具有史诗般的世界意义，足以载入人类社会发展史册。

(一)西方理论和实践解决不了贫困问题

按照西方的逻辑和传统认知,中国作为一个曾经在历史上积贫积弱的国家,既缺乏西方理论具备的发展腾飞的基本要素,又没有按西方发展路径去发展,不可能出现经济发展的奇迹,更不可能全面彻底脱贫,这是西方人的结论。从以詹姆斯·A.道为代表的一批西方经济学家们所坚持的理论来看,"国家具有直接生产力"或"国家生产财富"的说法是一种幻觉,中国就算达成了相当水平的经济发展成就,也仍然难以在贫困问题上有所突破。这是因为他们认为政府对社会的强制性再分配会削弱生产者的积极性,反而不利于创造财富、刺激经济发展,以及减少贫困。相反,如果是一个可以提供稳定和可预测财政政策、清晰界定和保护产权,并且严格限制政府权力的"保护性政府",就会非常有利于竞争性市场的平稳运作并持续创造财富,进而消除贫困。①

事实上,这种认知是一种误判。而中国的脱贫实践和真实效果也改变了西方对中国发展进程、发展成就的判断与认知。今天,贫困的问题已不是中国的问题,而是一个世界性的问题,更是一个历史性的难题。这样的历史性难题,也只有在中国共产党领导下才有可能取得历史性突破。现在,中国人可以向世界宣布,中国人依靠自己的努力和奋斗,不但彻底扭转了历史上中国积贫积弱的格局和世界印象,而且困扰中国和世界几千年的贫困问题也得到彻底解决。中国扶贫伟大"战役"取得的巨大成就,远远超越了西方对中国发展和脱贫攻坚"战役"伟大成就的判断或认知。因此,中国的扶贫和脱贫实效依靠西方理论与模型来推演不可能得出正确的结论。中国减贫实践的伟大成功,不但非常精彩、生动,而且也更具有史诗般的世界意义。

---

① 道、汉科、瓦尔特斯:《发展经济学的革命》,黄祖辉、蒋文华译,上海:上海人民出版社,2000年,第6—7页。

看待今天中国的发展问题，尤其是看待中国的脱贫问题，不能简单地依靠西方的理论和模型进行演绎。对于发展中国家如何更好地发展，经济学中有一门学科——发展经济学，它是二战后从西方经济学中独立出来的一门新学科。按照发展经济学理论，二战后国际上专门成立了一个组织，就是今天的世界银行。世界银行的目标就是帮助发展中国家发展经济，消除贫困，以实现一个没有贫困的世界。世界银行成立以来，为发展中国家相继开出了诸如进口替代、结构主义等"药方"，也通过各种途径帮助发展中国家发展现代制造产业和建设基础设施。尽管有世界银行和发达国家的各种努力与具体帮助，这些国家也没有从根本上解决贫困问题。总体来看，从世界银行成立到 2018 年的七十多年时间里，如果去除中国改革开放之后摆脱世界贫困线的人口数量，世界贫困人口不仅没有减少，反而增加了。这说明西方理论和实践存在方向性错误。

（二）减贫实践的中国方案与中国经验

今天，贫困的问题已不是中国的问题，而是一个世界性的问题，更是一个历史性的难题。这样的历史性难题，也只有在中国共产党领导下才有可能取得历史性突破。因此，中国扶贫攻坚的伟大实践和脱贫道路，绝不是西方理论的简单移植，而是走出了一条中国特色的扶贫开发道路，体现了马克思主义的世界观和方法论，实现了中国特色社会主义政治经济学的理论创新和实践创新，是治国理政新理念新思想新战略的重要组成部分。

回顾中国减贫实践历程，可以看到，与西方理论和政策主张形成鲜明对照，中国减贫实践的伟大成功正是得益于中国共产党的坚强领导和政府的有力作为，而不是西方理论强调的完全市场化，充分展示了社会主义制度的优越性，更加彰显了中国特色社会主义的道路自信、理论自信、制度自信和文化自信。习近平总书记指出："我们最大的优势是中国社会主义制度能够集中力量办大事。这是我们成就事业的重要法宝。"①

认真总结改革开放以来脱贫攻坚的中国实践,可以看到:坚持政府主导战略、实行开发式扶贫方针、构建专项扶贫行业扶贫社会扶贫"三位一体"扶贫模式、动员全社会力量扶贫济困……应该说,这是世界扶贫开发领域的中国经验。从中国的减贫经验中,可以获得如下启示:其一,强有力的政治意愿和政府承诺是实现中国减贫的根本保证;其二,坚持以发展解决贫困、以减贫促进发展的理念是减贫取得成效的关键;其三,减贫需要政府提供相应的制度和政策保障,综合性的发展政策和专门的减贫计划是减贫取得成效的根本保障;其四,减贫需要广泛动员社会力量,政府的意志、社会的关爱与贫困群众意愿相结合,从而确保了减贫项目与贫困人口的精准扶贫和精准脱贫效果。

三、新时代精准扶贫的理论与实践

在马克思早期思想的代表性文章《关于林木盗窃法的辩论》一文中,马克思为贫苦农民理应拥有的捡拾枯枝、采集野果的权利据理力争,不难发现他很早就对农民贫困疾苦的生活感同身受。可以说,马克思研究政治经济学的"初心"就是源于对贫困问题的关注。后来,在伦敦贫困交加的政治流亡经历,更坚定了马克思为人类求解放并消除贫困的决心。鸿篇巨制《资本论》就是关于贫困问题发生、贫困本质和贫困问题根本性解决途径的系统化与科学化阐述。

(一)立足马克思反贫困理论

立足于马克思反贫困理论,在解决中国贫困问题的具体实践中,中

---

① 中共中央文献研究室编:《十八大以来重要文献选编》(下),北京:中央文献出版社,2018 年,第 336—337 页。

国共产党历届中央领导集体充分运用马克思主义立场和方法,继往开来、创新发展,不断探索时代发展提出的新课题、回应人类社会面临的新挑战,不断把马克思主义反贫困理论的中国化推向前进。特别是党的十八大以来,以习近平同志为核心的党中央对扶贫工作进行科学总结和理论提升,形成了全新的精准扶贫理论和精准扶贫方略。在此进程中,不仅将21世纪中国消除贫困的伟大事业全面推向新阶段,而且在实践发展的基础上进一步创新发展了马克思主义反贫困理论,极大地推进了马克思主义反贫困理论中国化的历史进程。习近平总书记关于新时代扶贫思想的重要阐述,与马克思主义反贫困理论一脉相承,是马克思主义反贫困理论中国化的最新理论成果,是运用马克思主义立场、观点、方法解决中国具体问题的成功典范,开创了社会主义制度下反贫困理论的新境界,是马克思主义同中国特色社会主义制度下反贫困最新实践相结合的产物。

中国的扶贫实践取得了辉煌成就,不但成功走出了一条中国特色的减贫道路,而且中国共产党人对贫困问题本质的认识达到新高度,开辟了马克思主义反贫困理论创新发展的新境界。一是深化了对社会主义本质的认识。在中国共产党看来,建设中国特色社会主义制度必然要消除贫困、实现共同富裕,这是社会主义革命建设的必然需求,是人民当家作主的应有之义,也只有消除贫困、实现共同富裕,才能体现出中国特色社会主义的制度优势,才能赢得民心。邓小平同志指出:"坚持社会主义的发展方向,就要肯定社会主义的根本任务是发展生产力,逐步摆脱贫穷,使国家富强起来,使人民生活得到改善。"①而且,"如果走资本主义道路,可能在某些局部地区少数人更快地富起来,形成一个新的资产阶级,产生一批百万富翁,而大量的人仍然摆脱不了贫穷,甚至连温饱问题都

---

① 《邓小平文选》第三卷,北京:人民出版社,1993年,第264—265页。

不可能解决。只有社会主义制度才能从根本上解决摆脱贫穷的问题"①。习近平总书记指出："贫穷不是社会主义。如果贫困地区长期贫困，面貌长期得不到改变，群众生活长期得不到明显提高，那就没有体现中国社会主义制度的优越性，那也不是社会主义。"②党的十九大报告再次强调，中国共产党人的初心和使命，就是为中国人民谋幸福。永远把人民对美好生活的向往作为奋斗目标，让贫困人口和贫困地区同全国一道进入全面小康社会是我们党的庄严承诺。二是提升了马克思主义反贫困理论的新境界。以往的粗放式扶贫方式存在底数不清、目标不准、效果不佳等问题，很难将经济发展成果同贫困人群共享，难以做到"真扶贫、扶真贫、真脱贫"。

（二）精准扶贫、精准脱贫

党的十八大以来，党中央实施精准扶贫、精准脱贫，加大扶贫投入，创新扶贫方式，扶贫工作呈现新局面。精准扶贫、精准脱贫直接瞄准目标人群，做到了精准识别、精准扶持、精准管理和精准考核，切实提高了扶贫工作的绩效。可以说，精准扶贫、精准脱贫既是实践创新，又是理论创新；既是对中国的贡献，也是对世界的贡献。精准扶贫、精准脱贫从提出到落实再到形成系统的思想，不仅为中国脱贫攻坚事业取得成功提供了指导思想和方向性指引，而且为世界减贫事业提供了中国经验，更是以人民为中心的减贫思想的生动实践。

党的十八大以来，在脱贫攻坚战略中：坚持因人因地施策，因贫困原因施策，因贫困类型施策，做到脱贫脱到点上、扶贫扶到根上；坚持大扶贫格局，深入实施东西部扶贫协作，重点攻克深度贫困地区脱贫任务，做到真脱

---

① 《邓小平文选》第三卷，北京：人民出版社，1993年，第208页。
② 中共中央宣传部编：《习近平新时代中国特色社会主义思想学习纲要》，北京：学习出版社、人民出版社，2019年，第161—162页。

贫、脱真贫。强调抓扶贫开发，既要整体联动、有共性的要求和措施，又要突出重点、加强对特困村和特困户的帮扶；扶贫要实事求是，因地制宜等等。习近平总书记指出："我们坚持改革开放，保持经济快速增长，不断出台有利于贫困地区和贫困人口发展的政策，为大规模减贫奠定了基础、提供了条件。"①

(三)政府主导扶贫开发发展战略

坚持政府主导，把扶贫开发纳入国家总体发展战略，开展大规模专项扶贫行动，针对特定人群组织实施妇女儿童、残疾人、少数民族发展规划。我们坚持开发式扶贫方针，把发展作为消除贫困的根本途径，既扶贫又扶志，调动扶贫对象的积极性，提高其发展能力，发挥其主体作用。我们坚持动员全社会参与，发挥中国制度优势，构建了政府、社会、市场协同推进的大扶贫格局，形成了跨地区、跨部门、跨单位、全社会共同参与的多元主体的社会扶贫体系。所有这些经验铸就了"中国式减贫"的奇迹，在世界减贫史上留下了深刻的中国印记。从宏观层面看，以精准扶贫、精准脱贫为基本战略，有效解决"扶持谁、谁来扶、怎么扶"等问题；在政策设计上，构建政府主导、多元参与的扶贫工作体系，为高效脱贫提供制度保障；从实施角度讲，坚持扶贫与扶志、扶智紧密结合，注重提高内生动力……这些在实践探索中形成的宝贵经验，正日益得到国际社会的认同和广泛推广。

四、中国减贫实践开拓了国际化反贫困理论与实践的新境界

习近平主席指出："国家不论大小、强弱、贫富，都应该平等相待，既把

---

① 《习近平主席在 2015 减贫与发展高层论坛上的主旨演讲(全文)》，环球网，2015 年 10 月 16 日 (2021 年 3 月 15 日)，https://china.huanqiu.com/article/9CaKrnJQDxW。

自己发展好,也帮助其他国家发展好。大家都好,世界才能更美好。"①

(一)消除贫困是人类共同使命

消除贫困是人类的共同使命。党的十八大以来,中国积极牵头搭建多边合作平台,推动世界同步发展,加快全球减贫进程,更加有效地促进广大发展中国家交流分享中国的减贫经验。中国先后提出"共建丝绸之路经济带"和"21世纪海上丝绸之路",倡议筹建亚洲基础设施投资银行,设立丝路基金。这些举措就是支持更多发展中国家开展基础设施互联互通建设,帮助更多发展中国家增强自身发展能力,更好融入全球供应链、产业链、价值链,为国际减贫事业注入新活力。最近世界银行发布报告称,中国"一带一路"倡议可加快数十个发展中国家的经济发展,减少贫困,因为"一带一路"倡议的愿景目标与合作领域同许多发展中国家的发展战略高度契合。报告显示,"一带一路"倡议旨在通过中亚和南亚将中国与欧洲连接起来,内容涉及港口、铁路、公路和桥梁建设,以及其他投资。按照世界银行估算,"一带一路"倡议如果得到全面落实与实施,可使3200万人摆脱贫困。

(二)消除贫困的中国担当

中国不但致力于消除自身贫困,也始终积极开展"南南合作",力所能及地向其他发展中国家提供不附加任何政治条件的援助,支持和帮助广大发展中国家特别是最不发达国家消除贫困。新中国成立七十多年来,中国共向166个国家和国际组织提供了近4000亿元援助,派遣60多万名援助人员,其中700多名中国好儿女为他国发展献出了宝贵生命。中国先后7次宣布无条件免除重债穷国和最不发达国家对华到期政府无

---

① 《重磅! 5个数字带你读懂习近平 B20峰会主旨演讲》,中国日报网,2016年9月3日(2021年3月15日),http://china.chinadaily.com.cn/2016-09/03/content_26689964.htm。

息贷款债务。中国积极向亚洲、非洲、拉丁美洲和加勒比地区、大洋洲的69个国家提供医疗援助，先后为120多个发展中国家落实千年发展目标提供帮助。[①]

中国政府提出了帮助发展中国家发展经济、改善民生的一系列新举措，包括中国将设立"南南合作援助基金"，首期提供20亿美元资金，支持发展中国家落实2015年后发展议程；继续增加对最不发达国家投资，力争2030年达到120亿美元；免除对有关最不发达国家、内陆发展中国家、小岛屿发展中国家截至2015年底到期未还的政府间无息贷款债务；向发展中国家提供"6个100"的项目支持，包括100个减贫项目、100个农业合作项目、100个促贸援助项目、100个生态保护和应对气候变化项目、100所医院和诊所、100所学校和职业培训中心；向发展中国家提供12万个来华培训和15万个奖学金名额，为发展中国家培养50万名职业技术人员，设立"南南合作"与发展学院等。

五、中国减贫经验为世界提供有益借鉴

贫困一直是困扰各国发展的世界性难题。消除贫困是自古以来人类梦寐以求的理想和矢志不移、最为伟大的目标，更是当今时代发展的重要课题。中国作为世界上曾经绝对贫困人口最多的国家，用四十年时间，让8亿多人顺利实现脱贫，创造了世界减贫史上的伟大中国奇迹。减贫实践的中国经验正得到世界上越来越多国家的关注，赢得越来越广泛的认同。中国减贫实践的伟大成功不仅印证了具有中国特色的反贫困道路的正确性，更向世界充分展现了中国道路的强大生命力和旺盛活力，而且也极大鼓舞了世界上更多发展中国家减贫的信心，使之看到自身减贫的希望。现

---

① 习近平：《携手消除贫困促进共同发展》，《人民日报》2015年10月17日。

在中国成为世界减贫实践方面最有经验的国家，可以为更多发展中国家提供有益借鉴。

（一）坚持把发展作为甩掉贫困帽子的总办法，为世界减贫实践提供中国样本

发展是减贫的基础，也是减贫的根本。回顾中国减贫实践的伟大历程，可以清晰地发现，无与伦比的中国减贫伟大传奇故事，本身就是一部波澜壮阔的发展史。中国扶贫事业取得巨大成就的根本原因在于始终以经济建设为中心，坚持改革开放，坚持把发展作为解决中国一切问题的"金钥匙"，从而不断实现发展的历史性跨越，进而为减贫提供源源不断的强大动力，也为大规模持续减贫奠定了坚实的物质基础。一是制度保障发展。社会主义的本质就是解放和发展生产力，社会主义制度为中国发展进步提供了根本保障，也为减贫实践提供坚实支撑。二是不断深化改革推动发展。发展是解决中国问题的引擎，而改革是推动发展必不可少的"点火器"。坚持不断深化改革，就是以问题导向聚焦解决发展中的问题。通过不断深化改革，推动发展多点突破、蹄疾步稳、纵深推进。三是扩大开放促进发展。开放带来进步，封闭必然落后。对外开放是中国发展的关键一招，开放打开发展的大门，开放促进发展，开放开启发展新局面，开放拥抱发展新机遇。

从源头看，贫困大多是由于不发展，或者发展不足。没有发展，或者发展停滞，必然落入贫困的陷阱。正是有了发展积累起来的雄厚物质基础，才能形成发展与减贫的良性循环：一方面可以更有条件为贫困人群增加就业和增收机会，另一方面更有实力和物质条件支撑脱贫攻坚。在中国特色社会主义现代化道路上，中国从未偏离发展的主题，并以不断创新的伟大实践主动回应世界性的发展难题和普遍性的发展困境。现在，中国已成为世界第二大经济体，形成了世界上人口最多的中等收入群体，每年对世界

经济增长的贡献率高达 30％左右,成为世界经济增长的重要"引擎"。总结起来,我们用几十年的时间走完了发达国家几百年走过的历程,最终靠的是发展。

(二)更好发挥政府作用是汇聚减贫合力的关键,为世界减贫实践提供中国借鉴

改革开放四十多年来,各级党和政府高度重视扶贫开发工作。中国脱贫攻坚能够取得世所罕见的巨大成就,同在脱贫攻坚中坚定不移坚持党的领导,发挥党总揽全局、协调各方的领导核心作用,充分发挥各级党组织和全体党员作用密不可分。在中国,党的坚强有力领导是政府发挥作用的根本保障。西方国家的制度性缺陷,导致政府很难作为,也不愿作为,形成发达与贫困的不相融和对抗;而多数发展中国家政府又无力作为,形成欠发展与贫困的恶性循环。而在这方面,恰恰体现和彰显出减贫实践中的中国制度优势。在脱贫攻坚的总体战中,党的领导和政府作用贯穿到各领域、各方面、各环节,既有核心的引领,又有中心的聚焦。正是有了中国共产党的坚强领导,才能够把全国各族人民紧密团结起来,形成万众一心、无坚不摧的减贫磅礴力量。

一方面,习近平总书记作为党和国家的领导核心,始终把脱贫攻坚摆到治国理政的重要位置,亲自研究、亲自部署、亲自督战,走遍中国所有集中连片特困地区,时刻关注着减贫工作进度和实效,不断做出指示和批示,每年都到贫困地区考察调研,每年都召开专题会议研究扶贫。环顾世界,很少有国家领导人如此重视减贫工作,如此亲临减贫工作第一线,如此牵挂减贫工作。

另一方面,强化脱贫攻坚的中央统筹、省负总责、市县抓落实的工作机制体制。中西部 22 个省份党政主要负责同志向中央签署脱贫攻坚责任书、立下"军令状",攻坚期内贫困县党政正职保持稳定,省市县乡村五级书

记抓脱贫攻坚。中央统筹,重在做好顶层设计,在政策、资金等方面为地方创造条件,加强脱贫效果监管;省负总责,重在把党中央大政方针转化为实施方案,加强指导和督导,促进工作落实;市县抓落实,重在从当地实际出发推动脱贫攻坚各项政策措施落地生根。

因此,强有力的政治意愿和政府承诺是中国减贫获得成功的根本保证,政府提供相应的制度和政策保障是减贫取得成效的根本保障。总之,更好发挥政府在扶贫开发工作中的作用是减贫取得成效的关键。离开了政府的作用,无法从根本上解决贫困问题。

(三)精准扶贫让减贫科学有效,为破解世界减贫困境提供新思路

打好脱贫攻坚战,关键在于精准。精准扶贫、精准脱贫,让减贫工作更加科学有效。从过往经验看,大多数发展中国家能够诊断和意识到扶贫中的问题,但是很难开出有针对性的“药方”做到精准扶贫,更无力精准脱贫。精准扶贫贵在精准,扶持谁、谁来扶、怎么扶,全过程都要精准,需要下一番“绣花”功夫。对症下药,靶向治疗,在精准施策上出实招、在精准推进上下实功、在精准落地上见实效。精准扶贫,就是要对扶贫对象实行精细化管理,对扶贫资源实行精确化配置,对扶贫对象实行精准化扶持,确保扶贫资源真正用在扶贫对象身上、真正用在贫困地区,做到“扶持对象精准、项目安排精准、资金使用精准、措施到户精准、因村派人精准、脱贫成效精准”。

党的十八大以来,坚持靶心不偏、焦点不散、标准不变,科学扶贫、精准扶贫、内源扶贫,一系列更具针对性的政策不断推出。在整个脱贫攻坚进程中,在普遍实现“两不愁”的基础上,重点攻克“三保障”方面的突出问题,把脱贫攻坚重心向深度贫困地区聚焦,解决了过去的“虚假式”脱贫、“算账式”脱贫、“指标式”脱贫、“游走式”脱贫等问题,做到真脱贫、脱真贫。现在,中国在扶贫攻坚工作中采取的重要举措,就是实施精准扶贫方略,从而

找到"贫根"。实施精准扶贫,做到坚持分类施策、因人因地施策、因贫困原因施策、因贫困类型施策,通过扶持生产和就业发展一批,通过易地搬迁安置一批,通过生态保护脱贫一批,通过教育扶贫脱贫一批,通过低保政策兜底一批,不断"压茬"提升脱贫攻坚的广度和深度。

(四)产业扶贫强化减贫自生能力,为世界减贫实践提供新模式

如果说摆脱贫困是一个大乐章,那么产业扶贫就是奏响整个大乐章的音符。强化减贫内生能力的关键和基础举措就是要发展好产业。没有产业支撑减贫,就没有经济上的稳定后续来源,就没有真正意义上的脱贫。发展产业是实现脱贫的根本之策,唯有产业扶贫可以实现脱贫的持久性和稳定性。正如习近平总书记所指出的:"发展产业是实现脱贫的根本之策。要因地制宜,把培育产业作为推动脱贫攻坚的根本出路。"[①]过去西方对发展中国家的援助是外围式的,甚至是掠夺式的,很难实现产业扶贫。而发展中国家自身由于贫困户分散性强,没有向心力,无力组织产业扶贫。

中国实践充分证明,产业扶贫是脱贫攻坚的一种有效方式。发展产业是手段,脱贫致富才是目的。要从根本上解决群众增收困难的问题,需要紧抓产业扶贫这个"牛鼻子",把贫困嵌入产业链中去,激发其摆脱贫困的内生动力。发展产业可以形成可持续扶贫态势,缺乏产业支撑,没有产业带动,脱贫难以持续。给钱给物只能是救急解渴,兴办产业才能开源活流。产业扶贫可以充分利用当地的资源、人力优势,培养经济支柱产业,让产业带动地方经济发展,创造更多就业机会,更好解决就业问题。抓好各种模式的产业扶贫,脱贫攻坚工作中的难点就会迎刃而解。中国多年的扶贫经验充分证明,产业扶贫是脱贫的必由之路。长期实践中,中国成功走出了

---

① 宋圭武:《脱贫攻坚要以产业扶贫为抓手》,中国共产党新闻网,2019 年 9 月 3 日(2021 年 3 月 15 日),http://theory. people. com. cn/n1/2019/0903/c40531—31332827. html。

一条以发展产业带动经济发展、增强自我发展能力为根本途径的中国特色扶贫开发道路,中国的产业扶贫实践丰富了世界减贫模式。

(五)扶贫与扶志、扶智相结合增强减贫内生动力,为世界减贫实践提供新理念

脱贫攻坚是一场硬仗,只有每个贫困户都具备一定能力和斗志才能打赢这场硬仗。在内生动力上,坚持扶贫同扶志、扶智相结合,让贫困群众有能力、有斗志通过自身努力改变命运。与西方扶贫实践中遵循传统的社会达尔文理念不同,中国始终在减贫实践中"坚持大扶贫格局,注重扶贫同扶志、扶智相结合"的新理念。扶贫,不仅要"扶志",更要"扶智"。"扶贫先扶志",脱贫首先是观念脱贫,因为精神的贫困比物质的贫困更可怕,这种看不见的贫困会让脑袋里的"怕"转成行动上的"慢",给脱贫带来极大负面影响。

中国减贫实践注重强化教育引导力度和农村文化教育培训力度,强调引导贫困群众树立"贫穷可耻、致富光荣"的理念,变"要我脱贫"为"我要脱贫",变"人人争当贫困户"为"人人争当富裕户"。缺乏扶志意识,一味地"输血式""填鸭式"扶贫,使部分贫困群众坐享其成,坐等救济和资助,对自身脱贫特别是"造血式"产业脱贫反而无动于衷、袖手旁观。因此,摆脱贫困从某种意义上说也是扶贫对象观念转变的过程。扶志就是扶思想、扶观念、扶信心,帮助贫困群众树立起摆脱困境的斗志和勇气,如果扶贫不扶志,扶贫的目的就难以达到。扶智就是扶知识、扶技术、扶思路,帮助和指导贫困群众着力提升脱贫致富的综合素质;如果扶贫不扶智,就会知识匮乏、智力不足、身无长物,甚至造成贫困的代际传递。要从根本上摆脱贫困,必须"智"随"志"走、"志"以"智"强,实施"志智双扶",才能激发活力,从根本上铲除滋生贫穷的土壤。

(六)全社会行动协同形成磅礴之势推进减贫,开辟世界减贫实践新境界

在减贫实践中,与国外民间的、小规模的生活救济不同,中国是举全国之力,有计划、有组织、大规模地进行扶贫。因为脱贫攻坚是一场"战役",需要聚众之力攻克贫困"堡垒";脱贫攻坚是一个复杂而巨大的系统工程,任何零敲碎打、单兵突进都不会有成效;脱贫致富不仅仅是贫困地区的事,也是全社会的事,更是整个中华民族的大事。唯有上下齐心,凝聚合力,才能推动脱贫攻坚取得根本性实效。

党的十八大以来,以习近平同志为核心的党中央把脱贫攻坚工作纳入总体推进"五位一体"总体布局和协调推进"四个全面"战略布局,吹响打赢脱贫攻坚战的集结号,以前所未有的力度、超常规的举措,凝聚起全社会的强大合力,形成了专项扶贫、行业扶贫、社会扶贫等多方力量与多种举措有机结合和互为支撑的"三位一体"大扶贫格局,不断汇聚全社会力量,画好脱贫攻坚"同心圆",创新社会扶贫参与机制,调动企业和社会各界积极性,从多层面共同发力,形成各方协同推进脱贫攻坚整体合力。一方面,不断健全和完善东西部协作,党政机关、事业单位、国企定点扶贫机制;另一方面,鼓励民企参与扶贫行动和广泛调动社会各界参与扶贫开发积极性。可以说,正是全社会协力形成磅礴之势推进减贫,中国脱贫攻坚才取得决定性进展,从而谱写出人类反贫困斗争史上的辉煌篇章。

今天消除贫困正面临着许多全球性挑战,特别是当前逆经济全球化和贸易保护主义抬头,对世界经济增长形成重大威胁和巨大破坏。自由贸易是促进全球繁荣的基础,现在美国挑起贸易争端是典型的贸易霸凌主义,不但破坏了一系列国际贸易规则,更可能迟滞世界经济复苏的步伐,是世界减贫事业的"逆潮流"。中美经贸摩擦不但伤人,也更损害自己,必将对美国经济产生严重负面影响,成为拖累美国经济的沉重负担。

未来十五年,对中国和其他发展中国家来说都是发展的关键时期。面对美国政府推行单边主义和保护主义,中国将继续发挥负责任大国作用,坚定维护多边贸易体制,积极参与引领全球治理体系变革和建设,坚定做国际秩序的维护者和建设者。无论形势如何发展变化,中国都坚持做好自己的事情。为全世界经济发展和繁荣,为推动更多发展中国家的发展,中国秉承坚持共商共建共享原则,正在致力于努力实现合作共赢,推动建设人类命运共同体,为各国人民带来更多福祉。我们坚信,更加开放的中国,必将更加繁荣,中国与世界也必将形成更加良性的互动,使中国和世界更加进步、更加繁荣。

2020 年是中国全面建成小康社会收官之年,又受疫情的冲击影响,使得脱贫攻坚面临诸多挑战。而全国上下万众一心,以更大决心、更强力度攻克贫困最后的"堡垒"、啃下脱贫攻坚最硬的"骨头",矢志不移坚决夺取收官之战全面胜利,交出一份脱贫攻坚高质量答卷。"一切过往,皆为序章。"减贫无止境,未来的路还会很长。打赢脱贫攻坚战,只是消除了绝对贫困,相对贫困将长期存在,减贫仍然是中国一项长期而艰巨的任务。脱贫摘帽不是终点,而是迈向新征程的起点,中国必将不断奋力创造减贫实践的新奇迹。

减贫实践的中国经验源于中国,更属于世界。为共建一个没有贫困、共同发展的世界,人类依然任重道远。中国减贫实践成功的伟大经验正在穿越时空和语言的界限,不断为世界减贫实践展示和贡献中国智慧与中国方案。令人振奋的是,中国已经与世界携手,开始了世界减贫实践的新征程,不断扩大和履行全球减贫实践中的中国担当与中国使命。

六.精准扶贫思想与实践是马克思主义反贫困理论中国化的新贡献

受客观条件限制,马克思反贫困理论主要关注资本主义制度下城市工人阶级的贫困问题。在解决中国贫困问题的具体实践中,我们党历届中央领导集体继往开来、创新发展,不断把马克思主义反贫困理论中国化推向前进。特别是党的十八大以来,以习近平为核心的党中央对扶贫工作进行科学总结和理论提升,形成全新的精准扶贫理论和精准扶贫方略。在此进程中,不仅将 21 世纪中国消除贫困的伟大事业全面推向新阶段,而且在实践发展的基础上进一步创新发展了马克思主义反贫困理论,极大地推进了马克思主义反贫困理论中国化的历史进程。

习近平总书记关于新时代扶贫思想的重要阐述,与马克思主义反贫困理论一脉相承,是马克思主义反贫困理论中国化的最新理论成果,是运用马克思主义立场、观点、方法解决中国具体问题的成功典范,开创了社会主义制度下反贫困理论新境界,是马克思主义同中国特色社会主义制度下反贫困最新实践相结合的产物。

(一)开拓和创新了马克思主义反贫困理论的中国道路

中国四十年扶贫实践取得了辉煌成就,成功走出一条中国特色减贫道路。习近平指出:"我们坚持改革开放,保持经济快速增长,不断出台有利于贫困地区和贫困人口发展的政策,为大规模减贫奠定了基础、提供了条件。我们坚持政府主导,把扶贫开发纳入国家总体发展战略,开展大规模专项扶贫行动,针对特定人群组织实施妇女儿童、残疾人、少数民族发展规划。我们坚持开发式扶贫方针,把发展作为解决贫困的根本途径,既扶贫又扶志,调动扶贫对象的积极性,提高其发展能力,发挥其主体作用。我们坚持动员全社会参与,发挥中国制度优势,构建了政府、社会、市场协同推进的大扶贫格局,形成了跨地区、跨部门、跨单位、全社会共同参与的多元主体的社会扶贫体系。我们坚持普惠政策和特惠政策相结合,先后实施《国家八七扶贫攻坚计划(1993—2000 年)》《中国农村扶贫开发纲要(2001—2010 年)》《中国农村扶贫开发纲要(2011—2020 年)》,在加大对农村、农业、农民普惠政策支持的基础上,对贫困人口实施特惠政策,做到应扶尽扶、应保尽保。"①

(二)丰富和发展了马克思主义反贫困理论的中国经验

作为一种科学的理论,马克思主义反贫困理论对中国减贫实践有着巨大的指导作用。全面脱贫是直接关系中国走社会主义道路的根本性问题;共同富裕是中国特色社会主义的本质规定,是中国特色社会主义理论的重要组成部分。习近平总书记告诫说,"我们不能一边宣布全面建成了小康社会,另一边还有几千万人口的生活水平处在扶贫标准线以下,这既影响人民群众对全面建成小康社会的满意度,也影响国际社会对中国全面建成小康社会的认可度"②。做好扶贫开发工作,支持困难群众脱贫致富,帮助他们排忧解难,使发展成果更多更公平惠及人民,是中国共产党坚持全心全意为人民服务的根本宗旨的重要体现,也是党和政府的重大职责。"抓扶贫开发,既要整体联动,有共性的要求和措施,又要突出重点,加强对特困村和特困户的帮扶";"扶贫要实事求是,因地制宜。要精准扶贫,切忌喊口号,也不要定好高骛远的目标";扶贫工作要"切实落实领导责任、切实做到精准扶贫、切实强化社会合力、切实加强基层组织";"扶贫对象精准、项目安排精准、资金使用精准、措施到户精准、因村派人精准、脱贫成效精准"。这些论述都体现了以习近平同志为代表的中国共产党人对马克思主义反贫困理论的科学阐发,体现了中国共产党作为改革的主体对扶贫策略改革的自觉认识,是对全心全意为人民服务的宗旨的坚定奉行,将马克思主义反贫困理论中国化的运用经验拓展到了新空间,提升到了新高度。

---

① 习近平:《携手消除贫困促进共同发展》,《人民日报》2015年10月17日。
② 习近平:《关于〈中共中央关于制定国民经济和社会发展第十三个五年规划的建议〉的说明》,《人民日报》2015年11月4日。

(三)开拓和发展了马克思主义反贫困理论与实践的国际化新境界

中国减贫方略、减贫经验已成为发展中国家减贫实践的中国智慧和中国方案,同时中国还尽最大努力帮助发展中国家减贫。习近平指出:"国家不论大小、强弱、贫富,都应该平等相待,既把自己发展好,也帮助其他国家发展好。大家都好,世界才能更美好"①,"消除贫困是人类的共同使命。中国在致力于自身消除贫困的同时,始终积极开展南南合作,力所能及向其他发展中国家提供不附加任何政治条件的援助,支持和帮助广大发展中国家特别是最不发达国家消除贫困"②。减贫的根本途径是发展,中国在加强自身快速发展的同时,积极推动世界各国共同发展。习近平指出:"大家一起发展才是真发展,可持续发展才是好发展。"③习近平强调:"消除贫困依然是当今世界面临的最大全球性挑战。未来十五年,对中国和其他发展中国家都是发展的关键时期。我们要凝聚共识、同舟共济、攻坚克难,致力于合作共赢,推动建设人类命运共同体,为各国人民带来更多福祉。"④

---

① 《"中国扶贫经验具有重要借鉴意义"——国际社会积极评价中国脱贫攻坚努力》,《人民日报》2015 年 11 月 30 日。
② 习近平:《携手消除贫困促进共同发展》,《人民日报》2015 年 10 月 17 日。
③ 《习近平谈治国理政》第二卷,北京:外文出版社,2017 年,第 524 页。
④ 习近平:《携手消除贫困促进共同发展》,《人民日报》2015 年 10 月 17 日。

第七章　中国道路与"一带一路"倡议

2013 年,习近平主席向世界提出"一带一路"倡议,在国际国内引起强烈反响。国际社会普遍认为,"一带一路"倡议体现了中国的全球发展战略创新,既有助于本国经济发展,又有助于区域合作、共同发展,还有助于促进人文交流,增进互信与区域和平稳定。"一带一路"倡议是中国向世界释放出的进一步开放市场的积极信号,表达了中国愿与各国分享发展机遇的诚意,展示了中国支持经济全球化健康发展的决心,有助于更多国家更好地融入经济全球化,为发展开放型世界经济提供了有力支撑。

2013年，习近平主席向世界提出"一带一路"倡议，在国际国内引起强烈反响。国际社会普遍认为，"一带一路"倡议体现了中国的全球发展战略创新，既有助于本国经济发展，又有助于区域合作、共同发展，还有助于促进人文交流，增进互信与区域和平稳定。[①]然而，"一带一路"倡议深深触动了西方国家意识形态的敏感神经，引起西方的种种猜忌、指责甚至诬蔑。事实上，一直以来，西方国家都是以涂上了浓厚的政治色彩"有色眼镜"看待中国与世界各国之间一切正常的经济交往、能源合作。国际社会持怀疑态度者担心中国以"一带一路"倡议为工具，以亚洲基础设施投资银行、丝路基金为手段称霸世界，推行新殖民主义。[②]一些国外学者甚至声称"一带一路"倡议是中国霸权主义的体现，中国"融入"自由化国际秩序的努力将影响其他国家的优势地位，要对中国的发展加以制衡。

---

① 冯巍、程国强：《国际社会对"一带一路"倡议的评价》，《中国经济时报》2014年10月10日。
② 张燕生：《"一带一路"建设有利于世界和谐发展》，《中国经济周刊》2014年第22期。

一、"一带一路"倡议造福世界

现在世界经济已进入全球化的新时代,经济全球化的核心要义是世界各国一道,互联互通,携手前进,为全球经济发展提供不竭的动能。而经济全球化新时代就是以大数据、人工智能、区块链等为代表的新科技革命,正在以势不可当的态势带动新的产业革命,并给经济全球化、企业国际化带来前所未有的机遇和挑战。进入新时代,全球经济治理体系、国际经济秩序乃至世界经济格局正在发生巨大变化和重新调整,世界经济结构失衡、国际金融市场波动、需求不足等深层次的问题尚未解决,贸易保护主义、逆全球化思潮、单边主义开始抬头,不确定因素依旧存在,经济全球化的风险也在加剧。"一带一路"倡议可以帮助更多发展中国家以更加对外开放的姿态参与到全球经济重构中,推动全球生产关系新调整,以适应世界经济发展新潮流,并为世界经济发展注入新的活力。

(一)开放发展是中国经济快速增长的基本经验

历史证明,开放是国家繁荣发展的必经之路。经济的全球化是社会生产力不断发展的必然结果,对外开放是经济全球化发展的必然趋势。对于谋求经济发展的更多发展中国家而言,实行全面对外开放,是尽快发展社会生产力和适应经济全球化要求的必然选择。"一带一路"倡议不但体现了中国全面开放的新理念,而且更体现了推动经济全球化进程中的中国责任和中国担当。"一带一路"倡议表明,中国不是独善其身的"专车",而是世界发展的"顺风车",更是人类进步的"快车"。"一带一路"倡议表明,中国正从关注自身发展转向加快推进区域合作发展战略实施,主动承担国际责任和义务,从全球发展的参与者转变为全球发展的贡献者。在全球经济一体化的大趋势下,任何一个国家都难以"独善其身",而是一荣俱荣,一损俱损,必须主动积极调整与他国的生产关系,以适应生产力发展的要求。

(二)"一带一路"倡议适应生产力发展变化

从外部环境来看,世界金融危机后,发达国家市场需求疲软,贸易保护主义上升,开始塑造排他性的、更高标准的全球贸易与投资新规则,中国及广大发展中国家的比较优势受到极大削弱[①],亟待新的战略来适应生产力变化。"一带一路"倡议构想既为中国创造了通过商品交换、资金输出、技术交流以及劳务输出等扩大开放的机遇,又为中国提供了与沿线各国增进了解、改善经济关系的机会。通过"一带一路"建设,中国与沿线各国可建立更加紧密的经济关系,减少国内市场失衡的风险,保障国民经济平稳运行。与此同时,还可以节约社会劳动,提高经济效益,出口中国有优势的产品和服务,引进他国先进技术或产品。这些都是中国适应国内生产力变化,在对外生产关系方面做出的积极调节。

(三)"一带一路"倡议愿景目标与发展中国家发展战略高度契合

党的十八大以来,中国积极牵头搭建多边合作平台,推动世界同步发展,加快全球减贫进程,更加有效地促进广大发展中国家交流分享中国的减贫经验。中国先后提出共建"丝绸之路经济带"和"21世纪海上丝绸之路",倡议筹建亚洲基础设施投资银行,设立丝路基金。这些举措就是支持更多发展中国家开展基础设施互联互通建设,帮助更多发展中国家增强自身发展能力,更好融入全球供应链、产业链、价值链,为国际减贫事业注入新活力。世界银行发布报告称,"一带一路"倡议可加快数十个发展中国家的经济发展。因为"一带一路"倡议的愿景目标与合作

---

① 毛艳华:《"一带一路"对全球经济治理的价值与贡献》,《人民论坛》2015年第9期。

领域同许多发展中国家的发展战略高度契合。世界银行发布的《"一带一路"经济学:交通走廊的机遇与风险》报告显示:"一带一路"倡议旨在通过中亚和南亚将中国与欧洲连接起来,涉及一系列港口、铁路、公路和桥梁建设,以及其他投资。"一带一路"倡议如果得到全面实施,可使3200万人摆脱中度贫困。

二、"一带一路"倡议推动实现全球经济合作共赢

过去五百多年来的西方主导下的全球化,让更多发展中国家被动卷入世界市场,形成"中心-外围"的资本主义现代体系,发展中国家成为发达国家的原材料供应和资本输出的基地,固化甚至扩大了发展中国家与发达国家的发展"鸿沟"。"一带一路"倡议中的资金输出与传统的资本主义资本输出存在本质差异,"一带一路"倡议超越了传统的资本主义资本输出。因为"一带一路"倡议中的资金输出的重点在于产融结合,也就是实现产业与金融的有机结合,强调多元的国际共建,在建设过程中强调产业关怀,即金融要为企业保驾护航。

(一)"一带一路"建设的关键是互联互通

道路联通消除了制约"一带一路"沿线国家经济发展中的基础设施障碍,提升了"一带一路"沿线国家的技术水平和管理水平,改善和优化了"一带一路"沿线国家的资源禀赋条件,降低了贸易成本,增强了产品的竞争优势;贸易畅通消除了"一带一路"沿线国家在国际贸易中的"比较劣势",使得"一带一路"沿线国家能够快速融入全球化的产业链中,发挥比较优势,实现产业升级和经济增长。

自"一带一路"倡议提出以来,中国与"一带一路"沿线国家货物贸易规模不断扩大,双向投资合作不断拓展,为"一带一路"沿线国家经济发展注

入了新的活力;资金融通完善了"一带一路"沿线国家资本市场,使得"一带一路"沿线各国资本市场的发展能更好地服务本国实体经济。"一带一路"倡议以来,中国同"一带一路"建设参与国和组织开展了多种形式的金融合作。比如,亚洲基础设施投资银行已经为"一带一路"建设参与国的 9 个项目提供 17 亿美元贷款,"丝路基金"投资达 40 亿美元,中国同中东欧"16+1"金融控股公司正式成立。这些新型金融机构同世界银行等传统多边金融机构各有侧重、互为补充,形成了层次清晰、初具规模的"一带一路"金融合作网络,从而弥补了"一带一路"沿线国家国际融资能力的不足,可以更好地满足基础设施建设的资金需求,实现各国之间的优势互补。民心相通促进了"一带一路"沿线各国相互之间极为频繁的文化交流,"一带一路"倡议成为地区之间相互合作和交流的桥梁。

(二)"一带一路"倡议宗旨是合作共赢

第一,中国与"一带一路"沿线国家的合作遵循平等互利原则。中国不干涉"一带一路"沿线国家的内政,不会谋求对它们的控制,更不会将自己的意愿强加于这些国家。第二,中国与"一带一路"沿线国家的资源交换遵循市场机制和商业准则,不会采取低价掠夺的方式。第三,"一带一路"倡议旨在为"一带一路"沿线国家提供更多的选择和机会,不会影响这些国家与其他国家的原有合作。第四,中国为发展中国家提供不附带任何政治条件的援助。为此,中国国家主席习近平提出,在"一带一路"建设过程中,中国绝不干涉中亚国家内政,不谋求地区事务主导权,不经营势力范围;将坚持包容开放、平等务实合作、发展成果共享、互利共赢,提倡多予少取的"新义利观"等。①

---

① 于光军:《建设"丝绸之路经济带"与"21 世纪海上丝绸之路"研究热点述评》,《内蒙古社会科学(汉文版)》2014 第 6 期。

三、"一带一路"倡议推动实现要素资源全球分工

经济学自形成以来,总是围绕人的消费需求以及由此形成的相对稀缺的状况展开。"为了解决稀缺性问题,需要一种社会机制在无限的选择中间来分配有限的资源。"[①]作为一种崭新的、富于创新的发展战略,"一带一路"倡议充分考量了参与国的生产资源互补性,创造条件、改善环境,突破传统分工形成的"贫困陷阱",带动各国经济蓬勃发展。

(一)经济全球化是经济发展的大趋势

迄今为止的经济全球化,在很大程度上是资本主义生产方式在世界范围内的扩展,是资本主义将其基本矛盾扩散到全球范围的过程,而发展中国家在这个过程中受到剥削和压榨。"在旧的分工中,不发达国家供应原材料,发达国家提供制成品"[②],"不平等交换的条件即不发达的再生产就这样逐渐形成。前资本主义农业关系的畸形以及手工业的破产造成了没有工业化的城市。一端是劳动力报酬的低下,另一端是资本的集中,促使外国资本在外围国家建立用于出口的现代生产部门"[③]。由此,"贫者越贫,富者越富"这个现象在经济全球化的驱使下没有丝毫改变的迹象。

从生产角度来看,经济全球化是围绕分工展开的。当前,国际分工已从"以产业和产品为界限的国际分工发展为以生产要素为界限的国际分工,由最终产品交换领域发展到产品生产过程、生产环节,由产品分工发展

---

① 兰德富斯、柯南德尔:《经济思想史》,周文译,北京:人民邮电出版社,2014年,第1页。
② 阿明:《不平等的发展》,高铦译,北京:商务印书馆,2000年,第178页。
③ 阿明:《不平等的发展》,高铦译,北京:商务印书馆,2000年,第173页。

到要素分工"①。伴随着世界经济的发展,生产需要投入的要素越来越多。商品价值是劳动创造的,当劳动的内涵延伸到知识、技术、管理、研发等领域时,这些再生性要素便成为主导。

马克思对此早有预见:"随着大工业的发展,现实财富的创造较少地取决于劳动时间和已耗费的劳动量,较多地取决于在劳动时间内所运用的动因的力量,而这种动因自身——它们的巨大效率——又和生产它们所花费的直接劳动时间不成比例,相反地却取决于一般的科学水平和技术进步,或者说取决于科学在生产上的应用。"②知识、人力资本、信息这些再生性生产要素不是先天性资源,而是各国通过后天培养起来的。因此,一国经济地位不仅取决于最终产品,也取决于再生性生产要素优势。而以再生性生产要素为主导的国际分工模式,为发展中国家追赶发达国家,进而突破长期以来形成的带有剥削性质的分工模式创造了条件。

(二)"一带一路"倡议提升沿线国家参与国际分工的竞争力

"一带一路"沿线国家多是发展中国家或新兴经济体,大都处在经济发展的上升期,参与国际分工的意愿高。虽然这些国家经济起步晚,但其介入以生产要素为主导的国际分工的时机并不晚。中国可以通过培训人才、技术输出和劳务输出等方式,向各国提供更多的人才、技术和设备,也可将近三十年的发展经验作为各国的借鉴,携手各国共同应对金融风险。

"一带一路"倡议增进区域互联互通,为各国参与分工创造条件。目前,"一带一路"沿线国家之间的交通基础设施互联互通性能差。特别是处在极端主义势力范围的西亚地区,基础设施建设十分落后。通路、通航成为"一带一路"建设的突破口。中国需要发挥其在基础设施领域具备世界

---

① 张二震、马野青:《当代国际分工新特点与马克思国际价值理论新发展》,《经济纵横》2008 年第 3 期。

② 《马克思恩格斯全集》第 46 卷(下),北京:人民出版社,1980 年,第 217 页。

竞争力的施工建设能力,"以拉动新兴市场国家和欠发达国家的基础设施建设带动全球增长"①,为各国参与国际分工创造必要的条件。

"一带一路"倡议营造良好的经贸环境,促进各国融入分工。"一带一路"倡议包括中蒙俄经济带、新亚欧陆桥经济带、中(国)南(亚)西亚经济带和海上战略堡垒四条路线。随着公路、铁路、海路以及网络通信设施不断建设,古丝绸之路上的现代商队正在形成和壮大。"一带一路"倡议在突破内陆沿边地区贸易投资的局限性的同时,推动发展本地贸易、离岸贸易、电子商务等多种贸易模式,营造出良好的贸易环境。吸引国内及全球最优秀的采购网络、分销网络、结算体系,与沿线国家企业和个人一道,共同扩大双向贸易和投资规模。②

现在全球公共领域很多问题正成为全球发展的最大难题,世界的气候变化、环境污染、资源减少等公共问题更是难以共商共议。在"一带一路"倡议实施过程中,中国不仅致力于在资源、经济领域实现合作突破,也致力于在公共领域实现合作突破,体现出全球发展的大国担当和大国责任。

四、"一带一路"倡议促进改善全球治理结构

全球经济发展是一个从"不平衡到平衡再到不平衡"递进演变的过程,西方与东方在重心交替中并行发展。究竟谁居于国际体系的中心,谁处于边缘,对这一问题,学者各有说辞。有的学者认为,"直到1800年为止,亚洲,尤其是中国一直在世界经济中居于支配地位。直到19世纪的鸦片战争,东方才衰落,西方才上升到支配地位——而这显然也是暂时的。因为世界现在已经再次调整方向,重新面向东方"③。有的学者则认为,国际体

① 叶檀:《中国推出马歇尔计划如何取得成功?》,《中国经济信息》2014年第22期。
② 张燕生:《"一带一路"建设有利于世界和谐发展》,《中国经济周刊》2014年第2期。
③ 弗兰克:《白银资本:重视经济全球化中的东方》,刘北成译,北京:中央编译出版社,2008年,第2页。

系发展经历了"现代国际体系"和"后西方国际体系"两个阶段。"自现代国际体系形成以来,西方霸权一直盘踞于体系的中心,非西方国家则处于体系的边缘。现在,随着新兴经济体的群体性发展,现代国际体系已经进入转型的前奏阶段,'西方的衰落'和'东方的兴起'预示着即将展开的国际体系是一个后西方国际体系。"①

(一)消除经济全球化中的区域集团化

20 世纪 90 年代至今,世界发展呈现"经济全球化"和"区域集团化"的趋势,以信息技术为基础的新技术革命带动全球经济大发展。1995 年世界贸易组织开始运转,欧洲联盟、北美自由贸易区和亚太经合组织等经济集团出现。中国超越日本成为世界第二大经济体,以及"金砖四国"的发展引发世界经济格局重新洗牌。吉姆·奥尼尔在《与"金砖四国"一起梦想》的报告中预测,到 2050 年,"金砖四国"将超越包括英国、法国、意大利、德国在内的西方发达国家,与美国、日本一起跻身全球六大经济体。"在后西方国际体系中,国际政治权力正在东移,以金砖国家为代表的新兴大国的群体性发展,标志着东方正在回归国际体系的中心。世界正在走向一个没有霸权、力量相对均衡的国际秩序。"②

尽管国际经济力量对比在向均衡方向发展,但西方和非西方的力量仍旧悬殊,调整成员间关系或者形成完善治理的制度容量仍然显得捉襟见肘。③全世界有 200 多个国家和地区,包括发达国家和发展中国家。1974年 4 月,联合国大会第六届特别会议通过了《建立新的国际经济秩序宣言》和《发展中国家经济合作行动纲领》,表达了发展中国家发展民族经济,反对经济的控制和掠夺,改善"南北关系",加强"南南合作"的强烈愿望。

---

① 张建新:《后西方国际体系与东方的兴起》,《世界经济与政治》2012 年第 5 期。
② 张建新:《后西方国际体系与东方的兴起》,《世界经济与政治》2012 年第 5 期。
③ 苏长和:《增量改进:国际体系改革的中国智慧》,《解放日报》2014 年 7 月 19 日。

但由于发展中国家经济水平太低,导致《发展中国家经济合作行动纲领》全面夭折。大部分发展中国家经济发展滞后,承担全球治理"心有余而力不足"。经过四十余年发展,发展中国家的经济虽有所改善,但财富分布仍向西方发达国家集聚,亚洲、拉丁美洲占全球财富比重较小。2017年瑞士信贷发布的《全球财富报告》显示:北美为全球"最富"地区,财富总额为 91 万亿美元,占全球的 34.7%;欧洲位居第二,为 85 万亿美元,占32.4%;中国内地位居第四,占 8.1%。

(二)"一带一路"倡议加速经济一体化

共建"一带一路"有利于加速沿线经济一体化进程,具体表现为:促进资源在更宽泛、更合理的地域内配置;在"一带一路"倡议的统一大市场基础上,产生超国家的经济组织(如亚洲基础设施投资银行),实现区域经济的统一管理;通过促进金融、生产、贸易服务、技术、人才和劳务等各种生产要素在"一带一路"沿线国家间流动,强化经济主体的联系;促进各国经济主权的无形削蚀和有形让渡;带动市场经济体制和市场规则普遍适行,表现为各国经济组织主体对宏观的多边制度安排和微观的国际惯例的普遍认同与接受;带动中亚、西亚、南亚、东南亚共同发展,辐射非洲地区,强化欧洲经济圈和东亚经济圈联系。

共建"一带一路"有利于带动国际体系容量扩充。"一带一路"倡议代表了中国政府力求走出传统的权力政治窠臼,将一个发展的中国与中亚及更为宽广的区域联合起来、共同繁荣的战略意愿。[①]从地缘政治角度看,21世纪中国和印度的发展引领亚洲发展,引发美国的担忧。美国同盟体系以麦金德的"枢纽"为核心推动"印太"战略,试图压制中国。中国的亚洲地缘政治经济新视野,超越了以压制挑战者为特征的霸权国家的地缘政治思

---

① 朱锋:《中国提出"新丝绸之路经济带"构想》,《今日中国(中文版)》2013 年第 10 期。

维。[1]"一带一路"倡议在促进发展中国家经济发展同时,可全面启动沿线国家的工业化进程,让亚、非、拉成为世界经济新的增长极。一个关系60多个国家、世界三分之二人口的现代化进程的启动,将使国际经济体系的规模史无前例地扩大。

共建"一带一路"有利于中国及"一带一路"沿线国家突破发达国家对发展中国家的"封锁"。"一带一路"建设通过强化太平洋到波罗的海的区域合作,更好地"消弭"美国亚洲轴心战略与TPP对发展中国家发展的"封锁","冲破"美国削弱中国与邻国经济融合的意图;推动中亚与中国建立更为紧密的经贸关系,打通中亚与世界的贸易和能源通道。[2]若"一带一路"倡议建立起穿越新疆,经哈萨克斯坦、乌兹别克斯坦等中亚国家的铁路,将极大地改善中国与中亚的经贸关系。此外,"一带一路"倡议还能促进中国与非洲进行更加积极的外交,确保海上通道的安全与稳定。

五、"一带一路"倡议为发展开放型世界经济提供中国担当

"一带一路"倡议是中国向世界释放出的进一步开放市场的积极信号,表达了中国愿与各国分享发展机遇的诚意,展示了中国支持经济全球化健康发展的决心,有助于更多国家更好地融入经济全球化,为发展开放型世界经济提供了有力支撑。

(一)"一带一路"倡议推动实现经济大融合、发展大联动、成果大共享

目前,全球经济增长动能不足、发展失衡、经济治理滞后三大问题远没

---

[1]　张玉杰:《"一带一路"是中国建设大棋局中的棋眼》,《中国党政干部论坛》2014年第12期。

[2]　冯巍、程国强:《国际社会对"一带一路"倡议的评价》,《中国经济时报》2014年10月10日。

有得到解决。"一带一路"倡议契合各国发展需要，为促进各国协调联动发展、实现共同繁荣提供了新方案。中国通过"一带一路"建设让全世界共同分享中国改革红利、中国发展经验，体现了在促进世界发展进程中的中国责任；"一带一路"建设以开放为导向，解决经济增长和平衡问题，可以更好地推动沿线国家间实现合作与对话，为世界经济长期稳定发展奠定坚实基础，体现了世界经济发展中的中国担当。

中国提出"一带一路"倡议，就是聚焦发展这个根本性问题，借此充分释放各国发展潜力，推动实现经济大融合、发展大联动、成果大共享。在顺应经济全球化大趋势的同时，"一带一路"建设尊重各国发展道路选择的多样性，鼓励各国探索适宜自身国情的发展道路，因此可以更好地实现各国发展战略对接，可以更好地寻找各国的利益契合点，有利于共同打造和实现政治互信、经济融合、文化包容的利益共同体、命运共同体和责任共同体。"一带一路"建设以政策沟通、设施联通、贸易畅通、资金融通、民心相通为主要内容，有利于充分发挥各国比较优势，扩大利益汇合点，培育发展新动能，促进各国经济要素有序自由流动、资源高效配置和市场深度融合，增强全球经济增长活力。

（二）"一带一路"倡议为全球经济治理体系提供新模式

"一带一路"倡议是中国为全球经济治理提供的公共产品，为全球经济治理体系贡献了新模式，体现了全球经济治理中的中国智慧和中国贡献，更体现了新型全球经济治理的包容性和普惠性。通过搭建起一个开放、包容、共享的合作平台，"一带一路"建设为经济全球化带来了发展新理念，打造出了世界经济的发展新机制，可以更好地汇聚各方面力量，合力共同应对全球化进程中的各种挑战，有助于推动经济全球化健康发展，让各国人民共享发展成果。"一带一路"建设跨越不同地域、不同文化、不同发展阶段，坚持共商、共建、共享原则，推动优势互补和协同发展，填补了全球化中的"洼地"和"鸿沟",既可以更好地解决各国发展不平衡、国际合作碎片化的问题,又可以强化多边合作机制,加强相关国家的沟通,并带动更多国家和地区参与共建,体现了主动性、平等性、参与性和共享性,这也是"一带一路"倡议获得广泛共识的深层原因。

六、"一带一路"倡议是新时代经济全球化的"中国回应"和"中国方案"

"一带一路"倡议是中国就改善世界格局、发展周边关系所做的新探索,也是对新时代经济全球化的"中国回应"和"中国方案"。

(一)"一带一路"倡议破除全球化经济"板块论"

"美洲的发现、绕过非洲的航行,给新兴的资产阶级开辟了新天地。东印度和中国的市场、美洲的殖民化、对殖民地的贸易、交换手段和一般商品的增加,使商业、航海业和工业空前发展。"[1]正是随着新航路的开辟,原本由封建国家所主导的区域性市场,逐渐被新兴的资产阶级按照大工业发展需求的意图,进一步发展为世界市场。尽管整个过程充满血腥,"从头到脚,每个毛孔都滴着血和肮脏的东西"[2],用血与火的文字记录着"封建生产方式向资本主义生产方式的转化过程,缩短过渡时间"[3]。新兴资产阶级为了开拓世界市场"所采取的野蛮和残酷的暴行,是世界历史上任何时期,任何野蛮愚昧和残暴无耻的人种都无法比拟的"[4],因此马克思总结说"暴力本身就是一种经济力"[5]。

---

① 马克思、恩格斯:《共产党宣言》,北京:人民出版社,2014年,第28页。
② 马克思:《资本论》第1卷,北京:人民出版社,2018年,871页。
③ 马克思:《资本论》第1卷,北京:人民出版社,2018年,第861页。
④ 马克思:《资本论》第1卷,北京:人民出版社,2018年,第861页。
⑤ 马克思:《资本论》第1卷,北京:人民出版社,2018年,第861页。

也正因为如此，在新兴资产阶级眼中，世界市场来之不易，资产阶级"挖掉了工业脚下的民族基础。古老的民族工业被消灭了，并且每天都还在被消灭。它们被新的工业排挤掉了，新的工业的建立已经成为一切文明民族的生命攸关的问题；这些工业所加工的，已经不是本地的原料，而是来自极其遥远的地区的原料；它们的产品不仅供本国消费，而且同时供世界各地消费。旧的、靠本国产品来满足的需要，被新的、要靠极其遥远的国家和地带的产品来满足的需要所代替了"①。这种世界市场的形成是靠牺牲被卷入国的发展为成本代价推进的，从一开始就带着天生的弊端和缺陷。

这种资产阶级主导的世界市场体系必然形成两大板块，一个是宗主国，另一个是被殖民、被掠夺的附属国。"两大板块"也是今天世界格局中发达国家与不发达国家两大阵营形成的重要历史原因。资本主义开拓的世界市场越大，世界市场的问题就越多。现在"一带一路"沿线各国基本上是发展中国家。基于此，"一带一路"建设可以有效破解经济全球化中的"板块论"，实现更加有效的发展融合。正如习近平强调："'一带一路'建设不是另起炉灶、推倒重来，而是实现战略对接、优势互补。"②"一带一路"建设本身正是中国顺应经济全球化的务实举措，社会主义国家完全可以并且应该进一步"开拓"世界市场，"一带一路"倡议体现了对马克思世界市场观的理论发展和实践创新。

（二）"一带一路"倡议拓展了化解世界经济危机应对的新思路

马克思经济危机理论是马克思主义经济学说的重要组成部分，是研究自由资本主义现实经济危机的产物，它将随着经济危机实践的发展而不断

---

① 马克思、恩格斯：《共产党宣言》，北京：人民出版社，2014年，第31页。
② 习近平：《"一带一路"建设不是另起炉灶推倒重来》，新华网，2017年5月14日（2021年3月15日），http://www.xinhuanet.com/world/2017-05/14/c_129604248.htm。

发展。早在 19 世纪 40 年代,马克思便开始考察资本主义周期性普遍生产过剩经济危机的现象。在 1853 年的《中国革命和欧洲革命》一文中他指出:"欧洲从 18 世纪初以来没有一次严重的革命事先没发生过商业危机和金融危机。1848 年的革命是这样,1789 年的革命也是这样。"①随着资本主义大工业发展,世界市场也不断拓展,资本主义经济危机表明"资产阶级的关系已经太狭窄了,再容纳不了它本身所造成的财富了"②。

恩格斯在《反杜林论》里对资本主义经济危机做了深刻的规律性总结:"事实上,自从 1825 年第一次普遍危机爆发以来,整个工商业世界,一切文明民族及其野蛮程度不同的附属地中的生产和交换,差不多每隔十年就要出轨一次。"③恩格斯在《资本论》第 1 卷英文版序言中说:"研究英国的经济状况成为国民的迫切需要的时刻,很快就会到来。这个国家的工业体系的运转——没有生产的从而没有市场的经常而迅速的扩大,这种运转就不可能进行——已趋于停滞。自由贸易已无计可施,甚至曼彻斯特对自己的经济福音也产生了怀疑。生产按几何数级增长,而市场最多也只是按算数级扩大。1825 年至 1867 年每十年反复一次的停滞、繁荣、生产过剩和危机的周期,看来确实已经结束,但这只是使我们陷入持续和慢性的萧条的绝望泥潭,人们憧憬的繁荣时期将不再来临;每当我们似乎看到繁荣时期行将到来的种种征兆又消失。"④

事实上,经济危机是生产关系阻碍生产力发展、危害经济正常运行的一种状态。席卷世界的经济危机不断爆发,说明发达国家生产力已经强大到生产关系"所不能适应的地步",资本主义生产方式已不能驾驭社会化的生产力,进一步暴露出资本主义主导的世界经济体系已难以为继。不仅如此,危机本身也呈现多样化,如生态危机、道德危机等。根本原因在于"资

① 《马克思恩格斯选集》第一卷,北京:人民出版社,2012 年,第 696 页。
② 《马克思恩格斯选集》第一卷,北京:人民出版社,2012 年,第 278 页。
③ 《马克思恩格斯选集》第三卷,北京:人民出版社,2012 年,第 626 页。
④ 马克思:《资本论》第 1 卷,北京:人民出版社,2018 年,第 34 页。

本的秘密"是资本"一家独大"无限制地发展实现自身增殖的最大化,而对技术的交流进行种种限制。

可以预见,不改革世界市场的封闭式和自我循环发展,必然会不断被经济发展滋生的新危机阴影所笼罩。对于今天的全球经济发展,不能回避经济发展中的问题和经济危机的可能性,而必须审慎思考危机可能的应对方案,更不能用"以邻为壑"转嫁危机的办法解决危机,而应由世界各国一起携手共同直面可能的危机,通过"共商共建共享"实现对世界市场中危机的规避。"一带一路"倡议让各国共同参与,共同应对发展中的问题,实现共同发展繁荣。这条路不是某一方的私家小路,而是大家携手前进的阳光大道。"一带一路"倡议聚焦互联互通,深化务实合作,携手应对人类面临的各种风险挑战,实现互利共赢、共同发展,体现了共同应对世界危机的中国智慧,是对马克思经济危机理论的发展和开创性贡献。

(三)"一带一路"倡议增强了各国参与世界经济发展的平等主体性

马克思说:"在西欧,政治经济学的故乡,原始积累的过程多少已经完成。事实越来越是明显地反对政治经济学家的意识形态,政治经济学家就越来越热心地起劲把资本主义以前的世界的法的观念的所有权观念应用到这个已经完成的资本世界。"[①]资产阶级总是用自己的先发优势,对其他欠发达国家进行掠夺和欺压,企图把更多国家改造为自己希望的永远依附对象。从总体上讲,资本主义世界殖民体系,是建立在资本主义列强全球扩张的基础之上的,而资本主义列强的全球扩张,不论是军事上的、经济上的或是文化上的,其目的都是掠夺。资本主义殖民市场开拓如飓风横扫,

---

① 马克思:《资本论》第1卷,北京:人民出版社,2018年,第876页。

给发展中国家带来的是灾难性后果,社会封闭落后,经济水平低下,发展速度极为缓慢。

"资产阶级,由于一切生产工具的迅速改进,由于交通的极其便利,把一切民族甚至最野蛮的民族都卷到文明中来了。它的商品的低廉价格,是它用来摧毁一切万里长城、征服野蛮人最顽强的仇外心理的重炮。它迫使一切民族——如果它们不想灭亡的话——采用资产阶级的生产方式;它迫使它们在自己那里推行所谓的文明,即变成资产者。一句话,它按照自己的面貌为自己创造出一个世界。"[1]

在这方面最为典型的是恩格斯在《共产党宣言》波兰文版序言中谈到波兰的发展:"俄国的波兰,会议桌上的波兰,已成为俄罗斯帝国的巨大的工业区。俄国大工业分散于各处,一部分在芬兰湾沿岸,一部分在中央区(莫斯科和弗拉基米尔),一部分在黑海和亚速海沿岸,还有一些分散在其他地方;波兰工业则集中于一个比较狭小的地区,这种集中所产生的益处和害处,它都感受到了。这种益处是竞争对手俄国工厂主所承认的,他们虽然拼命想把波兰人变成俄国人,同时却要求实行对付波兰的保护关税。"[2]

但是,"波兰工业的迅速发展(它已经超过了俄国工业),又是波兰人民拥有强大生命力的新的证明,是波兰人民即将达到民族复兴的新的保证。而一个独立强盛的波兰的复兴是一件不仅关系到波兰人而且关系到我们大家的事情。欧洲各民族的真诚的国际合作,只有当每个民族在自己家里完全自主的时候才能实现"[3]。

事实上,传统全球化经济中的诸多问题都可以归结到参与主体的不平等性,因为西方主导的世界经济体现的是资本的"霸权",以致帝国主义与

---

① 马克思、恩格斯:《共产党宣言》,北京:人民出版社,2014 年,第 32 页。

② 马克思、恩格斯:《共产党宣言》,北京:人民出版社,2014 年,第 21 页。

③ 马克思、恩格斯:《共产党宣言》,北京:人民出版社,2014 年,第 22 页。

霸权主义成为全球经济的"通行证"。因此,资本主义殖民体系实际上是在一种不平等基础上的世界经济。而"一带一路"倡议宗旨体现"多样、交流、互鉴、发展",最核心的是参与主体的平等性,"互联互通、文明交流互鉴"是"一带一路"倡议得到认同的根本原因。因此"一带一路"倡议是一种包容型的全球化建设新方案,可以更好地促进各国共同打造开放、包容、均衡、普惠的平等性区域合作架构。

七、"一带一路"倡议与中非合作

随着中非交流的不断深入,一些西方国家出现关于中国在非洲实行"新殖民主义"的论调。当中国提出"一带一路"倡议时,中国在非洲实行"新殖民主义"的噪声又再次回到人们的耳边。事实上,一直以来,西方国家都是以涂上了浓厚的政治色彩"有色眼镜"看待中国与非洲国家之间一切正常的经济交往、能源合作的。因为无论从中非合作的动机,还是合作机制或对非洲的贡献来看,都有研究者发现中非合作是有益的、互利的。

事实上,中非合作早已有之。从1956年开始,中国就向非洲国家提供援助,直到1982年,中国对非洲的援助主要以经济援助和无偿捐赠为主,1970年至1976年,中国对非洲的援助金额高达18.2亿美元。1983年以后,中国根据自身的发展情况调整了对非援助的方式和额度,从过去以援助为主逐渐转变为以经济合作为主、援助为辅的可持续的发展模式。经过双方多年的努力,中国对非洲国家的投资额度和贸易额度不断增加。

(一)中非合作不需要用"西方中心论"来评判

西方世界对于当今全球发展的认识存在诸多问题,一个重要的原因是西方在看待世界时,总是自觉或者不自觉地以傲慢心态,固执地坚守着"西方中心论"。在对待非洲国家时,西方国家仍然摆脱不了殖民主义的心态,将非洲视为西方的附属物,认为非洲是"西方的非洲"。因此,在某些西方国家看来,任何国家与非洲的交往,都需要征得西方主要国家的认同或者认为只有西方主要国家才有资格与非洲交往。正因为如此,当中国、印度等国开始与非洲进行交往和开展合作时,就有了"资源掠夺论""新殖民主义论"等不和谐的声音。

进入 21 世纪以来,越来越明显的世界多极化发展的潮流正在改变自 18 世纪以来一直被西方几个主要大国主导的世界发展格局,西方的日渐衰落与发展中国家的发展正在对"西方中心论"形成越来越大的冲击。事实上,"西方中心论"不仅无助于非洲的发展,而且越来越成为非洲发展的"包袱"。应当承认,在当今的世界,西方国家在经济、政治、外交、军事、技术和资本方面仍然占据着显著优势,但是这些优势在历史上的形成与对很多国家的殖民和掠夺有很大的关系。为此,欧美等西方发达国家更有责任推动包括非洲各国在内的更多发展中国家的发展,而不是继续抱着西方至上的自我优越感,进行不切实际的说教,甚至是阻挠非洲的发展,否则将无法与包括中印在内的大多数发展中国家顺利往来,最终将不利于西方国家自身的发展。

(二)非洲发展不需要遵循西方模式

西方国家率先走上现代化的道路,值得更多的发展中国家学习,这是事实。但是这种学习不是简单的模仿,更不是复制西方的道路。自近代以来,西方式现代化触角已延伸到世界各地,它的思想、体制、价值观、宗教、语言、意识形态、习俗等,对世界其他国家产生了很大的影响。然而,过去的半个世纪中,亚洲各国发展迅速,尽管不少国家吸取了发达国家的经验,但这些国家的发展道路却并非是西方的翻版,而是各具特色,其体制、习俗、价值观、意识形态,都植根于自己的历史和文化。可见,西方发达国家是现代化的先行者,但绝不是现代化的范本,更不是现代化的唯一"蓝本"。

工业增长并不一定是欧洲发现的特殊技能经过几百年的长期积累而形成的结果,通往经济现代化的道路有很多条,英国只是走了其中的一条。"18世纪,这个岛国的人民开创了世上第一个工业文明。这次事件,自定居式农业问世以来,是一个将要深刻地改变人类历史的事件。"[1]实际上,实现经济腾飞的方式和路径可以多种多样。特别是东亚经济的腾飞和发展,也证明了这一点。"英格兰和英国或许已成既往。中国或印度其他新生的全球性帝国,将更有力地接过白种人的负担,只要这些国家探知英格兰道路的壸奥,了解它如何冲破一切樊篱,最终通向我们居住的现代世界。"[2]其一,与西方现代化几百年的历程相比,东亚腾飞之路只用了短短几十年时间,很值得包括非洲各国在内的许多发展中国家学习、借鉴;其二,西方现代化有其特殊的历史背景,其现代化的进程与对很多国家的殖民和掠夺分不开,其发展模式不可复制。对于如何实现非洲国家的经济发展,应该说,非洲人自己比任何西方国家更清楚。脱离非洲国家具体国情的发展道路,不但对非洲发展无益,甚至可能阻碍非洲各国的自身发展。

联合国贸易和发展会议发布的《2015年最不发达国家报告》指出,在联合国确定的48个最不发达国家中,非洲占据了32个。在撒哈拉以南非洲有4.1亿人靠每天不足1.3美元在维持生存,占该地区人口的44%,63%的人不能饮用上健康的水,文盲率高达41%,在文盲率最高的11个国家中,非洲地区就有10个。非洲大陆作为一个整体,比发达国家至少落后几十年。要彻底摆脱这种贫穷、落后的局面,非洲的发展只能按照自己的国情,选择适合自己的发展道路去进行。如果硬性移植西方发展模式,最终结果可能是灾难性的。

---

① 麦克法兰:《现代世界的诞生》,管可秾译,上海:上海人民出版社,2013年,第353页。
② 麦克法兰:《现代世界的诞生》,管可秾译,上海:上海人民出版社,2013年,第360页。

(三)"一带一路"倡议不但有利于非洲发展,更有利于世界发展

随着中国的发展,与之相伴的另一个话题也随同出现——"中国威胁论"。中国用不到四十年的时间,完成了西方几百年的现代化历程,并且在全球处于金融海啸引发的经济低谷之际,引领世界经济成长,引起全球的关注。不管西方发达国家的心路历程如何,中国的伟大复兴不但让西方更多反思过去的发展模式,而且更可能改变未来世界发展的理念。英国学者马丁·雅克曾预言,中国的发展会重新塑造现代的意涵与模式,不要期待中国会向西方模式靠拢,中国会成为带动世界秩序重组的重要力量。现在,在对待中国的发展上,西方总是希望世界的中国变成"西方的中国",希望中国融入西方国家建构的主流价值观之中,或是被现存的国际社会规范与制度同化。事实上,中国发展的成功,正是在不断汲取西方国家的经验基础上,根据自己的国情坚持走自己的道路取得的。中国的发展源于同世界发展的联系,"中国的世界"与"世界的中国",不是两个相互排斥的命题,而是互为因果、相互促进的关系。

三百多年来,西方一直秉承西方中心论的世界观,引导着世界的发展潮流。中国及一大批新兴国家的发展,意味着西方主导世界的时代即将落幕,其心理上的失落与沮丧可以理解,同时西方也应该以正确和积极的心态理解中国与更多新兴国家的发展。今天,不是中国挑战现存的国际规则与秩序,而是现存的西方主导的国际规则与秩序并没有充分考虑到更多的非西方国家的发展,也没有兼顾发展中国家的利益与需要,才会导致各种矛盾和摩擦。因此,现在西方国家正在进入一个西方无法主导和多元治理的世界,西方不再是唯一现代化发展的样本,更不是先进的"坐标",传统的西方熟悉的一元化发展格局正在消失,多元化发展格局正在形成。在这种多元化发展格局里,世界各国将日益谋求自身的独立与发展,谋求平等共处。

西方发达国家对中非合作的种种说辞甚至歪曲并非真的是因为中国在

非洲"掠夺"了多少资源或是对非洲国家造成了不利影响,而是源于欧美国家担心自己对非洲资源的绝对控制地位受到挑战,特别是担心自己在非洲政治、文化和思想上的影响力因为中国的进入而受到冲击。一句话,歪曲中非关系实际上是对中国经济快速发展和国际地位上升充满戒心的表现。可以想见的是,这种心态既不利于非洲的发展进步,也不利于西方发达国家自身的发展。

(四)"一带一路"倡议推动中非合作共赢

中国与非洲国家有着深厚的友谊基础和良好的经济合作关系。2015年的皮尤研究中心调查发现,非洲有 70% 受访者认为中国对非洲的影响是正面的,高于欧洲的 41% 和世界平均水平 55%,是最高的。非洲是中国重要的能源进口来源地、第二大海外工程承包市场和第四大投资目的地,中国作为后发国家加入非洲市场,改善了非洲的贸易和投资环境,打破了西方对非洲的垄断。中非资源禀赋各异,经济互补性强,在"一带一路"倡议下合作潜力和空间很大。李克强总理曾于 2015 年 11 月 2 日在《经济学人》发表题为"中国经济的蓝图"的文章,文中提出:中国正在推动"一带一路"建设,通过国际产能合作,将中国制造业的性价比优势同发达经济体的高端技术相结合,向广大发展中国家提供"优质优价"的装备,帮助它们加速工业化、城镇化进程,以供给创新推动强劲增长。

"一带一路"倡议的提出再次告诉世人,中国并不追求霸权,其目标是实现与周边国家建立"命运共同体""利益共同体"。"历史上的丝绸之路既不是中国人兴建的,也不是中国人推行的,而是境外对中国的丝绸有需要,才形成了丝绸之路。1860 年前后,德国地理学家李希霍芬到中亚考察,提出'丝绸之路'概念。他结合考察情况,又对照中国历史,提出约在公元前2 世纪,存在着这样一条丝绸之路。"①中国的"一带一路"倡议与西方的"马

---

① 葛剑雄:《历史上的丝绸之路》,《中外文摘》2019 年第 10 期。

歇尔计划"有本质区别,因为"一带一路"倡议希望沿线国家平等互利、和平发展、合作共赢。对于非洲而言,"一带一路"倡议中的政策沟通保证了中非合作中中国能够主动倾听非洲国家的声音,并且从非洲国家现阶段的经济、制度条件出发,与非洲各国展开合作。如道路联通消除了制约非洲国家经济发展中的基础设施障碍,提升了非洲国家的技术水平和管理水平,优化了非洲国家的禀赋条件,降低了贸易成本,增强了产品的竞争优势;贸易畅通解决了非洲国家一直以来在国际贸易市场中不能按时交货等贸易问题,使得非洲国家能够快速融入全球化的产业链中,发挥比较优势,实现产业升级和经济增长;货币流通完善了非洲国家资本市场,使得非洲各国资本市场的发展能更好地服务本国实体经济;民心相通能使得中非传统友谊源远流长,起到中非交流的桥梁作用,为中非合作发展多做贡献。

　　中国的"一带一路"倡议是在世界经济低迷不振的时代,作为世界经济增长"火车头"的中国,将自身的产能优势、技术与资金优势、经验与模式优势转化为市场与合作优势,实行全方位开放的重大战略举措。中国通过"一带一路"建设让非洲和全世界共同分享中国改革发展红利、中国发展的经验和教训,体现了中国在促进世界发展进程中的责任和担当。中国提出"一带一路"倡议,可以更好地推动沿线国家间实现合作与对话,建立更加平等均衡的新型全球发展伙伴关系,夯实世界经济长期稳定发展的基础。中国"一带一路"倡议下的中非合作发展互有需要、互有优势,为非洲的历史性发展迎来历史性机遇。当前非洲各国普遍期待加快工业化和农业现代化进程,致力于实现经济独立和自主可持续发展,同时中国经过四十多年的改革开放和快速发展已形成大量优势产业与富余产能,具备了同非洲国家在优势互补基础上实现合作共赢、共同发展的条件。中国提出的"一带一路"倡议与非洲国家致力于加快工业化和农业现代化的努力是历史巧合,对中非合作发展也是一个重大历史性机遇。

第八章　中国发展的世界意义

中国发展的主要表现是中国经济的高速发展与赶超，而经济赶超背后的实质，是中国在国家治理能力上对西方的全面超越。中国道路的成功，拓展了发展中国家走向现代化的途径，给世界上那些既希望加快发展又希望保持自身独立性的国家和民族提供了全新选择，为解决人类问题贡献了中国智慧和中国方案。中国道路的成功表明，没有任何一种模式能够适用于所有的国家，各国必须走一条适合自己国情的道路。相对于西方发展道路，中国经验更契合发展中国家的现实需要，更能有效助推发展中国家发展改革新实践。

党的十九大报告明确提出，中国特色社会主义进入新时代，意味着中国特色社会主义道路、理论、制度、文化不断发展，拓展了发展中国家走向现代化的途径，给世界上那些既希望加快发展又希望保持自身独立性的国家和民族提供了全新选择，为解决人类问题贡献了中国智慧和中国方案。这一重要论断不仅表明中国特色社会主义使久经磨难的中华民族实现现代化、走向全面伟大复兴，也深刻揭示了新时期中国特色社会主义的世界价值和全球意义，诠释了新时期中国特色社会主义对发展中国家现代化发展道路选择和解决人类问题的中国贡献。

一、国家治理能力是中国发展的根本

中国发展的主要表现是中国经济的发展，而经济发展背后的实质，是中国在国家治理能力上对西方的全面超越。悠久的历史传承、文化传统、经济社会发展的经验，为新中国提供了强有力的国家力量，高效率的科层体系，以及选贤任能的国家治理制度，使得中国几乎从一开始，就内生地拥有一套独特的国家建构经验，并伴随着社会的进步，在历史经验的基础上长期发展、渐进改进，塑造出一套强大的国家治理体系。于是，才有了新中国在成立七十多年的时间里,迅速大踏步赶上时代发展潮流,跨越式实现了西方花费几百年才完成的工业化成就,以及从衰落中再次发展起来的伟大历史大事件。中国实现经济发展背后,实质上是中国吸取传统的国家建构智慧后,在国家治理能力上的发展。正如《政治秩序的起源:从前人类时代到法国大革命》一书中所概括的:"中国之所以成为中国,是因为它最早开始了国家建构的进程。"[①]

中国作为新发展的大国,因为自身地域广大,地区多样性、民族多样性、文化多样性强的特点,在发展过程中积累了丰富的国家建构经验。如果将这些独到的经验进行有效的总结、归纳,从中抽象出一般化的规律,并将之融入"中国经验"当中,并以此为全球治理贡献"中国方案",帮助贫穷落后的发展中国家从困境中摆脱出来,稳定国家与地区秩序,融入全球市场,那么将对世界产生巨大的影响,为世界和平发展做出重要的贡献。就如同福山所说,"国家建构的艺术将成为国家力量的关键,其重要程度决不逊于动用传统的军事力量来维护世界秩序的能力"[②]。

任何制度的优势最终是通过治理的效能展现的,国家建构就是推进治理现代化。就中国发展而言,具体表现为党的领导力、制度执行力、资源动员能力以及应对能力和风险控制能力。

(一)出色的领导力是国家治理的根本和核心

中国特色社会主义制度的最大优势是中国共产党领导,这一制度优势为中国发展进步提供了根本保障。中国共产党领导是中国特色社会主义最本质的特征,是中国特色社会主义制度的最大优势,坚持党对经济工作的集中统一领导是社会主义基本经济制度在实践中最显著的特征和优势。

---

① 福山:《政治秩序的起源:从前人类时代到法国大革命》,毛俊杰译,桂林:广西师范大学出版社,2014年,第4页。

② 福山:《国家构建:21世纪的国家治理与世界秩序》,黄胜强、许铭原译,北京:中国社会科学出版社,2007年,第116页。

首先,坚持党对经济工作的集中统一领导有利于保障国家长远利益的实现。[1]中国共产党从长远角度出发,对国家经济发展的重大节点做出判断,得出不同经济发展时期的主要矛盾,全面统筹协调经济发展的战略方向和整体节奏,确保经济社会发展坚持正确方向。新中国成立初期,中国实施重工业优先发展战略,工业化成为经济发展的主要方向。改革开放后,中国逐渐由计划经济体制向社会主义市场经济体制转变,不断寻求社会主义公有制与现代市场经济更好的结合路径。新时代以来,中国经济由高速增长转向高质量发展。此外,中国的长中短期规划为国民经济和社会发展定目标、定方向、定任务、定政策。中国经济奇迹之路就是以一连串的五年计划或规划为基石而铺就的。[2]每一个五年规划的完成,都为后续规划的制定实施奠定了坚实的物质、制度和政策基础。历史证明,中国共产党立足于国家发展的长期目标,在制定政策时有定力且有能力保持优化经济发展的思路方向不改变,这种长期稳定性是当下跨越发展阶段和深化经济改革不可缺少的重要因素。

其次,坚持党对经济工作的集中统一领导更有利于在改革过程中保障人民群众的整体利益始终得到最大限度的重视。因为中国共产党代表最广大人民群众的根本利益,维护好、实现好、发展好人民利益是其一切工作的出发点和落脚点,同时也是超越党派和利益集团约束的强大力量。实现基本经济制度的优势向国家治理效能转化,根本目的是使经济发展更好地满足人民日益增长的美好生活需要。纵观所有政党,只有中国共产党能够做到在领导经济发展的过程中,无论是政策的制定还是政策的实施都体现人民的地位、人民的意志和人民的利益。相比之下,西方资本主义社会的政党往往囿于个人利益、集团利益和短期利益,无法着眼于整个国家的长远发展,更不用说以人民为中心发展经济,于是导致治理低

---

[1]　周文、何雨晴:《国家治理现代化的政治经济学逻辑》,《财经问题研究》2020年第4期。

[2]　鄢一龙:《五年规划,让中国行稳致远》,《决策探索》2015年第22期。

效甚至无效。

最后,中国在经济发展的实践中探索出了一条中国共产党总揽全局、协调各方的中国特色社会主义道路,既让市场在资源配置中起决定性作用,同时又更好地发挥政府作用,形成了中国特色社会主义政治经济学的"党、政府、市场"的稳定结构。在党的指导下,政府可以主动维护市场的有效性、完善市场监管、开展有效市场建设,进而克服市场运行的自发性与盲目性所导致的宏观经济结构失衡和产业发展规划缺少长期性等问题。宏观经济平稳发展、微观经济充满活力的经济更加有利于发挥基本经济制度的优势,充分把制度优势转化为治理效能。事实证明,中国党、政府、市场的"三维谱系"稳定结构在实际经济运行过程中取得了良好的治理成效。在中国共产党的领导下,中国不断推进国家治理体系和治理能力现代化,促进基本经济制度的优势转化为治理效能,新中国成立七十多年来创造的"两大奇迹",即经济快速发展奇迹和社会长期稳定奇迹正是对治理效能的高度概括。

(二)强大的制度执行力是国家治理的关键

制度的生命力在于执行,制度执行力的强弱关系到制度优越性的发挥,关系到国家治理效能的实现,强大的制度执行力是国家治理能力现代化的关键。"中国制度"行得通、真管用、有效率是通过执行力来体现的。如果没有强大的制度执行力,再好的制度也只是纸上谈兵,难以发挥作用。所谓制度执行力是指治理者作为主体执行制度的能力,各级党委和政府以及各级领导干部作为国家治理的骨干力量,是制度执行的主体力量,领导干部的意识、能力和素质水平是制度执行力的决定性因素。在中国特色社会主义制度下,中国的制度执行力为人民生活提供了稳定的社会秩序,在社会稳定的基础上不断促进政治、经济和社会的发展,改革开放四十多年来取得了巨大的成就。然而,这并不意味着中国的制度执行力足够强大,事实上在制度执行中依然存在执行力不足的问题,党的十九届四中全会对此提出了严格要求,"健全权威高效的制度执行机制,加强对制度执行的监督,坚决杜绝做选择、搞变通、打折扣的现象"①。

(三)出色的资源动员能力是国家治理能力的重要体现

资源的调配和集中是国家治理能力的重要表现。②评价一个国家治理能力首要的是看动员能力,国家治理能力强,就具有强大的资源动员能力。只有具有强大的动员能力,才能够高效地集合资源,才能充分调动广大人民群众的积极性,凝聚形成整体的合力,从而实现集中力量办大事。出色的资源动员能力能够高效地集合资源,将资源集中到经济发展的关键之处和人民的所需之处,集中力量办大事,并且能充分调动广大人民群众的积极性,形成整体的力量,全国上下"一盘棋"。一是政府通过抓住经济社会发展中的重大问题、全面深化改革中的难点问题、推动高质量发展中的关键问题,集中力量,将资源有效整合到战略性先导产业、前沿部门、重大基础设施等领域,从而推动经济的全面发展。③二是在中国特色社会主义经济制度下,国家通过宏观调控解决市场失灵带来的资源错配问题,优化整体资源配置的效益,使资源分配更合理、更高效。三是在收入分配上,以税收、社会保障、转移支付等为主要手段的再分配调节机制也需要依靠国家的资源动员能力来实现,通过国家对资源的集中调配,增加低收入者收入,扩大中等收入群体,调节过高收入。因此,资源动员能力也是促进收入分配体系更加公平的重要力量。

---

① 《中共中央关于坚持和完善中国特色社会主义制度、推进国家治理体系和治理能力现代化若干重大问题的决定》,《人民日报》2019 年 11 月 6 日。
② 王绍光、胡鞍钢:《中国国家能力报告》,沈阳:辽宁人民出版社,1993 年。
③ 周文、何雨晴:《国家治理现代化的政治经济学逻辑》,《财经问题研究》2020 年第 4 期。

(四)高效的应对能力和风险控制能力是国家治理的关键

制度优势是一个国家的最大优势,但是这种优势必须通过高效的应对能力来体现,从而把制度优势转化为国家治理效能。高效的应对能力就是运用制度威力应对风险挑战的冲击:既要有防范风险的先手,也要有应对和化解风险挑战的高招;既要打好防范和抵御风险的有准备之战,也要打好化险为夷、转危为机的战略主动战。先进的制度、强大的国家治理体系和治理能力从来不是从天上掉下来的,也不是在风平浪静中凭空构想出来的,而是经过无数风险磨难,在严峻考验中诞生、完善和发展的。

国家的风险控制能力贯穿风险出现的全过程:在风险出现之前,有防范风险的先手;在风险到来之时,又有应对和化解风险的高招。具体来说,在经济平稳发展的时期,保持危机意识,防患于未然,提早做好各项防范准备。在危机来临时,迅速做出反应,运用宏观调控积极作为,最终做到化险为夷。一方面,在全球化大发展的背景下,国家间相互深度依赖、相互影响,国家可能受到更多来自外界的冲击。2008 年的全球金融危机爆发时,中国政府采取了积极的财政政策和适度宽松的货币政策,通过宏观调控保证了经济的平稳过渡。面对风险的冲击,国家需要及时调整经济政策,维持经济的平稳运行,尽可能减少风险带来的危害。另一方面,在社会主义市场经济体制下,由于市场调节的盲目性、滞后性、分散性、外部性等固有弊端,经济发展会发生周期性波动和总量失衡,造成对国内经济的冲击。国家治理的宏观调控手段就是要把局部利益与整体利益、当前利益与长远利益结合起来,防范市场失灵可能带来的风险。

二、中国道路为发展中国家现代化提供中国经验

改革开放四十多年来,中国坚持走中国自己的道路,实现了经济持续

快速发展,成为世界第二大经济体,7亿多人口摆脱贫困,人均国内生产总值超过1万美元。中国用四十多年的时间走完了西方发达国家几百年走过的发展历程,实现从一穷二白到建立现代工业体系和国民经济体系的跨越,实现从物资极度匮乏、产业百废待兴到成为世界经济增长引擎、全球制造基地的跨越,实现从贫穷落后到阔步走向繁荣富强的跨越。

历史总是以超出人们想象的大跨越和大步伐,对中国共产党领导中国人民走出的中国道路做出了最生动的诠释。中国改革开放四十多年取得的发展成就,带给中国的是一场百年未有的大变局,带给世界的却是历史"坐标"的大翻转。正是有了四十多年来的历史性成就和变革,中国特色社会主义才将中国的现代化发展带入新的历史方位。经过四十多年在现代化道路上的不断砥砺前行,中国的现代化建设又站上了一个新的起点。

基于中国特色社会主义伟大实践和长远发展,立足时代和全局高度,中国郑重提出习近平新时代中国特色社会主义思想并将其确立为行动指南。习近平新时代中国特色社会主义思想,不仅领航中国的繁荣发展,也为解决人类问题提供中国方案和中国智慧。

(一)发展是人类永恒的主题

国家强盛,人民富裕,关键在于发展。发展是硬道理,只有经济发展了,人民才富裕,社会才安定,这是中国特色社会主义发展实践反复验证的一条真理。中国特色社会主义的一个显著优势就体现在加快中国的发展上。改革开放四十多年来,中国取得举世瞩目的辉煌成就,从根本上讲就是抓住了发展是解决中国一切问题的"金钥匙"。在中国特色社会主义现代化道路上,中国对发展的主题从未动摇,并以不断创新的中国伟大实践主动回应世界性的发展难题和普遍性的发展困境。党的十八大以来,在全面建成小康社会、实现社会主义现代化和中华民族伟大复兴的重要历史节点,以习近平同志为核心的党中央又明确提出了"创新、协调、绿色、开放、共享"的新发展理念,为破解发展难题、突围发展困境、厚植发展优势再次找到突破口,也为中国特色现代化找到了一条新路,极大地拓展了中国特色现代化的现实路径。

现在,中国已成为世界第二大经济体,形成了世界上最多人口的中等收入群体,每年对世界经济增长的贡献率高达30％以上,已成为世界经济增长的重要引擎。正是这些发展积累的雄厚物质基础,为中国发展培育了新动力、拓展了新空间,有力推动了中国发展不断朝着更高质量、更有效率、更加公平、更加可持续的方向前进,也标志着中国经济进入由"高速增长"转向"高质量发展"的新时代。党的十九大提出,我们要在继续推动发展的基础上,着力解决好发展不平衡不充分问题,大力提升发展质量和效益,更好满足人民对美好生活的需要,更好推动人的全面发展、社会全面进步。

(二)不断开辟当代中国发展进步的新境界

党的十八大以来,我们党着眼于全面建成小康社会、实现社会主义现代化和中华民族伟大复兴,以强烈的历史使命感和问题意识前瞻性谋划未来,统筹推进"五位一体"总体布局,协调推进"四个全面"战略布局,抓住改革发展稳定的关键,进一步确立了新形势下党和国家各项工作的顶层设计、战略方向,坚定走生产发展、生活富裕、生态良好的文明发展道路,建设美丽中国,为全球生态安全做出贡献,充分体现了当代中国的全局视野和战略眼光。

"五位一体"总体布局,紧扣中国社会主要矛盾变化,统筹推进经济建设、政治建设、文化建设、社会建设、生态文明建设,步步"合拍"全面建成小康社会的时代进程,形成经济富裕、政治民主、文化繁荣、社会公平、生态良好的发展格局,协同推进人民富裕、国家强盛、中国美丽,突出抓重点、补短板、强弱项,特别是坚决打好防范化解重大风险、精准脱贫、污染防治的攻坚战,使全面建成小康社会得到人民认可,经得起历史检验。在党的十九大报告中,习近平总书记又再次强调,"我们要建设的现代化是人与自然和谐共生的现代化,既要创造更多物质财富和精神财富以满足人民日益增长的美好生活需要,也要提供更多优质生态产品以满足人民日益增长的优美生态环境需要"。[①]

(三)开放带来进步,封闭必然落后

回顾中国特色社会主义的伟大成功,其中重要的就在于四十多年来中国始终坚持高举改革开放大旗,主动顺应经济全球化潮流,把改革开放作为大踏步赶上时代步伐的重要法宝。没有改革开放,就没有中国的今天,也就没有中国的明天。通过改革开放,不断深化和全面推进体制改革,加快破除经济、政治、社会、文化和生态等领域的体制机制性障碍,不断解放思想,激发劳动、知识、技术、管理、资本的活力,解放和发展社会生产力,推动从计划经济向市场经济的历史性转变,推动经济社会发展质量和人民生活水平不断迈上新台阶。同时,中国的改革始终坚持社会主义市场经济的改革方向,保持战略定力,在改革中不断完善中国的社会主义市场经济体制,在伟大实践中不断超越西方理论的认知,始终坚持"看不见的手"与"看得见的手"的有机结合,做到既充分发挥市场经济的优势,又有效克服市场失败的风险,坚持适应中国经济发展主要矛盾变化,完善宏观调控,从而使中国经济走出一条行稳致远的发展之路。

特别是党的十八大以来,习近平总书记亲自主持召开中央全面深化改革领导小组会议几十次,审议通过重点改革文件几百个,出台一千多项改革举措,重要领域和关键环节改革取得突破性进展,主要改革领域主体框架基本确立。党的十九大报告中,用"使市场在资源配置中起决定性作用,

---

① 沈王一、常雪梅:《建设人与自然和谐共生的现代化》,中国共产党新闻网,2017 年 10 月 22 日 (2021 年 3 月 15 日),http://cpc.people.com.cn/19th/n1/2017/1022/c414305-29601495.html。

更好发挥政府作用"的表述,取代了党的十八届三中全会决定中的"使市场在资源配置中起决定性作用和更好发挥政府作用"。一个标点之变,进一步宣示了中国坚持社会主义市场经济改革方向的决心和立场。

(四)坚持党总揽全局,协调各方,是当代中国发展进步的根本保障

办好中国的事情,关键在党。习近平总书记指出:"坚持和完善党的领导,是党和国家的根本所在、命脉所在,是全国各族人民的利益所在、幸福所在。"[①]党政军民学,东西南北中,党是领导一切的。中国特色社会主义现代化建设能取得辉煌成就,最根本的原因是有中国共产党这个坚强领导核心。正是有了中国特色社会主义事业的坚强领导核心,我们才能够把全国各族人民紧密团结起来,形成万众一心、无坚不摧的磅礴力量,才能取得举世瞩目的伟大成就。党的十八大以来,习近平同志多次强调,中国特色社会主义最本质的特征是中国共产党领导,中国特色社会主义制度的最大优势是中国共产党领导。在中国,党的坚强有力领导是政府发挥作用的根本保障,正是有了这一保障,才能成功驾驭中国经济发展大局,保证中国经济沿着正确方向发展。

因此,坚持党对一切工作的领导是经过长期实践证明了的中国特色社会主义伟大事业的政治优势。党的领导作用体现为"集中力量办大事"的制度,体现为总揽全局、同向发力的效率,体现为高度的组织、动员能力,体现为长远的规划、统筹协调、决策和执行能力。改革开放四十多年来,中国大量基础设施项目如高铁、高速公路、西气东输、南水北调、新能源的推广、数字化的生态互联网建设等,"天宫""蛟龙""天眼""悟空""墨子""大飞机"等重大科技成果能够上天入地下海,中国的国家力量起着非常重要的作

---

① 习近平:《在庆祝中国共产党成立 95 周年大会上的讲话》,北京:人民出版社,2016 年,第 22 页。

用。因此,中国经济奇迹的背后,本质上是国家治理能力和治理体系的现代化及对西方的超越。

三、中国道路开拓现代化新途径

回望历史,西方现代化进程总是伴随西方霸权地位的建立与强化。历史上,西方国力增强大多伴随着海外扩张和殖民掠夺,形成中心与外围、殖民与依附的关系,将广大的发展中国家卷入现代化进程。

(一)西方现代化霸权的历史终结

如马克思所言,西方现代化的发展"正像它使农村从属于城市一样,它使未开化和半开化的国家从属于文明的国家,使农民的民族从属于资产阶级的民族,使东方从属于西方"。二战结束后,尽管许多国家成功摆脱了西方的殖民统治,但殖民主义的完结并不意味着西方霸权统治的消亡。相反,借助"西方中心论",西方国家在经济、政治和文化领域中仍然存在着隐形的各种霸权,并继续干预和影响着其他国家的发展。在将文化中的基本价值观念简化为一套包括市场经济制度、政治民主化和人权保障等内容的意识形态教条后,西方国家大肆宣传和兜售这些观念的普适性,向非西方国家,特别是社会主义国家、发展中国家强制推行,强化自己在意识形态上的霸权地位。显然,霸权是西方保持资本主义优势地位的重要手段,是西方现代化的捷径,更是西方"国强必霸"历史逻辑的根源。正是中国特色社会主义伟大实践和巨大成就宣告了西方现代化霸权的历史终结。

(二)西方新自由主义理论开错"药方"

现代化对于任何一个发展中国家来说,都是一种竭尽全力、永无止境的追求以及必须正视的历史潮流,特别是发展中国家都在努力探寻适合自己的现代化发展道路。20 世纪 20—30 年代形成的风靡世界的新自由主义理论，就是西方为发展中国家开出的现代化"万能药方"，该理论的基本主张是"市场化""自由化"和"私有化"。基于新自由主义理论的"华盛顿共识"，虽然给拉美国家带来了一时的经济繁荣，创造了"拉美模式"，但作为一种现代化模式，拉美模式更多地暴露了不足，已经被拉美、俄罗斯和亚洲的实践证明其后果是灾难性的。因为深受其害，一些接受"华盛顿共识"的国家，称"华盛顿共识"是来自华盛顿的"持续性攻击"，拖垮了各国经济。历史事实已经证明：西方模式对于发展中国家的现代化起了误导作用，早期很多发展中国家由于深受西方理论影响，简单化地照搬和复制西方模式，非但没有成功走向现代化，反而饱尝西方模式带来的苦果，导致发展不断退化甚至落入发展"陷阱"，一些国家甚至党争纷起、战祸不断、社会动荡。中国现代化道路所确立的榜样，不但让一度流行于世界的西方新自由主义理论失去市场，更让来自西方的各种偏见和教条现出原形，给了更多发展中国家自主探索现代化道路的勇气和信心。

（三）西方应当反思自己的发展模式

当前世界正处于大发展、大变革、大调整时期，世界多极化、经济全球化、社会信息化、文化多样化深入发展，全球治理体系和国际秩序变革加速推进，各国相互联系和依存日益加深，国际力量对比更趋平衡，和平发展大势不可逆转。同时，世界面临的不稳定性、不确定性突出，世界经济增长动能不足，贫富分化日益严重，地区热点问题此起彼伏，恐怖主义、网络安全、重大传染性疾病、气候变化等非传统安全威胁持续蔓延，人类面临许多共同挑战。2008 年金融危机以来，西方资本主义的生命力受到广泛质疑，越来越多的国家对西方资本主义经济制度、发展模式和民主政治制度开始动摇，西方标榜的资本主义制度优越性黯然失色。今天的西方世界，沉迷于自己的理念而无法自拔，并把这种理念当成衡量现实和实践的标准,从而丧失了解决问题和推进国家发展的能力,决策效率低下,治理绩效越来越差。特别是西方个别大国奉行自身"优先"战略,重新拥抱保护主义和闭关主义,扛起反全球化的大旗,"任性"撕毁许多国际社会达成的共识,使冷战后的世界格局和国际秩序走向不确定。西方世界不能再陶醉在自己过去的辉煌历史中,应该是警醒的时候了,否则只能继续迷失下去。中国现代化道路的成功既可以使西方反思自己的问题,也有助于推动西方国家自身的改革。"一个说故事的人要能引起听众的高度兴趣通常总要使听众相信这故事乃与他们自己的生活息息相关,从而最后能引出某种教训。"[①]

(四)现代化必须走符合自己国情的道路

西方是现代化的诞生地。现代化无论从起源还是从发展来看,都与"西方"息息相关。过去两百多年来,现代化成为西方经验的总结。事实上,西方只是现代化的先行者,并不是现代化的范本,更不是衡量其他国家现代化的标准。过去的现代化发展路径受历史局限,没有更多样本可以参照,从而造成西方现代化的光环过于耀眼,西方模式成为唯一可以模仿的样本。结果,现代化成为单向输入,现代化成为西方化。国情决定道路,道路决定命运。实践中,我们可以看到一些发展中国家照抄照搬西方模式甚至依附于西方国家,失去发展自主性,进而落入发展失败国家的行列。相反,中国在实践发展中成功开辟的中国特色社会主义道路,既避免了社会主义传统模式的僵化,又在很大程度上摒弃了西方现代化模式的弊病和缺陷。

中国道路的成功表明,没有任何一种模式能够适用于所有的国家,各国必须走一条适合自己国情的道路。相对于西方发展路径,中国经验更契

---

① 韦伯:《民族国家与经济政策》,甘阳译,北京:读书·生活·新知三联书店,1997年,第5页。

合发展中国家的现实需要,更能有效助推发展中国家发展改革新实践,丰富发展中国家实现现代化的路径选择。中国特色社会主义成功的伟大实践证明,人类社会走向现代化的道路是多线式的,现代化不是"西方化"。习近平总书记指出:"当代中国的伟大社会变革,不是简单延续中国历史文化的母版,不是简单套用马克思主义经典作家设想的模板,不是其他国家社会主义实践的再版,也不是国外现代化发展的翻版。"①

中国坚持走中国特色社会主义道路,社会经济发展进程波澜壮阔,仅仅只用几十年的时间就走完了西方发达国家几百年走过的发展历程,创造了人类社会发展史上惊天动地的发展奇迹,攻克了一个又一个看似不可攻克的难关,创造了一个又一个彪炳史册的人间奇迹,从而不断开辟现代化的新境界,不断刷新和确立现代化的新坐标。中国现代化道路源于中国的国情,植根于中国的大地。今日中国所取得的举世瞩目的成功,是独立自主走符合国情的现代化发展道路的成功。从这个角度看,中国道路的世界意义,并不在于它提供了现代化的"国际标准",而在于它代表了一种信念,那就是坚持从国情出发,以解决现实问题为导向,同时以世界眼光和开放心态积极吸收借鉴一切有益经验,走出一条让世界瞩目的成功的现代化道路。

(五)中国道路可资借鉴

中国是人类历史上第一个以和平共赢方式取得发展成功的国家。中国完全是通过自我积累发展起来的,既没有对外掠夺和殖民,也没有对外转嫁矛盾和危机,完全是一种和平的、多方受益的发展模式。这和资本主义国家崛起必对外扩张和殖民给世界造成巨大浩劫的方式完全不同。因此,中国道路成功的背后,体现的是一种文明的力量。与世界上 200 多个

---

① 习近平:《在哲学社会科学工作座谈会上的讲话》,北京:人民出版社,2016 年,第 21 页。

国家和地区追求现代化相比,中华文明几千年来一脉相承、从未中断,中华文明具有独特的强大内聚力、延续性、包容性和开放性,有着更为丰富的历史资源和文化资源,这些内在的内聚力、延续性基因一旦与世界其他文化相互学习、借鉴、交流、融合,就会成为中国加速现代化、创新中国特色现代化的巨大资源和文化优势。近年来,西方社会的一些人总担心中国强大了会对世界构成威胁,这样的疑虑是源于他们在传统西方文明范式下认识思考人类社会的发展的范式,源于西方现代化的历史逻辑,完全没有顾及和观察中国成功的路径。

中国发展既借鉴世界一切优秀文明成果,又坚持走符合自己国情的道路,并取得巨大成功,为广大发展中国家走向现代化展示了新的可选途径,给世界上那些既希望加快发展又希望保持自身独立性的国家和民族提供了全新参照。中国道路的成功在人类发展史上开创了现代化的新纪元,具有划时代意义。中国现今已经成为全球经济中最具实力的国家,今天中国的政治和经济体制比二战后主导国际秩序的美国模式更为完备,更可借鉴,甚至更可持续。中国现代化的实践表明,发展中国家实现跨越式发展是可能的,中国的成功给占世界总人口四分之三的发展中国家开辟了一条新路,必将在广大发展中国家中产生一定的示范效应。

(六)中国道路为世界未来共同发展贡献中国智慧

与中国特色社会主义进入新时代相反,现在西方世界不仅是在经历困境,而且进入了一个"系统性失调"时期。正是西方发展的不确定性和一片低迷,让世界更多向"东"看,从而更愿倾听中国声音,期待中国方案和中国智慧。党的十八大以来,以习近平同志为核心的党中央不仅仅着眼于中国自身的发展,更将中国发展放到全球视野中,就世界和平发展的诸多议题提出了一系列的"中国方案"。"中国方案"在国际社会上的正式提出,凸显出新时代中国特色社会主义的实践经验和时代价值,体现了中国的定力、智慧、责任与担当。

现在基于中国自身发展道路的成功,中国适时提出"一带一路"倡议和设立亚洲基础设施投资银行,将自己在现代化发展中获得的宝贵资金、发展成果、先进技术和脱贫经验,分享和回馈给更多的发展中国家与欠发达国家,用中国智慧破解现代化发展的"世界命题",使更多的发展中国家可以更好搭上驶向现代化发展繁荣的"中国高铁"。中国道路所蕴含的新国际合作观和合作模式更加突出了发展中国家之间的重要性与发达国家的分利性,避免了传统现代化发展中的地缘竞争陷阱,可以从根本上扭转现代化进程中"富国越来越富、穷国越来越穷"的格局。这既是对世界未来发展的远见卓识,也是中国道路的世界印象。伴随着发展进程,中国有着更多的发展经验,主动承担大国责任和大国担当,愿意为世界发展贡献中国价值和中国方案,愿意在实现自身发展的同时同其他国家共享发展机遇和发展理念。

(七)中国道路推动人类社会共同进步

中国发展不对任何国家构成威胁,中国伟大复兴只会增加同各国的利益交汇点。当前一些西方发达国家凭借过去西方发展的历史逻辑炒作"修昔底德陷阱",国强必霸,大国发展必然意味着掠夺与战争,强国即"强权"与"霸权",这只是西方兴起的历史印象。一方面,中国发展的路径不同于西方发展路径;另一方面,中华文明的包容性和开放性决定了中国人民的梦想与各国人民的梦想相通,中国发展不对任何国家构成威胁,中国伟大复兴只会增加同各国的利益交汇点。

党的十九大报告郑重提出,中国无论发展到什么程度,永远不称霸,永远不搞扩张。这既是中国向世界做出的承诺,也体现了中国面对世界不确定性展示出的中国力量和大国担当。习近平同志在党的十九大报告中提出:各国人民同心协力,构建人类命运共同体,要同舟共济,促进贸易和投资自由化、便利化,推动经济全球化朝着更加开放、包容、普惠、平衡、共赢的方向发展;要尊重世界文明多样性,以文明交流超越文明隔阂、文明互鉴超越文明冲突、文明共存超越文明优越。中国以共商共建共享理念提出构建人类命运共同体,为全人类共同的美好未来指引了方向,中国不仅以自身发展直接为世界做出巨大贡献,而且胸怀天下、立己达人,为推动人类社会共同进步贡献出中国智慧。

四、中国发展的世界意义

在发展中国家工业化进程普遍难以为继的背景下,中国于世界的东方异军突起,带领占世界人口总数 20% 的中国人,用四十多年时间完成了西方几百年才完成的工业化进程,并快速实现工业化。自 1978 年以来,实现年均增长超 9.6% 的快速经济增长,从改革开放初期 GDP 世界排名第十五位,跃居为世界第二大经济体,经济规模是排名第三位的日本的 2.5 倍。[①]这一成就震撼了世界,造福全球,也改变了中国,被称为"中国奇迹"。

正如黄仁宇说:"今天,中国人所面临的问题跟世界上其他地方的人所面临的问题是一样的,即如何才能找到经济合理行为与其他生活品质之间的和谐。中国人的解决方案不同的是中国独特的历史背景,而每一个人是可以从中学到一些东西的。"[②]"一旦中国找到了问题的解决方案,中国经验对于世界其他国家而言是无价的。面对世界人口的稳定增长和自然资源的减少,中国的实验理应引起人们的强烈兴趣,并予以重视。"[③]

---

① 根据世界银行公开数据库提供的各国 GDP 数据计算所得。
② 黄仁宇:《中国大历史》,北京:九州出版社,2015 年,第 308 页。
③ 黄仁宇:《中国大历史》,北京:九州出版社,2015 年,第 307 页。

（一）中国快速发展证明制造业乃强国之本

中国发展的成功经验超越西方主流经济学的产业划分理论，突破了后工业社会应该是服务业占比大的定义，更有利于经济健康持续发展。中国实践已经证明，西方主流经济学的产业划分理论不但不足以应对日渐复杂的经济发展情况，而且越来越制约经济发展，盲目按照西方发展经验中简单归纳出来的"现代产业结构"进行调整，刻意降低制造业在经济结构中的比例而提高服务业的比例，不但不能解决发展动能不足、环境污染、国内消费不足、资本在金融系统内部空转等问题，而且还会深陷其中而难以自拔，经济不断"脱实向虚"。

与此相反，通过提高劳动生产率、提高全要素生产率和提高潜在生产率的方式来推动经济增长可以使经济"脱实向虚"问题得到更好解决。因此，中国发展的成功经验打破了产业划分的理论，避免了传统产业结构调整局限，强调通过产业体系建设在发展中解决"脱实向虚"问题，建设实体经济、科技创新、现代金融、人力资源协同发展的产业体系。瓦科拉夫·斯米尔对发展制造业与国家繁荣之间的关系有着深刻的理解，他认为"如果没有一个强大而且极具创新性的制造业体系，以及它所创造的就业机会，那么，任何一个先进的经济体都不可能繁荣发展"①。

对任何一个现代经济体来说，制造业都是一个关键的组成部分，其重要性远非对 GDP 的贡献率所能反映出来。因为绝大多数重大的技术进步和创新，来自广泛的工业实践和商业驱动，特别是广大劳动者在日常制造过程中的实际操作经验和积累。相反，去工业化是国家衰落之因，哪怕是一个完成工业化的国家放弃制造业，都会逐渐丧失其技术优势和创新能力。况且，制造业本身又是由很多相互关联、相互依赖的元素构成的。因

---

① 斯米尔：《美国制造：国家繁荣为什么离不开制造业》，李凤海、刘寅龙译，北京：机械工业出版社，2014 年，第Ⅳ页。

此,制造业的命运自然也就依赖于诸多因素,这些因素又共同影响着一个国家的政治、经济、法律、教育、社会和医疗体系的总体面貌。正如兰德斯曾指出的:"具有讽刺意味的是,致富最早的国家——葡萄牙都以失败而告终。这成为经济史和经济理论研究的重大课题之一。西印度群岛财富对西班牙工业意义越来越小,因为西班牙人不再需要制造什么了,因为他们什么都可以购买。"[1]

(二)中国发展给其他发展中国家展示了成功发展的范例

文一曾在其《伟大的中国工业革命:"发展政治经济学"一般原理批判纲要》一书中写道:"中国有近20%的世界人口,但只占有6%的世界淡水资源和9%的耕地,人均耕地不到美国的十分之一。没有任何国家和地区曾在这样的挑战下,单单通过互惠的国际贸易实现工业化和粮食自给,而不是重复西方工业强国当年的殖民主义、帝国主义、奴隶贩卖,以及对弱国发动血腥侵略战争的老路。"[2]中国用七十多年时间,通过和平发展的方式,在如此短的时间里,从"世界低收入国家"转变为"世界中高收入国家",实现历史大翻转。并且,中国工业化的成功经验是如此"近在咫尺",足以作为其他仍在贫穷落后中挣扎的发展中国家学习的范例,为其他后发国家启动工业化提供独特的中国道路。

不同于伴随着殖民掠夺的西方文明的发展所带来的世界财富转移和再分配,中国和平发展的经验注重对国内外有效市场的创造。随着中国的发展,近年来中国在全球治理上承担了越来越多的责任,维护世界市场的有序运行,并积极拓展世界市场的新空间。在金融领域,中国已经完成从资本净输入国向资本净输出国的转变。2014年,中国提议建设业洲基础

---

[1]　兰德斯:《国富国穷》,门洪华等译,北京:新华出版社,2010年,第180页。
[2]　文一:《伟大的中国工业革命:"发展政治经济学"一般原理批判纲要》,北京:清华大学出版社,2016年,第13页。

设施投资银行,根据多方签署的协定,该银行将为亚洲地区长期的巨额基础设施建设融资缺口提供资金支持,促进亚洲经济增长和社会发展,进而为全球经济发展提供新动力。①

在推动全球互联互通方面,中国提出"一带一路"倡议,推动基础设施互联互通,努力开拓世界市场。在安全领域,中国主动承担大国责任和担当,在反海盗、反恐怖主义问题上,做出积极应对,为地区与世界安全稳定做出越来越大的贡献。正是中国发展带来的中国在全球治理上的积极实践,使得原来有"美国优先"口号的美国从全球治理中逐渐退出,导致世界滑入"金德尔伯格陷阱"的可能性得以避免,进而有效稳定了世界市场的秩序,为世界经济的进一步繁荣打下基础。

(三)中国发展在经济学理论上具有重大意义

因为如果按照西方主流经济学理论,中国在现有体制下绝不可能发展,即使出现短暂增长,也绝对不可持续。"经济学家长期以来一直更倾向于得出一般性命题,然后假定这些命题对任何时间、任何地方和任何文明都有效。我们有一个从古典经济学那里继承来的,尔后进一步得到发展的理论宝库,这些理论通常被认为比它们所论证的内容更具有普遍适用性。只要这些理论的使用限制在西方世界,这种假定为普遍适用的理论可能就没有什么危害。但是,用这些理论来研究南亚欠发达国家——这些理论并不适用于这些国家,后果就严重了。"②但正如经济学家张五常在《中国的经济制度》一书中所言:"我可以在一星期内写成一本厚厚的批评中国的书。然而,在那么多不利的困境下,中国的高速增长持续了那么久,历史上从来没有出现过……中国一定是做了非常对的事情才产生了我们见到的

---

① 参见中华人民共和国外交部公开的《亚洲基础设施投资银行协定》。
② 缪尔达尔:《亚洲的戏剧》,方福前译,北京:商务印书馆,2015年,第13页。

经济奇迹。那是什么呢？这才是真正重要的问题。"①

　　中国改革开放发展的伟大成功,突破了现代西方主流经济学认知的局限性,同时也验证了两百多年来西方理论的局限性,说明现代西方主流经济学不但对现实的解释力日渐式微,而且更无力提出可供选择的解决当下现实危机的理论方案,由此暴露出西方主流经济学理论本身面临的危机。西方主流经济学家保罗·罗默(Paul M. Romer)也撰文指出,主流经济学对现实的解释无力。西方经济学依靠新古典经济学的理论框架,它构建的基础源于西方经验,是西方中心论。

　　事实上,中国四十多年来改革开放取得的成就和发展中国家运用西方理论指导发展的失败,打破了西方中心论的神话,解构了西方中心论的话语体系。因此,中国经济发展成功实践所确立的榜样,不但让一度流行世界的西方经济学理论失去市场,更让来自西方的各种偏见和教条现出原形。因此,在中国道路这个人类经济史的奇迹背后,一定潜藏着当代主流经济学并没有完全涵盖的经济逻辑,甚至有着完全不同的发展前提。正如穆勒所说,我们的预测与实际事实之间的不符常常是提醒我们注意我们已经忽略的某些重要扰动原因的唯一条件。

　　一方面,现代中国走过的是一条特殊的发展道路,留下的历史记录、历史经验、历史实践,既不同于西方国家工业化的过程,也不同于大多数发展中国家的工业化过程。因此,将中国道路的经验提炼出来,形成一个完整的系统的理论体系,不仅是经济学理论上的中国贡献,而且更是中国对世界发展的中国智慧和中国价值。另一方面,21世纪将会是中国经济学家的世纪。因为经济学研究的学术中心是随着现实中世界经济中心的转移而转移的,中国将成为未来世界经济的中心,所以经济学的学术中心将转移到中国。正像当初斯密的经济理论首先是面向英国人和英国经济问题,

---

① 张五常:《中国的经济制度(神州大地增订版)》,北京:中信出版社,2009年,第117页。

萨伊的经济理论首先是面向法国人和法国经济问题，李斯特的经济理论首先是面向德国人和德国经济问题，克拉克的经济理论首先是面向美国人和美国经济问题。这是未来的经济学中国理论面临的时代挑战，也是经济学中国理论的历史使命。

正是西方发展的不确定性和低迷，让世界更多向"东"看，更愿倾听中国声音、期待中国智慧。中国道路所蕴含的新国际合作观，更加突出发展中国家的重要性和发达国家的分利性，避免了传统现代化发展中的地缘竞争陷阱，有望从根本上扭转"富国越来越富、穷国越来越穷"的格局。这是对世界未来发展的远见卓识，也是中国道路的世界印象。

近年来，西方社会的一些人总担心中国强大了会对世界构成威胁。这样的疑虑，源于传统西方文明范式下认识思考人类社会的范式，源于西方现代化的历史逻辑，完全没有顾及和观察中国道路成功的历史渊源与现实路径。事实上，中国完全是通过自我积累发展起来的，既没有对外掠夺和殖民，也没有对外转嫁矛盾和危机，是一种和平的、多方受益的发展模式。

中国道路的成功，体现了文明的力量。中华文明几千年来一脉相承、从未中断，具有独特的强大内聚力、延续性、包容性和开放性，有着丰富的历史资源和文化资源。这些内聚力、延续性基因一旦与世界其他文化相互学习、借鉴、交流、融合，就会成为中国加速现代化的巨大资源和优势。

中国的发展既借鉴世界一切优秀文明成果，又坚持走符合自己国情的道路。某种程度上，今天中国的政治和经济体制比二战后主导国际秩序的美国模式，可以说更为完备、更可借鉴，甚至更可持续。中国的成功给占世界总人口四分之三的发展中国家开辟了一条新路，必将产生更大的示范效应。

结束语

　　中国道路恰如宽广的高速公路,它比世界上任何一条道路运送的"货物"和"乘客"都多;中国道路恰如一个大舞台,已上演了一幕又一幕精彩的非凡故事;中国道路又是一条能够通向未来的迷人道路,它充满希望,正在吸引着世界更多目光。"中国成为最富于戏剧性的交叉比较案例,这既是因为它幅员辽阔和历史悠久,也是因为它的工业和经济飞速发展。""中国未来面临的中心问题是,怎样做到一方面保持自己独特的文化和个性,屹立于风谲云诡的 21 世纪,一方面充分汲取西方文明所能提供的最佳养分。中国面临的另一个重大问题,类似于西方走向充分现代的过程中遭遇的问题,那就是社会凝聚问题,何种因素能够将一个文明团结为一个整体。"[①]

　　正是由于中国独特的文化和政治体制,中国一直保持中国特色的鲜明底色,并将探索出更多自己的特色。中国道路去掉中国特色,那既是不可能的,也不是世界愿意看到的,因为没有特色的中国道路并不是中国道路。"中国是这么大的国家,我们做的事是前人没有做过的。中国有自己的特点,所以我们只能按中国的实际办事,别人的经验可以借鉴,但是不能照搬。"[②]"所有别人的东西都可以参考,但也只是参考。世界上的问题不可

---

　　① 麦克法兰:《现代世界的诞生》,管可秾译,上海:上海人民出版社,2013 年,第 5 页。
　　② 《邓小平文选》第三卷,北京:人民出版社,1993 年,第 229 页。

能都用一个模式解决。"①

只有坚持开放包容,坚持文明的多样化,世界才会变得越来越美好。中国作为世界上人口最多的国家,又具有悠久的历史和丰富的文化,其本身就蕴藏着无穷的活力,中国应该为人类的进步贡献更多。正是中国悠久的历史文化为塑造中国奇迹起到关键性作用,社会主义经济发展更会以无法想象的速度继续昂首阔步向前,而几千年的中国历史沉淀将为其提供牢固的基石。作为从贫穷成功走向富强的社会主义国家,中国所展现出的通向繁荣富强的道路,可以为更多发展中国家提供发展借鉴。

"中印两国不发展起来就不是亚洲世纪。真正的亚太世纪或亚洲世纪,是要等到中国、印度和其他一些邻国发展起来,才算到来。这就像巴西不发展就不是拉丁美洲世纪一样。所以,应当把发展问题提到全人类的高度来认识。要从这个高度去观察问题和解决问题。"②"20世纪给我们的最重要的经验教训,就是落后国家的问题绝不单是它们自己的问题,它们同样也是先进国家的问题。"③当今的经济全球化面临着众多挑战——从穷困、可持续发展到能源短缺、生态环境保护,中国都在用行动践行着中国责任和中国担当。有人说,19世纪是英国的世纪,20世纪是美国的世纪,21世纪是中国的世纪。这不是一种预言,更可能是一种事实性描述。随着世界经济的发展,中国会进一步融入全球化分工,在与外部世界的合作中继往开来,中国会顺利实现中华民族复兴的伟大梦想,而且一个开放、包容、自信和创新的中国将带给未来世界一个又一个更大的惊喜。

中国道路上演的精彩纷呈的故事还在延续。在这个非凡的故事里,现在尤其需要的是不断总结中国经验,提炼和揭示成功故事背后的中国理论。因为仍然还有许多事实未为我们所知,仅仅是历史性描述还远远不

---

① 《邓小平文选》第三卷,北京:人民出版社,1993年,第262页。
② 《邓小平文选》第三卷,北京:人民出版社,1993年,第282页。
③ 格申克龙:《经济落后的历史透视》,张凤林译,北京:商务印书馆,2009年,第35页。

够。如果没有丰富而又逻辑严密的理论引导，我们既无法挑选事实，也无法演绎理论。理论与经验的结合，可以更好地修正实践中的问题，避免更多的弯路和曲折，少犯无理性的错误。要完整、全面地解释中国道路也许可能会花费几十年的时间，但是在探求因果解释前，我们必须更好把握中国道路的昨天、今天和明天。

长达一个世纪的期盼，所有的梦想，曾经的奋斗，终于在今天实现。"中国的发展同世界有着重要关系，因为中国有占世界五分之一多的人口。坦率地说，中国近代以来没有对世界做出应有的贡献。"①福格尔曾经预测，中国经济将在 2040 年占据世界经济总量的五分之二②，更多的人预测在 2030 年中国经济总量会超越美国，成为世界第一大经济体。对于中国来说，何时超越已不重要，重要的是中国经济发展的空间还很大。中国企业的研发基地已从加利福尼亚开到了纽约，从伊利诺伊开到了亚利桑那，中国经济有着更大的机会攀越科技进步的阶梯，变得更为创新和高效。更为重要的是，这会使中国在同多样的现代社会融合的过程中，实现传统文化复兴。那时，中国将不仅仅是全球的生产中心，也是创造力与创新的源泉。③

中国道路的精彩故事还启迪人们："如果一个国家在适当的时候很幸运地拥有正确的领袖，它就有可能开创新的局面。归根结底，历史只不过是人们对他们时代的挑战如何做出反应的记录。所有国家只要鼓起足够的勇气和决心，都有它们可以抓住的机会。"④

"在某种程度上，我们大家都是这场戏剧的参与者。在戏剧的古典概念中，就像在科学研究的理论阶段一样，演员的意愿是受决定论的枷锁束缚的。戏剧开场的第一幕预先决定了最后一幕的结局，并说明了后来剧情

① 《邓小平文选》第三卷，北京：人民出版社，1993 年，第 269 页。
② 科斯、王宁：《变革中国》，徐尧、李哲民译，北京：中信出版社，2013 年，第 264 页。
③ 科斯、王宁：《变革中国》，徐尧、李哲民译，北京：中信出版社，2013 年，第 265 页。
④ 刘易斯：《经济增长理论》，周师铭等译，北京：商务印书馆，1996 年，第 513 页。

发展的全部条件和原因。尽管主角试图改变自己的命运,但是他心里清楚自己的最终归宿。"历史不是预先决定了的。相反,"正是人类力量的作用下形成历史。因此,这样表现出来的戏剧不一定是悲剧"①。

今天我们正处于一个最好的时代。"我们唯一能做的或许只能是,为一个伟大的时代来临驱马先行,一个人只要时时具有天赋我辈的伟大激情,他就能永葆青春。一个伟大民族并不会因为数千年光辉的重负就变得苍老。只要她有能力有勇气保持对自己的信心,保持自己历来具有的伟大本能,这个民族就能永远年轻。"②

最后借冯友兰在《新事论》中的话作为结语:"真正底'中国人'已造成过去的伟大的中国。这些'中国人'将要造成一个新中国,在任何方面,比世界上任何一国,都有过之无不及。这是我们所深信,而没有丝毫怀疑底。"③

---

①　缪尔达尔:《亚洲的戏剧》,方福前译,北京:商务印书馆,2015年,第22页。
②　韦伯:《民族国家与经济政策》,甘阳译,北京:生活·读书·新知三联书店,1997年,第108页。
③　冯友兰:《新事论》,北京:东方出版社,2017年,第162页。

参考书目

[1]《邓小平文选》第三卷,北京:人民出版社,1993年。

[2]《瞿秋白文集·政治理论编》第7卷,北京:人民出版社,1991年。

[3]《列宁全集》第10卷,北京:人民出版社,1958年。

[4]《列宁全集》第43卷,北京:人民出版社,1987年。

[5]《列宁选集》第三卷,北京:人民出版社,2012年。

[6]《列宁选集》第四卷,北京:人民出版社,2012年。

[7]《马克思恩格斯全集》第46卷(上),北京:人民出版社,1979年。

[8]《马克思恩格斯全集》第46卷(下),北京:人民出版社,1980年。

[9]《马克思恩格斯文集》第五卷,北京:人民出版社,2009年。

[10]《马克思恩格斯文集》第七卷,北京:人民出版社,2009年。

[11]《马克思恩格斯选集》第一卷,北京:人民出版社,2012年。

[12]《马克思恩格斯选集》第二卷,北京:人民出版社,2012年。

[13]《马克思恩格斯选集》第三卷,北京:人民出版社,2012年。

[14]《毛泽东文集》第七卷,北京:人民出版社,1991年。

[15]《毛泽东选集》第二卷,北京:人民出版社,1991年。

[16]《毛泽东选集》第四卷,北京:人民出版社,1991年。

[17]《习近平谈治国理政》,北京:外文出版社,2014年。

[18]《习近平谈治国理政》第二卷,北京:外文出版社,2017年。

[19] 阿明:《不平等的发展》,高铦译,北京:商务印书馆,2000 年。

[20] 阿明:《全球化时代的资本主义:对当代社会的管理》,丁开杰等译,北京:中国人民大学出版社,2013 年。

[21] 艾利森:《注定一战》,陈定定、傅强译,上海:上海人民出版社,2019 年。

[22] 本书编写组编《中国共产党第十九次全国代表大会文件汇编》,北京:人民出版社,2017 年。

[23] 波波夫:《荣衰互鉴:中国、俄罗斯以及西方的经济史》,孙梁译,上海:格致出版社、上海人民出版社,2018 年。

[24] 蔡昉:《四十不惑:中国改革开放发展经验分享》,北京:中国社会科学出版社,2018 年。

[25] 戴蒙德:《枪炮、病菌与钢铁:人类社会的命运》,谢延光译,上海:上海人民出版社,2014 年。

[26] 道、汉科、瓦尔特斯:《发展经济学的革命》,黄祖辉、蒋文华译,上海:上海人民出版社,2000 年。

[27] 迪顿:《逃离不平等:健康、财富及不平等的起源》,崔传刚译,北京:中信出版社,2014 年。

[28] 多德:《资本主义及其经济学》,熊婴译,南京:江苏人民出版社,2013 年。

[29] 费正清:《伟大的中国革命》,刘尊棋译,北京:世界知识出版社,2000 年。

[30] 丰子义、杨学功、仰海峰:《全球化的理论与实践:一种马克思主义的视角》,南京:江苏人民出版社,2017 年。

[31] 冯友兰:《新事论》,北京:东方出版社,2017 年。

[32] 弗兰克:《白银资本:重视经济全球化中的东方》,刘北成译,北京:中央编译出版社,2008 年。

[33] 弗里斯:《国家、经济与大分流》,郭金兴译,北京:中信出版社,2018 年。

[34] 福山:《国家构建:21 世纪的国家治理与世界秩序》,黄胜强、许铭原

译,北京:中国社会科学出版社,2007 年。

[35] 福山:《历史的终结与最后的人》,陈高华译,桂林:广西师范大学出版社,2014 年。

[36] 福山:《政治秩序的起源:从前人类时代到法国大革命》,毛俊杰译,桂林:广西师范大学出版社,2014 年。

[37] 格申克龙:《经济落后的历史透视》,张凤林译,北京:商务印书馆,2009 年。

[38] 郭书田等:《失衡的中国》,石家庄:河北人民出版社,1990 年。

[39] 哈维:《世界的逻辑》,周大昕译,北京:中信出版社,2017 年。

[40] 黄仁宇:《中国大历史》,北京:九州出版社,2015 年。

[41] 霍布斯:《利维坦》,黎思复等译,北京:商务印书馆,1985 年。

[42] 科茨:《资本主义的模式》,耿修林等译,南京:江苏人民出版社,2001 年。

[43] 科斯、王宁:《变革中国》,徐尧、李哲民译,北京:中信出版社,2013 年。

[44] 肯尼迪:《大国的兴衰》,陈景彪等译,北京:国际文化出版公司,2006 年。

[45] 赖纳特:《富国为什么富穷国为什么穷》,杨虎涛、陈国涛等译,北京:中国人民大学出版社,2010 年。

[46] 兰德雷斯、柯南德尔:《经济思想史》,周文译,北京:人民邮电出版社,2014 年。

[47] 兰德斯:《国富国穷》,门洪华等译,北京:新华出版社,2010 年。

[48] 刘易斯:《经济增长理论》,周师铭等译,北京:商务印书馆,1996 年。

[49] 罗德里克:《全球化的悖论》,廖丽华译,北京:中国人民大学出版社,2011 年。

[50] 罗荣渠:《现代化新论——世界与中国的现代化进程(增订版)》,北京:商务印书馆,2004 年。

[51] 罗斯托:《经济增长的阶段》,郭熙保、王松茂译,北京:中国社会科学

出版社,2001 年。

[52] 罗素:《中国问题》,田瑞雪译,北京:中国画报出版社,2019 年。

[53] 马克思:《资本论》第 1 卷,北京:人民出版社,2004 年。

[54] 马克思:《资本论》第 3 卷,北京:人民出版社,2004 年。

[55] 马克思、恩格斯:《共产党宣言》,北京:人民出版社,2014 年。

[56] 马立博:《现代世界的起源:全球的、环境的述说,15－21 世纪(第 3
版)》,夏继果译,北京:商务印书馆,2017 年。

[57] 麦克法兰:《现代世界的诞生》,管可秾译,上海:上海人民出版社,
2013 年。

[58] 麦克尼尔:《瘟疫与人》,余新忠、毕会成译,北京:中信出版集团,
2018 年。

[59] 曼海姆:《意识形态与乌托邦》,李步楼等译,北京:商务印书馆,
2019 年。

[60] 孟德斯鸠:《论法的精神》(上册),许明龙译,北京:商务印书馆,
2012 年。

[61] 缪尔达尔:《亚洲的戏剧》,方福前译,北京:商务印书馆,2015 年。

[62] 帕金斯:《走向 21 世纪:中国经济的现状、问题和前景》,陈志标译,南
京:江苏人民出版社,1992 年。

[63] 逄锦聚等:《政治经济学(第 5 版)》,北京:高等教育出版社,2014 年。

[64] 彭慕兰:《大分流:欧洲、中国及现代世界经济的发展》,史建云译,南
京:江苏人民出版社,2003 年。

[65] 皮凯蒂:《21 世纪资本论》,巴曙松译,北京:中信出版社,2014 年。

[66] 萨克斯:《贫穷的终结:我们时代的经济可能》,邹光译,上海:上海人
民出版社,2007 年。

[67] 沈云锁、陈先奎:《中国模式论》,北京:人民出版社,2007 年。

[68] 史景迁:《大汗之国:西方眼中的中国》,阮叔梅译,桂林:广西师范大

学出版社,2013年。

[69] 斯米尔:《美国制造:国家繁荣为什么离不开制造业》,李凤海、刘寅龙译,北京:机械工业出版社,2014年。

[70] 斯米尔:《美国制造:国家繁荣为什么离不开制造业》,李凤梅、刘寅龙译,北京:机械工业出版社,2017年。

[71] 斯密:《国民财富的性质和原因的研究》(上卷),郭大力、王亚南译,北京:商务印书馆,1972年。

[72] 斯密:《国民财富的性质和原因的研究》(下卷),郭大力、王亚南译,北京:商务印书馆,1974年。

[73] 斯塔夫里阿诺斯:《全球通史:从史前史到21世纪(第7版)》(上册),董书慧等译,北京:北京大学出版社,2005年。

[74] 斯威齐:《资本主义发展论》,陈观烈、秦亚男译,北京:商务印书馆,1962年。

[75] 王绍光、胡鞍钢:《中国国家能力报告》,沈阳:辽宁人民出版社,1993年。

[76] 韦伯:《民族国家与经济政策》,甘阳译,北京:读书·生活·新知三联书店,1997年。

[77] 文一:《伟大的中国工业革命:"发展政治经济学"一般原理批判纲要》,北京:清华大学出版社,2016年。

[78] 习近平:《决胜全面建成小康社会夺取新时代中国特色社会主义伟大胜利》,北京:人民出版社,2017年。

[79] 习近平:《在庆祝中国共产党成立95周年大会上的讲话》,北京:人民出版社,2016年。

[80] 习近平:《中国农村市场化建设研究》,北京:人民出版社,2001年。

[81] 伊萨克森、汉密尔顿、吉尔法松:《理解市场经济》,张胜纪、肖岩译,北京:商务印书馆,1996年。

［82］岳:《中国的增长》,鲁冬旭译,北京:中信出版社,2015 年。

［83］张五常:《中国的经济制度(神州大地增订版)》,北京:中信出版社,
2009 年。

［84］中共中央文献研究室编:《十八大以来重要文献选编》(上),北京:中
央文献出版社,2014 年。

［85］中共中央文献研究室编:《十八大以来重要文献选编》(下)北京:中央
文献出版社,2018 年。

［86］中共中央文献研究室编:《十三大以来重要文献选编》(下),北京:人
民出版社,1993 年。

［87］中共中央文献研究室编:《习近平关于社会主义经济建设论述摘编》,
北京:中央文献出版社,2017 年。

［88］中共中央宣传部编:《习近平新时代中国特色社会主义思想学习纲
要》,北京:学习出版社、人民出版社,2019 年。

［89］中共中央宣传部编:《习近平总书记系列重要讲话读本》,北京:学习
出版社,2016 年。

后　记

　　"大国大转型：中国经济转型与创新发展"丛书是浙江大学出版社重点打造的一个图书产品，能接受邀请参与丛书第二辑的写作，笔者尤感荣幸。

　　多年来，笔者在经济制度及其发展、社会主义市场经济等领域中有过许多研究成果，而且，近三年来笔者一直在思考关于中国道路的问题，也相继发表过诸多文章。现在关于中国道路的论著较多，大多都是从马克思主义理论角度讲中国道路，相对比较宏大。有鉴于此，笔者总希望能写出一部较为理想又有针对性的中国道路著作，尤其是从经济学角度去更好阐释中国道路。其间，笔者不断对构架设计进行调整和完善，导致迟迟不能交稿，从接手任务到交出成果，又是整整一年过去。

　　能够完成这部著作，首先是感谢浙江大学出版社及其社科出版中心领导的重视和责任编辑的辛勤劳动。其次是感谢我的博士生、硕士们为此付出心血，很多成果甚至可以说是共同研究的结果，没有他们也很难完成。最后要说的是，任何研究成果都很难做到尽善尽美，欢迎读者提出宝贵意见和建议。

THE
CHINESE
PATH:
MODERNIZATION
AND
WORLD
SIGNIFICANCE

上架建议 ◎ 时政·治理

ISBN 978-7-308-21345-5

9 787308 213455 >

定价：88.00元